몸속에 있는 영혼이 되기보다는 영혼 속에 있는 몸이 되라.
당신의 영혼을 향해 손을 뻗어라. 더 멀리 뻗어라.

영혼의 자리

THE SEAT OF THE SOUL
Copyright © 1999 by Gary Zukav
All Rights Reserved

Korean Translation Copyright © 1999 by Narawon Publishing Co.
Korean edition is published by arrangement with Gary Zukav through Agnes Krup
Literary Agency/Charlotte Sheedy Literary Agency.

The Seat of the Soul

영혼의 자리

내 영혼을 찾아가는 행복한 여행

게리 주커브 지음 | 이화정 옮김

나라원

이 책을 나의 부모 모리스 L. 주커브와 로렌 주커브께
사랑과 존경과 감사의 마음을 담아 바칩니다.

● 프롤로그 ●

나는 『춤추는 물리(The Dancing Wu Li Masters)』를 집필하면서 그리고 그 후에도 윌리엄 제임스, 칼 융, 벤자민 리 호프, 닐스 보어, 알베르트 아인슈타인의 저서에 자꾸만 이끌렸다. 그들의 저서를 반복해서 읽고 또 읽은 나는 마침내 어떤 특별한 것을 발견하게 되었다. 그것을 이해하기까지는 꽤 오랜 시간이 걸렸지만 말이다. 그들은 분명 위대한 것을 추구하고 있었지만 저서를 통해서도 다 표현하지 못한 무언가가 있었다. 그 무언가를 심리학적 언어나 물리학적 용어로 표현하기에는 한계가 있었을 것이라고 생각한다. 어쨌거나 그들은 저서를 통해 자신들이 알고 있는 것을 사람들에게 전달하고자 노력하고 있었다.

나는 그들을 신비주의자라고 부른다. 그들도 표현하지는 않았지만 자신들이 신비주의자라는 사실을 알고 있었을 것이다. 그런 그들은 과학적인 사고를 하지 않는 사람들에게 자신들이 깨달은 바를 드러냄으로써, 자신이 쌓아 온 경력에 흠이 가지 않을까 두려워했다. 하지만 그들의 생각에는 오감으로 설명될 수 없는 것들이 너무나 많았다. 그들의 연구 업적은 심리학과 언어학, 물리학 발전에만 기여하는 것이 아니라 그들의 저서를 읽는 독자들의 발전에도 기여했다. 그들은 여러 가지 방식으로 독자들에게 변화를 줄 수 있는 능력을 가지고 있었다. 그리고 그것은 심리학이나 언어학, 물리학 용어로는 직접 표현할 수 없는 것들이었다.

나를 강한 힘으로 붙잡고 있는 것이 무엇인지 이해하게 된 지금 깨달은 것이 또 하나 있다. 그들에게 동기를 부여한 것은 세상에서 주는 상도 아니고 동료들의 존경도 아니었다. 그들의 영혼과 정신은 뭔가를 추구하고 있었으며 특별한 경지에 도달해 있었다. 그 경지에 도달하자, 정신은 더 이상 그들이 원하던 형태의 데이터를 생산해 내지 못했다. 그들의 영감은 직관력이 점점 더 힘을 발휘하는 영역에 있었고 그들도 그것을 알고 있었다. 아직 얘기할 만한 상태가 아니었기 때문에 밝히진 않았지만 그렇게 느끼고 있었을 것이라고 믿는다.

다시 말하자면, 그들에게 동기를 부여한 것은 위대한 비전을 지닌 어떤 것이며, 그것은 인격을 초월해서 나온다는 사실을 알게 되었다는 뜻이다. 우리는 각자 이런저런 방식으로 그들과 같은 위대한 비전에 이끌리고 있다. 그것은 비전 이상의 그 무엇이고 새로 등장하는 세력이며, 인간이 겪게 될 다음 단계의 진화다. 새로운 인류는 그 세력과 접촉하기를 갈망하고 있다. 그리고 확실한 접촉을 방해하는 모든 것을 떨쳐버리고 싶어 한다. 단 영원히 지속될 이 새로운 세력에 대해 뭐라 표현할 만한 적절한 용어가 아직 탄생하지 않았을 뿐이다.

인간의 진화가 계속되고 있는 지금 이 순간, 종교적인 것과 영적인 것을 초월해 진정한 힘의 자리를 차지하기를 갈망하는 이 세력에 대해 표현할 적절한 어휘와 수단도 자신의 탄생을 갈망하고 있다. 인간으로서 우리는 처음으로 그 세력과 의식적으로 접촉하고 있고 그 세력에 분명한 이름을 달아 줄 필요가 있다. 그래야만 그 세력이 인류의 행동과 판단 속에서 명확히 정체를 드러낼 수 있고, 신비주의라는 베일에 싸이지 않고 우리가 살고 있는 지구에 영향을 미치는 진정한 힘으로 분명하게 드러날 수 있다. 그런 면에서 나는 이 책이 도움이 되기를 바란다.

우리는 어떤 모습이며 미래의 우리는 어떤 모습이 될지에 대해 설명하는 한 방법으로서, 나는 오감이나 다양한 감각이라는 용어를 사용했다. 다양한 감각이 오감보다 더 낫다는 뜻은 아니다. 다만 다양한 감각이 지금 시대에 더 적절하다는 뜻일 뿐이다. 인간이 살아가는 방식 중에 하나의 방식이 퇴화해 가고 더 진보된 다른 방식이 등장할 때, 낡은 방식은 상대적으로 뭔가 결여된 것으로 보일 수 있다. 하지만 우주의 관점으로 볼 때, 어느 쪽이 더 못하고 어느 쪽이 더 낫냐가 아니라 어느 쪽이 더 한계가 없고 어느 쪽이 더 기회가 많냐로 비교해야 한다.

다양한 감각을 지닌 인간은 오감을 지닌 인간보다 경험의 한계가 더 적다. 다양한 감각의 인간은 성장하고 발전할 기회가 더 많으며 불필요한 어려움을 피할 기회도 더 많다. 나는 오감의 인간이 하는 경험들과 다양한 감각의 인간이 하는 경험들의 차이점을 가능한 한 분명하게 대조했다. 그러나 우리가 이제 벗어나려고 하는 오감의 단계가 이제 막 들어가려고 하는 다양한 감각의 단계와 비교해서 부정적이라는 뜻은 아니다. 다만 이제 오감은 시대적으로 부적절하다는 의미다. 그것은 전기가 발명되고 촛불이 시대에 맞지 않는 것이 되었지만 초의 힘을 부정하지 못하는 것과 같다.

우리 중에 누구를 인간의 경험에 대한 전문가라고 할 수 있을까? 우리는 단지 인간이 살아가는 데 도움이 될 수 있는 인식들을 함께 나눌 재주밖에는 없다. 인생의 전문가란 없다. 인간의 경험은 행동과 생각과 형식에 있어서의 경험이다. 또는 행동과 생각과 형식에 있어서의 실험이다. 우리가 할 수 있는 최선의 것은 행동과 생각과 형식에 대해 해설을 다는 것이 고작이다. 하지만 그런 해설의 도움으로 다른 사람들이 더 자비롭게 행동할 수 있고 더 명확하게 생각할 수 있으며, 예술가들처럼 삶이란 문제를 구체적인 형상으로 보여 줄 수 있다면 그런 해설은 대단히 가치 있는 것이 된다.

우리는 심오한 변화의 시대에 살고 있다. 우리가 여행을 하고 있는 길, 우리의 목적지 그리고 그 과정에서 무엇이 우리에게 영향을 주고 있는지 알 수 있다면 더 쉽게 이런 변화의 시대를 헤쳐 나가게 될 것이다.

나는 이 책에 쓰인 것들이 창문의 역할을 하길 바란다. 그래서 그 창문을 통해 새롭게 삶을 볼 수 있길 바라며 나는 이 창문을 당신에게 주고 싶다. 당신에게 꼭 내 방식을 따르라고 하지는 않겠다. 지혜와 따뜻한 마음을 갖게 되는 방법은 너무나 많기 때문이다. 이것이 바로 인간이 지닌 풍요로움이며 내게 큰 기쁨을 주는 것이기도 하다. 우리는 함께 해야 할 일이 많다.

우리, 지혜와 사랑과 기쁨 속에서 그 일을 하자.

그래서 모든 사람들이 지혜와 사랑과 기쁨 속에서 살아가는 따뜻하고 아름다운 세상을 만들자.

지은이 게리 주커브

• 차례 •

| 프롤로그 | ··· 7

제1장 • 영혼이란 무엇인가

무엇보다 소중하고 가치 있는 사랑   ··· 19
진화란 무엇인가? · 19 | 외적인 힘과 진정한 힘에 대하여 · 23 | 다양한 감각을 지닌 인간으로의 진화 · 29 | 인격과 영혼의 완전한 조화 · 32

사랑은 사랑으로 미움은 미움으로 돌아온다   ··· 36
생을 만드는 영혼의 원동력 · 36 | 영혼의 치유 · 39 | 인연의 에너지 · 44 | 심판하지 않는 정의 · 48

생명을 소중히 여기는 마음   ··· 53
경건함 속에 이루어지는 생명의 순환 · 53 | 경건함은 영혼의 노래 · 57 | 생명에 대한 경외심 · 61 | 경건한 마음으로 느껴지는 세상 · 63

항상 마음의 문을 열고 자신을 보라   ··· 66
영혼을 이해하는 논리 · 66 | 영혼에도 작용하는 과학의 법칙 · 71 | 과학으로 발견하는 영혼의 원동력 · 76

제2장 • 따뜻하고 자비로운 세상

영혼과 주고받는 대화 ···87
우주의 지성들과의 대화·87 | 직관력을 키우는 방법·94 | 직관은 어떻게 작용하는가·97 | 직관으로 전달되는 논리·100

용서와 사랑은 우리를 더욱 빛나게 한다 ···103
영적인 세계란 무엇인가·103 | 높은 주파수 영역으로의 진화·106 | 영혼의 빛·109 | 영혼의 안내자와 스승·112 | 선택은 진화에 영향을 미치는 원동력·115

소망은 강한 의지를 가질 때 실현된다 ···119
의지는 자신의 현실을 창조한다·119 | 여러 가지 현실의 층·125

선한 세상도 악한 세상도 우리의 의지가 만든다 ···135
영혼의 치유 과정·135 | 결혼과 영적인 동반자·141 | 균형 있고 조화로운 현실 창조·144

제3장 • 책임 있는 선택

선택하기 전에 그 결과를 상상해 보라 ⋯ 153

무의식적인 선택, 무의식적인 진화 · 153 | 책임 있는 선택, 의식적인 진화 · 155 | 진정한 힘을 향해 의식적으로 나아가라 · 158 | 유혹은 의식적인 진화를 돕는 배려 · 164 | 영혼은 진정한 힘을 추구한다 · 167

모든 중독은 벗어나고자 노력할 때 치유된다 ⋯ 170

먼저 자신이 중독되었음을 인정하라 · 170 | 섹스 중독과 힘의 관계 · 173 | 중독에서 벗어나는 길 · 175 | 중독과 맞서 싸울 때 영혼은 치유된다 · 183

사랑과 헌신과 신뢰로 맺어진 영적 동반자 ⋯ 186

영적인 동반자 관계란 무엇인가 · 186 | 영적인 동반자 관계를 통한 깨달음 · 191 | 모든 생명체들과의 관계 · 194 | 위대한 영혼 · 197

우리는 모두 각자의 영혼을 가지고 있다 ⋯ 203

개별영혼와 집단영혼 · 203 | 영적인 영역의 영혼 · 208 | 천사의 세계 · 210 | 영혼의 인연과 진화 · 213 | 영혼의 건강 · 218

제4장 • 진정한 힘에 대하여

한 사람을 진정으로 알려면 그 영혼을 알아야 한다 ···225
영혼을 연구하는 학문 · 225 | 영혼 심리학의 중점 · 230 | 영혼의 심리학과 영혼의 치유 | 234

영혼의 치유를 위해 만들어진 환상 ···240
현실은 환상이다 · 240 | 인연과 인력의 법칙 · 244 | 환상은 치유를 위한 학습의 원동력 · 249 | 진정한 욕구와 인위적인 욕구 · 253

사랑과 자비는 영혼의 에너지 ···258
두려워할 때마다 상실되는 힘 · 258 | 진정한 힘의 토대 '겸손' · 263 | 진정한 힘의 토대 '용서' · 266 | 진정한 힘의 토대 '맑은 사고' · 269 | 진정한 힘의 토대 '사랑' · 271

당신의 인생을 우주의 섭리에 맡겨라 ···275
우주와의 신성한 약속 · 275 | 영적인 도움을 믿으라 · 280 | 우주에 대한 신뢰와 축복 · 285

| 에필로그 | ···295

제1장

영혼이란 무엇인가

"내게도 과연 영혼이 있을까?
있다면 그 영혼은 내게 어떤 존재이고
내 삶에 어떤 영향을 미칠까?"

무엇보다 소중하고 가치있는 사랑

진화
Evolution

"우리는 눈에 보이는 가치나 존재보다는 사랑의 가치를
더 크게 생각하는 사람, 자신의 가치보다는 다른 사람의 가치를
더 중요하게 생각하는 사람으로 진화해야 한다."

진화란 무엇인가?

세상을 살아가는 두 사람이 있다고 하자. 한 사람은 속이 좁고 비열하며 이기적인 반면에, 다른 한 사람은 항상 남을 먼저 생각하는 넓은 아량을 가졌다. 이럴 때 우리는 마음이 넓은 사람을 더 높이 평가하게 된다.

만약에 어떤 사람이 다른 사람을 구하려고 날아오는 총알을 자신의 몸으로 막았다고 해보자. 또 어린아이를 살리기 위해 질주하는 차에 몸을 던져 자신의 생명을 희생했다고 해보자. 누구나 그 사람이 우리보다는 한 차원 높은 사람이라고 생각할 것이다.

예수는 자신의 운명을 미리 알고 있었다. 누가 자신을 배신할지, 자신을 믿고 따르던 사람들이 얼마나 냉정하게 자신을 외면할지도 알고 있었다. 하지만 예수는 운명을 피하지 않았을 뿐만 아니라, 다른 사람을 위해 자신의 목숨을 기꺼이 바쳤다. 그러한 예수의 사랑과 의지는 인류 전체에 아주 커다란 영향을 끼쳐 왔고 많은 사람들은 그의 삶을 우러러본다. 그리고 성경에 의지하는 사람들은 그가 인간들 중에서 가장 높은 수준의 존재라는 사실에 동의하고 있다.

이런 사실을 깊이 생각해 보면 자신의 가치보다는 다른 사람의 가치를 더 중요하게 생각하는 사람, 눈에 보이는 가치나 존재보다는 사랑이라는 가치를 더 크게 생각하는 사람이 보통 사람보다 한 차원 더 진화한 사람이라는 것을 느끼게 된다. 우리는 진화에 대해 이와 같은 방법으로 이해해야 한다.

하지만 우리가 학교에서 배운 진화론대로라면 한 차원이 높다고 해서 그 사람이 더 진화된 사람이라고 말할 수는 없다. 우리는 학교에서 진화란 곧 '생물의 신체적인 발전'이며, 복잡한 생명체계를 가진 동물일수록 더 진화된 존재라고 배웠기 때문이다.

그래서 생명의 시초인 단세포동물이 발전해 해면동물이 되었고, 해면동물이 발전해 물고기가 되었기 때문에 물고기가 해면동물보다 더 진화한 존재이고, 말은 뱀보다, 원숭이는 말보다 더 복잡한 생명체계를 가지고 있으므로 한층 더 진화한 존재라고 배웠다. 이런 식으로 추적을 하다 보면, 신체적으로 가장 발전했고 생명체계도 복잡한 인간이 지구상에서 가장 진화한 존재라는 결론에 이른다.

그러나 잘 생각해 보면 우리는 여기에서 진화에 대한 정의가 결국 적자생존의 법칙에 근거한 것이 아닌가 하는 생각이 들게 된다. 먹이사슬의 꼭대기에 올라앉아서 자신을 완벽하게 보호하고 다른 생물의 목숨을 좌지우지할 수 있는 강인한 생명체, 자신의 환경뿐만 아니라 나아가 다른 생명들의 환경까지 통제할 수 있는 생명체가 가장 진화한 존재라고 정의하고 있기 때문이다.

사람들은 이러한 정의가 너무도 단순하고 부적절하다는 것을 오래 전부터 느끼고 있었다. 하지만 왜 그런지는 알지 못했다.

지금까지 우리가 학교에서 배웠던 진화에 대한 개념은 이제는 버려야 할 낡은 개념이다. 새로운 개념의 이해만이 인간이 어떻게 진화해 왔으며 그 진화의 과정을 겪은 우리가 현재 어떤 모습을 하고 있는지 이해할 수 있도록 도와 줄 것이다.

깊숙이 감추어진 인간의 진정한 모습을 발견할 수 있는 새로우면서도 넓은 시각, 이것으로 진화를 이해해야만 인간이 앞으로 어떤 모습으로 진화할지 알 수 있다. 우리가 경험하고 있는 것, 우리가 가치있게 여기는 것, 우리가 행동하는 방식이 진화에 어떤 의미를 갖고 있는지 알 수 있게 된다.

지금까지 인간은 시각, 청각, 후각, 미각, 촉각이라는 다섯 가지 감각으로 현실을 탐구함으로써 진화해 왔다. 우리는 그처럼 오감을 통한 진화를 거듭하면서 우주의 기본적인 원리를 구체적으로 이해할 수 있었다. 모든 행동은 결과를 이끄는 원인이 되고, 또 모든 결과에는 원인이 존재한다는 법칙을 오감을 통해 배운 것이다. 분노가 때로는 목숨을 앗아가고 피를 흘리게 만든다는 것을 알게 되었고, 친절함이 어떤 결과를 만드는지, 화를 내거나 미소 지을 때 어떤 결과가 나타나는지도 알게 되었다.

또한 인간은 이미 오래 전부터 지식을 통해 생활의 도구는 무엇이며 그 쓰임새는 물론 쓰인 후의 결과에 대해서도 알고 있었다.

예컨대 막대기는 사람을 죽이는 무기가 될 수도 있지만 무서운 뱀을 구덩이로 떨어뜨릴 때도 사용되고, 삽은 사람의 목숨을 앗아가기도 하지만 편리한 생활도구이며, 칼은 사람을 찌를 수도 있지만 옷감을 자르거나 음식을 만드는 데 사용하며, 손은 폭탄을 만들기도 하지만 넘어진 아이를 일으켜주는 데도 쓰인다.

이러한 사실들은 사람이 행동을 할 때 어떤 마음가짐으로 하느냐에 따라 결과가 무척 달라진다는 것을 말하고 있다. 다시 말해 사람의 어떤 행동은 생명에 대한 경건한 마음(reverence)을 지니고 있을 때에만 그 의미와 목적이 살아 움직일 수 있다. 경건함이 없다면 결과적으로 잔악함과 폭력, 고독이 우리의 삶을 장악하게 된다.

우리가 살고 있는 지구는 수준 높은 교육의 장이며 지구 자체가 하나의 학교라고 할 수 있다. 우리는 이 교육의 장에서 숱한 시행착오를 통해 무엇이 우리를 자라게 하고 퇴보시키는지 이해하게 된다. 또한 무엇이 우리의 영혼에 자양분이 되고 우리의 영혼을 메마르게 하는지, 무엇이 일을 좋은 방향으로 진행시켜 주고 그렇지 않은지를 배우게 된다.

외적인 힘과 진정한 힘에 대하여

오감 중에서 가장 중요한 '눈'을 통해 세상을 보면 생물학적 변화가 진화의 근본적인 판단 기준이라고 생각하는 건 너무나 당연하다. 앞에서 얘기한 정신적 진화는 인간의 오감으로는 도저히 감지할 수 없기 때문이다. 오감에 의지해 세상을 보면 '적자생존'은 진화와 같은 뜻이고, 신체적으로 우월해 보이는 존재, 적자생존의 한 단계 위에 위치한 존재가 좀 더 진화한 존재라고 믿게 된다.

그러나 적자생존의 법칙으로 이 세상을 이해하게 되면 우리는 근본적으로 두려움을 가지고 살아가지 않으면 안 된다. 외부 환경과 그 환경 안에 있는 모든 영향으로부터 자유로울 수 있는 힘이 없다면 적자생존의 법칙에 따라 살아남지 못하기 때문이다.

그래서 남보다 외적으로 힘이 있어야 한다는 생각 때문에 삶의 모든 영역에서 경쟁이라는 형태가 만들어졌다. 경쟁심은 연인 사이뿐만 아니라 강대국들 사이에도 나쁜 영향을 미치며 형제, 인종, 계층 간에도 영향을 미친다. 이러한 경쟁심은 국가 간의 그리고 친구 사이의 자연스러운 조화를 방해한다. 걸프전에 전함을 보내게 했던 바로 그 경쟁이라는 에너지가 베트남에 군인들을 파견했고 팔레스타인에 십자군 전사를 보냈었다. 로미오와 줄리엣의 가족을 갈라놓았던 에너지가 흑인 남편과 백인 아내의 가족을 갈라놓았다. 리 하비 오스왈드가 존 F. 케네디를 암살했던 것과 카인이 아벨을 살해했던 것은 결국 같은 에너지에 의한 것이었다. 형제자매들이 싸우는 것이나 기업들이 서로 경쟁하는 이유도 서로 더 많은 힘을 차지하기 위해서다.

환경과 그 환경 안에 존재하는 것들을 통제하는 힘은 피부로 느끼고, 냄새도 맡고, 맛보며, 듣거나 볼 수 있는 것에 대한 힘이다. 이러한 형태의 힘은 외적인 힘이다. 외적인 힘은 주식투자나 선거에서처럼 획득하거나 상실될 수 있다. 그것은 사거나 훔칠 수 있으며, 남에게 주거나 상속될 수도 있다. 또한 다른 사람에게서 혹은 다른 곳에서 가져올 수도 있다.

이는 결국 한 사람이 외적인 힘을 얻게 되면 다른 한 사람은 힘을 잃게 됨을 의미한다. 힘을 외적인 형태로 생각하면 폭력과 파괴라는 결과를 낳는다. 우리가 누리는 모든 제도, 정치, 경제, 사회가 이렇게 외적인 형태의 힘에 영향을 받았다는 것은 너무 슬픈 일이다.

문화가 남성 중심적이거나 여성 중심적인 성격을 띠면, 그 가정은 가부장제나 가모장제가 될 수 있다. 예를 들어 권위를 잃은 아버지가 어머니에게 항상 눌려 지낸다면 아이들은 자라면서 이를 배울 것이고, 결국 그들의 삶은 그러한 경험을 바탕으로 형성될 것이다.

군대나 경찰도 힘을 외적인 것으로 인식하는 데서 비롯됐다. 경찰 배지, 계급장, 무전기, 총기 그리고 복장은 그들의 방어수단이자 두려움의 상징이다. 그들은 방어수단이 없이 세상과 맞닥뜨리기를 두려워하지만, 그러한 상징과 마주치는 사람들 역시 두려움을 느낀다. 즉, 사람들은 이러한 상징이 나타내는 힘을 두려워하거나, 이러한 힘을 가지고 있을 것이라고 생각되는 사람들을 두려워하거나, 아니면 그 두 경우를 모두 두려워한다. 경찰이나 군대는 가정이나 문화처럼 힘을 외적인 것으로 인식해서 생긴 첫 번째 경우는 아니지만, 우리가 힘을 어떤 식으로 평가하는지를 그대로 반영한다.

또한 우리의 경제도 외적인 힘에 대한 인식을 바탕으로 형성되어 왔다. 국내 경제를 통제할 수 있는 능력이나 세계적인 국제무역을 통제할 수 있는 능력은 몇몇 사람들의 손에 집중되어 있다. 이런 소수로부터 노동자들을 보호하기 위해 사람들은 노조를 만들었다. 그리고 정부는 소비자들을 보호하기 위해 그에 필요한 복잡한 행정절차를 만들어 냈고, 가난한 사람들을 위해서는 복지제도를 만들어 냈다. 이것들은 사람들이 힘을 어떤 식으로 인식해 왔는지를 완벽하게 반영하고 있다. 즉 대다수의 희생을 바탕으로 소수가 힘을 소유하게 되었다고 인식한 데서 비롯된 것이다.

돈은 외적인 힘의 상징이다. 돈을 많이 가진 사람들은 그들이 처해 있는 환경과 그 환경 속에 있는 것들을 통제하거나 좌지우지할 능력을 많이 가진 셈이 된다. 반대로 돈이 없는 사람들은 그들의 환경을 통제할 수 있는 능력도 부족한 것이 현실이다.

돈은 획득하거나 상실하거나 또는 도둑맞거나 상속될 수 있다. 사람들은 돈을 쟁취하기 위해 투쟁도 불사한다. 교육, 사회적 지위, 명성, 그 외 소유물들을 얻음으로써 안정감이 증가된다면 그것은 외적인 힘이 증가하고 있음을 상징한다.

우리가 잃을까 봐 두려워하는 것들, 이를테면 집, 자동차, 매력적인 몸매, 뛰어난 머리, 확고한 신념 등은 외적인 힘의 상징이다. 우리는 자신의 약점들이 커질까 봐 두려워한다. 그 이유는 힘을 외적으로 보기 때문이다.

그로 인해 사람의 힘과 능력을 마치 계급을 나누는 것처럼 한 사람의 사회, 경제, 정치적인 위치로 판단을 하게 된다. 계층 구조의 맨 위에 있는 사람들이 가장 가치 있고 능력 있고 약점이 없으며, 맨 아래에 있는 사람들은 가장 가치가 없으며 약점이 많은, 가장 약한 것으로 인식한다.

따라서 장군은 사병보다 가치가 있다고 생각하며 기업체의 이사는 운전사보다, 의사는 접수원보다 더 가치가 있다고 판단하게 되었다. 또한 부모는 자녀보다, 신은 신도들보다 더 가치 있다고 생각하게 되었다. 그래서 우리는 부모나 상사 그리고 신을 거스르기를 두려워한다. 이처럼 개인적 가치가 더 크다거나 더 작다고 판단하는 것은 힘을 외적인 것으로 인식하기 때문이다.

모든 폭력의 중심에는 외적인 힘을 갖기 위한 경쟁이 존재한다. 자본주의 대 공산주의 같은 이념적인 마찰, 아일랜드의 구교 대 신교 같은 종교적인 마찰, 유태인 대 아랍인 같은 민족적 마찰, 가족 간의 갈등이나 군사적인 충돌 뒤에 존재하는 것은 바로 외적인 힘이다.

힘(power)을 외적인 것이라고 인식하면 우리의 영혼은 분열되고 만다. 이것은 개인의 영혼뿐만 아니라 사회나 국가, 전 세계의 영혼을 모두 분열시킨다. 세계대전은 심각한 영혼의 분열이다. 분열된 영혼의 고뇌는 곧 분열된 국가의 고통과 같다. 남편과 아내가 주도권을 잡기 위해 싸울 때는 한 인종이 다른 인종을 두려워할 때와 같은 에너지가 작동된다.

우리는 지금까지 이러한 힘을 바탕으로 환경을 지배하는 능력, 서로를 지배하는 능력이 점점 발전하는 과정을 진화라고 이해해 왔다. 그저 오감만으로 현실을 인식했기 때문이다.

　인간들은 개인적으로, 집단적으로 수천 년 동안 서로에게 잔학한 행위를 일삼아 왔다. 그런 과정을 거친 지금 분명해진 점이 있다. 힘은 외적인 것이라고 생각하는 데서 오는 불안감은 아무리 외적인 힘을 축적해도 없어지지 않는다는 점이다.

　TV나 신문 보도가 아니더라도 우리는 개인으로서, 인류로서 겪어야 하는 수많은 고통을 통해 힘을 외적인 것이라고 인식하면 고통과 폭력과 파괴만 발생한다는 사실을 알았다. 우리가 진화해 왔던 이러한 과정은 이제 낡은 시대의 산물로 변하려 하고 있다.

　좀 더 깊은 이해를 통해 우리는 또 다른 종류의 힘과 만날 수 있다. 그것은 모든 형태의 생명들을 있는 그대로 사랑하는 힘, 인생에서 겪게 되는 모든 것에 대해 심판하지 않는 힘, 지구상에 존재하는 가장 작은 미물일지라도 의미와 목적이 있음을 깨닫게 하는 힘이다. 바로 그것이 진정한 힘이다.

　우리의 생각과 감정, 행동이 우리의 가장 숭고한 부분과 하나가 되었을 때 우리는 열정과 목적과 의미로 충만해진다. 인생은 풍요로워지고 걱정이나 두려움 없이 즐겁고 행복하게 세상을 살아 갈 수 있다. 이것이야말로 진정한 힘을 경험하는 일이다.

　진정한 힘이란 우리 존재의 가장 깊은 근원에 그 뿌리를 두고 있다. 그것은 돈을 주고 살 수 없으며, 상속되거나 축적될 수 없다. 진정한 힘을 지닌 사람은 누군가를, 혹은 어떤 것을 희생물로 삼지 않는다. 그는 진정으로 강하기에 힘으로 다른 이들을 해친다는 것은 의식에서조차 존재하지 않는다.

진정한 힘을 향해 나아가는 것이 새로운 진화의 방향임을 인정하지 못한 채 오감에 의한 진화를 논하는 것은 이제 낡은 방식이다. 진정한 힘을 부여받는 것이 진화의 목표이자 존재의 목적이라는 사실을 인식해야 한다. 진화를 배우기 위해 오감만으로 현실을 탐구하던 방식은 이제 버려야 한다. 한정된 오감으로 현실을 인식하고 진화를 이해하던 방법은 미래의 우리 모습에는 더 이상 맞지 않는다.

다양한 감각을 지닌 인간으로의 진화

이제 우리는 오감(five-sensory)을 지닌 인간으로부터 다양한 감각(multisensory)을 가진 인간으로 진화할 것이다. 오감은 눈에 보이는 현실을 인식할 수 있게 하는 단일 감각 체계를 형성해 왔다. 하지만 다양한 감각을 지닌 인간은 눈에 보이는 현실을 초월해 더 큰 감각의 체계로 발전할 수 있다. 우리가 사는 현실은 그 안에 속해 있는 일부분이다.

다양한 감각의 인간은 우리의 현실이 전체적인 진화 과정에서 어떤 역할을 하는지, 또한 현실이 어떤 원동력에 의해 창조되고 유지되는지 인식하고 평가할 수 있다. 이러한 영역은 오감만을 지닌 인간에게는 보이지 않는다.

　인간의 가장 심오한 가치의 원천은 바로 보이지 않는 그 영역에 있다. '보이지 않는 영역'의 시각으로 보면, 좀 더 높은 목적을 위해 자신의 삶을 의식적으로 희생하는 사람들의 동기에 수긍이 간다. 간디의 힘이 납득이 되고 예수의 자애로운 행동도 충분히 이해가 된다. 하지만 오감만을 지닌 인간들은 그것을 이해하지 못한다.

　우리의 위대한 스승들은 모두 다양한 감각을 지닌 인간이었다. 그들은 오감으로는 인식할 수 없는 다양한 감각으로 폭넓은 시각의 인식과 가치에 맞추어 우리에게 말하고 행동해 왔다. 그렇게 함으로써 우리에게 진리가 무엇인지 깨닫게 해 주었다.

　오감을 지닌 인간들은 우주가 우리에게 직접적으로 영향을 미치지는 않으며 우리는 각자 독립된 존재로 살아간다고 생각한다. 하지만 다양한 감각을 지닌 인간의 견지에서 보면 우리는 개별적인 존재가 아니다. 우주는 살아 있으며, 의식이 있고, 지적 능력이 있으며, 인정이 넘친다.

　오감을 지닌 인간의 견지에서는 현실 세계란 그냥 우리에게 주어진 환경일 뿐, 구체적으로 설명할 수 없는 세계였고, 그 속에서 우리는 우리의 정체를 알지 못한 채 살고 있다. 그저 살아남기 위해 그 세계를 지배하려고 안간힘을 써 왔다. 하지만 다양한 감각을 지닌 인간의 견지에서 현실 세계는, 그 세계를 공유하고 있는 영혼들에 의해 함께 창조된 학습 환경이다. 그 안에서 벌어지는 모든 것들이 배울 만한 것들이다.

오감을 지닌 사람들은 자신의 '의지' 자체는 아무런 결과를 낳지 못하며, 행동으로 옮겨져야만 구체적인 결과가 생긴다고 생각한다. 그 결과가 자신과 남들에게 모두 영향을 미치는 것도 아니라고 여긴다. 그러나 다양한 감각을 지닌 인간의 견지에서는 행동 뒤에 있는 의지가 결과를 결정한다. 그들의 의지는 모든 사람들에게 영향을 끼치고, 의지의 결과는 눈에 보이는 세계를 초월해 효과를 발휘한다는 것을 이해하고 있다.

깊은 이해는 보이지 않는 영역에서부터 시작된다. 이것은 무엇을 의미하는 것일까? 오감으로는 감지될 수 없지만 인간이 지닌 어떤 능력에 따라서는 알 수 있고, 탐구될 수 있으며, 이해될 수 있는 영역이 존재한다는 것은 무엇을 암시하는가?

일반적인 범위나 이론 내에서 답을 할 수 없는 질문이 있다면 대부분 그 질문이 무의미하다고 생각한다. 아니면 질문이 잘못됐다고 일축할 수 있다. 하지만 질문을 한 사람은 해답을 구할 수 있는 이론을 얻기 위해 생각의 폭을 넓혀 자신의 의식을 발전시킬 수도 있다. 처음 두 가지 반응은 불합리하거나 적절치 못한 질문과 부딪쳤을 때 쉽게 지나칠 수 있는 방법이다. 그러나 진정한 연구가나 과학자라면 해답을 찾을 수 있는 원리를 발견하기 위해 스스로 발전하는 방법을 모색할 것이다.

인간으로서 우리는 이런 질문을 던져 왔다. '신은 존재하는 것일까?' '신의 영혼이 있는 것일까?' '내 삶의 목적은 무엇일까?' 이런 것들은 구체적으로 우리가 오랜 세월 동안 던져 온 질문들이다. 이제 우리는 이런 질문들에 대한 해답을 제시해 줄 수 있는 이론을 발견하고 발전시킬 수 있는 시기를 맞이하게 됐다.

인격과 영혼의 완전한 조화

다양한 감각의 인간은 넓어진 이해력을 통해 인격(personality)과 영혼(soul)이 어떤 의미의 차이점이 있는지 알고 있다. 인격은 태어날 때 이미 가지고 태어난 것이며 생을 살다가 죽을 때까지 인간은 그것으로부터 벗어날 수 없다. 인간이 된다는 것과 인격을 가진다는 것은 동일한 의미를 지니고 있다. 사람의 인격은 육체처럼 진화하는 데 필요한 수단이 되는 것이다.

이 세상에 태어나 살아가면서 우리는 스스로 내린 결정들과 행동들을 통해 발전한다. 우리는 매 순간 자신의 경험이 될 의지를 선택했고, 무엇에 주의를 집중할 것인지 선택했다. 이러한 선택들은 우리가 진화해 가는 과정에 영향을 미친다. 이것은 누구나 다 겪는 일이다. 무의식적으로 선택했다면 무의식적으로 진화하고, 의식을 가지고 선택을 한다면 의식 있는 진화를 하게 될 것이다.

인간이라는 존재의 특징을 보여 주는 두려움과 폭력적인 감정들은 인격에 의해서만 경험된다. 오직 인격을 통해서만 분노, 공포, 증오, 복수, 수치, 후회, 냉담, 좌절, 냉소, 고독을 느낄 수 있고, 누군가를 심판하고 속이고 이용할 수 있으며, 인격만이 외적인 힘을 추구할 수 있다. 또한 인격을 통해 누군가를 사랑하고 자비를 베풀며 행동할 수 있다. 사랑과 자비심과 지혜는 인격에서 나오는 게 아니다. 그것은 영혼의 경험이다.

영혼은 영원히 죽지 않는 우리 자신의 일부분이다. 모든 사람들이 영혼을 가지고 있다. 하지만 인격은 영혼을 깨닫지 못하고 오감을 통해서 인식하는 데 그치고 만다. 그렇기 때문에 영혼의 영향을 감지할 수 없는 것이다.

만일 한 인격이 다양한 감각을 갖추게 되면 직관력(육감과 미묘한 감정)이 중요한 역할을 한다. 다양한 감각의 인격은 자신뿐만 아니라 다른 사람들까지도, 심지어는 오감만으로는 정의할 수 없는 뭔가 설명할 수 없던 상황에 대해서도 이해할 수 있게 된다. 즉 어떤 행동이나 말보다는 그 안에 있는 의지를 먼저 알아보게 되고 거기에 더 반응하게 된다.

그래서 화가 난 거친 태도 뒤에는 따뜻한 마음이 있음을 알아차리고, 친절하고 상냥한 말 뒤에 차가운 마음이 도사리고 있음도 깨닫게 된다.

다양한 감각을 지닌 인격은 자신의 내면을 들여다볼 때 여러 가지 다양한 경향들을 발견하고 경험을 통해 이러한 경향들을 구분해 낸다. 각각의 경향이 갖는 정서적, 심리적 영향 또는 신체적인 영향을 밝혀 낼 수 있게 되는 것이다.

어떤 경향이 분노와 불화를 만들어내고 파괴적인 행동을 만들어 내는지, 또 어떤 경향이 사랑과 치유력과 건설적인 행동들을 만들어 내는지 알게 된다. 시간이 지나면서 창조력과 치유력과 사랑을 만들어 내는 경향들과 부정적인 생각, 부조화, 폭력을 만들어 내는 경향들을 가려내고 그 가치를 알게 된다. 이런 방법으로 인격은 영혼의 에너지를 경험하는 것이다.

영혼이란 가슴 한 곳을 채워주고 있는 그저 이론적인 것이 아니라 당신이라는 존재의 한가운데 있는 긍정적이고 목적이 있는 힘이다. 그것은 당신의 일부분으로서 영혼의 원동력(dynamics)을 이해하게 하고, 무한한 사랑을 주며, 심판하지 않고 수용할 수 있게 한다.

만약 당신이 영혼에 대해 알고 싶다면 우선 당신에게 영혼이 있다는 것을 깨달아야 한다. 그다음 자신에게 이렇게 질문을 던져야 한다. '내게 영혼이 있다면 내 영혼은 어떤 존재인가? 내 영혼이 원

하는 것은 무엇인가? 내 영혼과 나는 어떤 관계인가? 내 영혼은 내 인생에 어떤 영향을 미치는가?'

영혼의 에너지가 느껴지고 그것이 소중히 여겨졌을 때 비로소 영혼은 인격과 합쳐지기 시작한다. 인격은 영혼의 에너지와 완전한 조화를 이루었을 때 진정한 힘을 얻는다. 이것이 바로 우리가 겪고 있는 진화 과정의 목표이자 우리가 존재하는 이유다. 지금까지 이 지구상에서 겪어 왔고 앞으로 겪게 될 모든 경험은 인간의 인격과 영혼이 결합하는 데 힘이 된다. 모든 주변 환경과 상황들이 당신이 가야 할 길을 택할 수 있는 기회를 준다. 그리하여 당신의 영혼은 당신을 눈부시도록 빛나게 하고, 당신은 생에 대한 한없이 깊은 존경심과 사랑을 현실 속에서 발견하게 되는 것이다.

이 책은 영혼과 인격이 하나가 되었을 때 생기는 진정한 힘에 관한 것이며, 그 힘이 어떤 영향을 끼치고, 어떻게 발생하며, 어떻게 창조되는지에 대해 이야기한다. 이러한 것들을 이해하려면 오감을 지닌 사람 눈에는 보이지 않는 게 있음을 인정할 수 있어야 한다. 오감에 의한 인식 과정을 넘어야만 다양한 감각에 이르게 되고, 자신에게 오감 외에 다른 감각이 있음을 인정하면 이상하게 보였던 것들도 자연스럽게 여겨질 것이다.

사랑은 사랑으로
미움은 미움으로 돌아온다

인연
Karma

"누군가에게 사랑을 베풀면 다시 사랑으로 되돌아오지만,
증오심을 품는다면 그 증오의 화살은 자신에게 향하게 된다."

생을 만드는 영혼의 원동력

대부분의 사람들은 생이 끝나면 그 사람의 개인적인 진화 과정도 끝나며, 어떤 존재도 일생이라는 기간을 초월하지 못한다고 생각해 왔다. 이는 오감을 지닌 인간의 관점에서 바라본 생각이다. 인간의 경험으로 미루어 볼 때 시간을 초월한 채 스스로 존재하는 것은 없기 때문이다. 물론 다양한 감각을 지닌 인간 역시 일생이라는 한계에 대해서 이해하고는 있지만 인간이 지닌 영원불멸함, 즉 영혼에 대해서도 잘 알고 있다.

인간의 일생은 영혼이 수없이 경험한 삶들 중 하나에 불과하다.

영혼은 시간을 초월하여 존재하기 때문에 영혼의 관점은 무한하다. 또 영혼은 인격이 가진 한계가 없다. 우리가 진화를 하기 위해 거쳐야 하는 삶의 실제 경험들은 영혼이 선택했다. 영혼은 자신의 에너지를 가지고 인격과 육체적인 형태들로 수없이 환생시켜 왔다. 환생할 때마다 영혼은 각각 다른 인격과 육체를 창조해 냈다. 오감을 지닌 인간에게 인격과 육체는 그 자체가 모든 것을 다 갖춘 전체적인 모습으로 여겨진다. 하지만 영혼의 시각으로 볼 때 인격과 육체는, 시행착오를 겪는 존재로서 특정한 모습으로 태어났으며 독특하고 완벽하게 짜 맞춰진 하나의 도구일 뿐이다.

각각의 인격들은 의식적으로든 무의식적으로든 세상에서 배운 교훈으로 자신만의 특별한 방식과 나름대로의 특별한 소질을 가지고 영혼의 진화에 전력투구한다. 어머니나 딸, 목사나 병사로서의 삶과 사랑, 상처, 공포, 상실, 온화함, 분노, 방어, 공허감, 질투 같은 감정 등이 모두 영혼의 진화에 도움을 준다. 인격과 육체를 구성하는 각각의 신체적, 정서적, 심리적 특성들은 그것이 강한 힘을 지녔던지 약한 힘을 지녔던지 간에, 아둔하던지 예리하던지 간에, 낙관적인 성향을 지녔던지 비관적인 성향을 지녔던지, 황인종이던 흑인종이던, 머리색이나 눈동자 색깔이 어떻든지 간에 영혼이 지향하는 목적에 완벽하게 들어맞는다.

오감을 지닌 인격은 영혼의 여러 모습들을 알아차리지 못한다.

다양한 감각을 지닌 인격만이 이러한 영혼의 여러 모습들을 알아보거나, 그 영혼의 과거나 미래의 모습을 경험할 수 있다. 말하자면 여러 가지 다른 모습으로 구현된 삶들은 같은 한 가족이지만 인격, 그 자체가 살아 온 삶은 아니다. 한 영혼이 여러 인격들의 일생을 통해 많은 경험들을 한 것이다.

영혼의 입장에서 보면, 한 영혼이 만든 삶들은 개별적으로가 아니라 동시에 존재한다. 모든 인격들이 동시에 존재하는 것이다. 그래서 영혼이 선택한 어떤 삶에서 그 사람이 부정적인 생각을 떨쳐 버리고 긍정적인 생각을 갖는다면, 단순히 그 당시의 삶에만 좋은 영향을 미치는 것뿐만 아니라 그 영혼이 선택한 이전과 이후의 모든 삶에도 혜택을 주게 된다.

영혼은 시간의 흐름에 제한을 받지 않는다. 인격의 미래뿐 아니라 과거에도 제한을 받지 않는다. 그래서 영혼은 한 인격이 두려움과 의심을 떨쳐 버렸을 때 더 높은 수준으로 발전한다.

어떤 삶 속에서 부정적인 생각을 버리면 영혼이 형성하는 또 다른 많은 삶들에게도 좋은 영향을 끼치게 된다. 이것은 오감으로 세상을 보는 사람도 충분히 느낄 수 있는 부분이다.

하지만 오감을 지닌 인간에게는 그것이 영혼의 원동력으로 보이지 않을 뿐더러 내면적인 진화 과정과 연관 지을 수도 없다. 그것이 성(性)이나 인종, 국가, 문화에 대한 의식의 진화로도 보이지 않는다.

영혼의 원동력들은 오감을 지닌 인간의 능력으로는 감지할 수 없는 경지에까지 영향력을 발휘하고 있기 때문이다. 따라서 의식을 지닌 일생이란 단순한 가치를 넘어 보물이라고 할 수 있다.

인격과 육체는 영혼이 형상화된 모습이다. 영혼의 환생이 막바지에 이르고 인격과 육체가 수명을 다했을 때, 영혼은 비로소 인격과 육체를 떠난다. 인격과 육체는 끝이 있지만 영혼은 끝이 없다. 인간의 육신을 떠난 뒤 영혼은 다시 영원불멸인 영겁의 상태로 돌아간다. 다시 자비와 완전한 순수함 그리고 끝없는 사랑으로 돌아간다.

이러한 과정 속에서 진정한 진화가 일어난다. 영혼 에너지의 끊임없는 구현과 환생이 물리적인 환경, 즉 우리가 살고 있는 이승이라는 학습의 장으로 돌아오면서 진화가 진행된다.

영혼의 치유

왜 이런 일이 일어나는 것일까?

인격과 영혼에게 이런 일이 왜 필요한 것일까?

한 영혼이 인간으로 태어났다는 것은 영혼의 힘을 한 인간의 육체에 맞게 적절한 규모로 대폭 축소시켰음을 의미한다. 영원불멸한 생명 체계를 시간이라는 틀과 일정한 시간대에 맞춰 축소시킨 것이다. 그리고 영혼이라는 영원한 시스템을 오감, 즉 다섯 가지 신체 감각으로 축소시켰다. 영혼은 이런 과정을 통해 인간의 모습으로 태어나 수많은 삶들을 직접 경험한다. 수많은 삶들 중 일부는 물질적인 삶도 있고 일부는 영적인 삶도 있다. 영혼은 치유를 위해 스스로 인간의 일생을 선택한다.

인격은 치유가 필요한 영혼의 일부분이다. 영혼은 한 인격이 일생 동안 치유 받을 수 있도록, 역시 영혼의 일부분인 자비심과 사랑을 함께 빌려준다. 그래서 치유가 필요한 부분들은 각자 완전한 모습이 될 수 있도록 영혼에서 분리되어 이승의 삶을 살아야 한다.

인격은 치유되어야 할 영혼의 부분과 그렇지 않은 부분들이 함께 이루어져 있다. 이와 같이 인격은 복잡한 모습을 하고 있는 만다라 (mandala: 우주 법계의 온갖 덕을 망라한 것이라는 뜻으로, 부처의 경험을 그림으로 나타낸 불화)와 같다.

인격은 영혼의 선택에 의해 그 모습이 결정된다. 영혼은 자신의 한 부분에 치유가 필요하기 때문에 '인격의 삶'을 겪어야 한다고 결정한 것이다. 인격이란 치료를 위해 현실을 경험해야 할 필요가 있는 영혼의 일부분에서 나왔다. 그리고 영혼은 자신의 병든 부분을 인격의 일생이라는 치유 과정 속으로 보냈다.

그렇기에 당신은 한 사람의 인격 속에서 분리되어 있는 영혼의 고통을 볼 수 있다. 또한 영혼이 얻은 신의 은총, 즉 사랑이 깃들어 있는 부분도 인격 속에서 볼 수 있는 것이다.

영혼의 일부분은 위대한 사랑을 경험할 수도 있고, 두려움이나 정신분열을 경험할 수도 있으며, 중용적일 수도 있고, 대단히 자비로울 수도 있다. 이것은 영혼이 강한 존재이기 때문에 가능하다. 하지만 어느 일부분이 완전하지 않다면 그 영혼이 형성하고 있는 인격은 조화롭지 못하게 된다. 조화로운 인격이란 치유를 위해 인간의 모습으로 태어난 영혼의 일부분과 완전한 영혼이 어려움 없이 교감하고 있는 상태를 말한다.

영혼은 분명히 존재한다. 그것은 시작도 없고 끝도 없지만 완전한 모습을 이루기 위해 흘러간다. 인격의 에너지는 영혼으로부터 나온 본질적인 힘이 구체화된 것이다. 인격이란 영혼이 현실 속에서 제 기능을 발휘할 수 있도록 적용시킨 에너지 도구다. 그래서 각각의 인격은 독특하다. 각각의 인격을 형성하고 있는 영혼 에너지의 형태가 독특하기 때문이다.

즉, 구체적인 물질과 상호 작용하는 영혼의 형상화된 모습이 인격이다. 인격은 한편으로는 주위에 영향을 미치는 당신의 이름에서, 또 당신이 처해 있는 현실과의 관계에서, 일부는 당신의 영적인 환경으로부터 형성된 산물이다. 완전해지기 위해 여러 가지 경험이 필요한 영혼이 분리되어 형성된 것이 바로 인격이다.

인격은 영혼과 분리되어 독립적으로 활동하지는 않는다. 어떤 사람이 영혼의 핵심과 깊이 닿아 있다면 그의 인격은 그만큼의 위안을 받게 된다. 인격은 영혼 에너지의 핵심에 초점을 맞추고 있지, 겉모습에 초점을 맞추고 있는 것이 아니기 때문이다.

물론 인격은 때때로 영혼의 에너지와 접속되지 않은 채 세상에서 제멋대로 나도는 세력처럼 보인다. 악한 인간, 정신 분열의 인간이 생겨나는 이유가 바로 이것이다. 인격이 자신의 근원, 즉 영혼과의 관련성이나 연결점을 찾지 못해서 제멋대로의 인격이 생겨나는 것이다. 인격과 영혼이 서로 분리되어 있을수록 삶의 고통도 그만큼 커진다. 인격이 영혼과 균형을 이루었을 때만이 어디가 인격의 끝이고 어디가 영혼의 시작인지 알 수 없을 만큼 완벽한 인간이 된다.

영혼의 치유는 무엇과 관련되어 있을까?

우리는 자기의 행동에 대해 유리한 결과만을 책임지려 할 뿐, 모든 행동에 책임져야 한다고 생각하지 않는 경향이 있다. 즉 이웃과 좋은 관계를 만들었거나 어떤 일에 지혜롭게 대처했을 때에만 자기 책임이 크다고 생각하는 것이다. 만약 이웃과 싸움이 일어났거나 어떤 일에 어리석게 대처했을 때는 책임감을 느끼지 않는다. 우리는 여행을 떠나기 전에 차 상태를 점검해 보았다면 여행을 무사히 마친 것은 자기 때문이라고 생각하지만, 여행 중에 빨리 가려고 과속하다가 다른 차와 충돌할 뻔했다면 상대방 운전자에게 책임이 있다고 생각한다. 사업이 잘 돼서 먹고사는 데 아무런 문제가 없다면 자신에게 공을 돌린다. 하지만 도둑질을 해서 살아가고 있다면 우리는 불우한 어린 시절 탓으로 돌린다. 이렇듯 우리 대부분은 결과에 대한 책임을 따질 때 어느 한쪽으로 치우치는 경향이 있다.

모든 행동과 생각, 감정은 인간의 의지(intention)에 의한 것이다. 그 모든 의지는 결과를 만드는 원인이다. 우리가 원인 제공에 일조했다면 당연히 결과에도 책임져야 한다. 우리는 자신의 모든 행동과 생각, 감정에 대해 철저하게 책임져야 한다. 자신의 행동이 낳은 모든 결과에 책임을 느껴야 한다.

그래서 우리는 인생을 형성하는 수많은 의지들을 알아야 한다. 어떤 의지가 어떤 결과를 낳는지, 우리가 원하는 결과를 만들어 내기 위해 어떤 의지를 택해야 하는지도 알아야 한다.

우리는 어린 시절부터 의지에 따라 어떤 결과가 나타나는지 경험을 통해 하나씩 배워 왔다. 그후 성인이 되면 자신이 알고 있는 지식 중에서 필요한 것을 다시 추려 낸다. 어린 시절 우리는 배가 고플 때 울음을 터뜨리면 어떤 결과가 생기는지 알았다. 그래서 그런 결과를 원할 때마다 그 원인이 되는 행동인 울음을 터뜨렸던 것이다. 우리는 전구 소켓에 손을 넣었을 때 어떤 결과가 나타나는지도 알고 있다. 그래서 감전이라는 결과의 원인이 되는 행동을 그 후로는 하지 않는 것이다.

이렇듯 우리는 실제 현실 속에서 경험을 통해 의지와 결과에 대해 배운다. 실제로 수없이 많은 경험을 하고 나서야 어떤 의지가 특정한 결과를 낳는다는 것을, 그 결과가 무엇이라는 것을 배우게 된다면 인격의 진화는 더디게 진행될 것이다.

분노는 결과적으로 사람들 사이에 거리감과 적대감을 낳는다. 그런데 실제 체험을 통해서만 이것을 배울 수 있다면 거리감과 적대감을 느끼는 상황을 10번, 50번, 150번씩 겪고 나서야 우리는 이 분노가 애초에 자기에게서 시작되었다는 것과, 적대감과 거리감은 자기 의지의 결과였음을 알게 된다. 원치 않는 결과가 발생하는 이유도 자신의 어떤 행동 때문이었음을 이해하게 되는 것이다. 바로 이것이 대부분의 오감을 지닌 인간이 경험을 통해 배우는 방법이다.

인연의 에너지

구체적인 사물과 현상의 영역 안에서 보면 원인과 결과의 관계는 현실의 한계를 넘는 에너지(dynamic)를 반영한다. 이것이 바로 인연(karma: 불교의 '업'과 비슷한 개념)의 에너지다. 우리 각자를 포함해 이 세상에 있는 모든 것은 이 에너지에 속한 작은 부분이다. 이 에너지는 오감의 인간이 인식하는 것보다 더 광범위한 영향을 끼친다. 예컨대 우리가 경험하는 사랑, 공포, 자비, 분노는 우리의 눈에 보이지 않는 더 큰 에너지 시스템의 사랑, 공포, 자비, 분노에 속한 작은 부분인 것이다.

뉴턴이 밝혀 낸 세 가지 운동 법칙은 실제 현실 속에서 에너지의 균형을 다스리고 있다. 운동 제3의 법칙인 작용 반작용의 법칙(작용과 반작용은 방향이 반대이지만 그 크기는 같다는 원리)은 구체적인 사물과 현상의 영역 안에서 인연의 법칙을 반영하며 에너지의 균형을 다스리고 있다.

인연의 법칙은 초자연적인 에너지의 원동력이다. 인연의 결과들이 개인적인 것이 되었을 때, 다시 말해 인격의 관점에서 체험되었을 때 그 결과들은 의지를 가졌던 사람에게로 되돌아가는데, 이는 그 사람의 '의지 에너지(energy of intention)'라는 작용에 대한 반작용이라 할 수 있다. 이렇게 해서 모든 작용에는 크기가 같고 방향이 반대인 반작용이 있다는 운동 제3법칙에 의해 설명된 초자연적인 원동력을 현실에서 경험하게 되는 것이다. 다른 사람에게 의도적으로 증오를 보낸 사람은 다른 사람으로부터 오는 증오를 고스란히 체험하게 된다. 다른 사람에게 사랑을 보낸 사람은 역시 다른 사람이 보낸 사랑을 체험하게 된다. 황금률(golden rule), 즉 성경의 마태복음과 누가복음에 나오는 '남에게 대접을 받고자 하는 대로 남을 대접하라.'는 교훈도 인연의 법칙에 근거한 행동 지침이다.

인연은 도덕적인 원동력이 아니다. 도덕성은 인간이 만들어 낸 개념이다. 우주는 도덕적인 심판을 하지는 않는다. 인연의 법칙은 개인의 도덕적인 체계 속의 에너지와 주위의 도덕적인 체계 안에서의 에너지 균형을 다스리고 있다. 인연의 법칙은 인류에게 책임을 가르치는 스승의 역할을 한다.

결과를 낳지 못한 모든 원인들은 아직 마무리되지 않은 사건이다. 그것은 점점 균형을 이루어 가는 과정에 있는 에너지의 불균형이다. 에너지가 균형을 이루는 일은 한 사람의 일생에서 항상 일어나는 일은 아니다. 내 영혼의 인연은 나를 포함한 전생의 많은 인격들의 활동에 의해 만들어지고 균형을 이루게 된다. 한 인격이 그 영혼의 전생을 살았던 다른 인격에 의해 만들어진 결과를 체험하는 일이 자주 있다. 그리고 한 인격의 일생에서 다른 인격들이 전생에 했던 잘못을 바로잡지 못하는 에너지의 불균형 상태를 만들 수도 있다. 그러므로 영혼이나 환생, 인연에 대해 알지 못한다면 한 인격이 자신의 삶 속에서 일어나는 사건들의 의미나 그 사건들에 반응해서 생기는 결과를 항상 이해한다는 것은 불가능하다.

예를 들어 다른 인격들을 이용해 이익을 본 한 인격은 에너지의 불균형을 만들어 낸다. 그러한 에너지의 불균형은 또 다른 인격들이 자신을 이용해 이익을 보게 하는 경험을 통해서 바로잡혀야만 한다. 이 인격의 일생에서 성취될 수 없다면 이 영혼을 가진 다른 인격들, 즉 환생한 어느 인격 중 하나가 다른 사람에게 이용당하는 경험을 하게 될 것이다.

그 인격은 다른 인격들에게 이용당하는 것이 전생에 있었던 원인의 결과라는 것을 이해하지 못할 수도 있다. 그렇다면 이러한 경험으로 인해 전체적인 영혼의 진화 과정이 완성되어 간다는 것을 이해하지 못한다. 영혼의 관점이 아닌 인격적인 관점에서 반응하는 것이다.

그래서 그 인격은 화를 내고 복수심을 느끼며 심한 우울증에 빠질 수도 있다. 폭언을 퍼붓거나 냉소적이 되거나 슬픔에 빠질 수도 있다. 이 각각의 반응들은 또 다른 인연을 만들어 낸다. 이러한 인연은 에너지의 또 다른 불균형을 만들어 내지만 결국에는 균형을 이루게 된다. 이런 식으로 한 인연이 만든 빚이 깊어지고 또 다른 인연의 빚이 생겨난다.

한 어린아이가 일찍 죽었을 때 이 아이의 영혼과 부모의 영혼 사이에 어떤 동의가 이루어졌는지 우리는 알지 못한다. 그러한 경험을 통해서 어떤 치유가 이루어졌는지도 알지 못한다. 우리가 아이를 잃은 부모의 고통을 동정한다 해도 어린아이의 죽음이라는 사건을 제대로 판단할 수 없다. 지금 활동하고 있는 원동력의 초자연적인 본성을 이해하지 못한다면 우리는 이 세상과 서로에게 분노로 반응하기 쉽다. 또는 자기 탓이라고 여기며 죄책감으로 반응할 것이다. 이 모든 반응들이 인연을 낳는다. 즉, 영혼이 갚아야 할 인연의 빛이 더 많아지며 영혼이 배워야 할 더 많은 교훈들이 나타나게 되는 것이다.

완전해지기 위해서 영혼은 에너지의 균형을 이루어야 한다. 영혼은 자신이 원인을 제공했던 결과를 경험해야만 한다. 영혼 안에 있는 에너지의 불균형은 인격을 형성하는 영혼의 불완전한 부분이다. 상호 작용을 하는 인격들은 치유를 모색하는 영혼들이다. 영혼이 다른 영혼과의 상호 작용을 통해 병든 부분을 고칠 수 있을지 없을지는 당사자인 인격이 자신과 다른 인격들을 초월해서 그들 영혼이 서로 영향을 주고받는 것까지 볼 수 있느냐 없느냐에 달려 있다. 영혼들의 상호 작용을 깨닫게 되면 자비심과 동정심이 생긴다. 모든 경험과 모든 상호 작용은 당신에게 영혼의 관점에서 보거나, 아니면 인격의 관점에서 볼 수 있는 기회를 제공해 준다.

이런 것들이 실제로 의미하는 것은 무엇일까? 어떻게 한 인격이 자신을 초월해서 보기 시작하며 자신의 영혼이 다른 영혼들과 상호 작용하는 것을 알 수가 있을까?

심판하지 않는 정의

이러한 상호 작용을 통해 어떤 것이 치유되는지 알 수 없고, 전생의 어떤 인연의 빚을 갚게 되는지 알 수 없기 때문에 우리는 자신이 지금 보는 것만으로 심판을 내릴 수 없다.

겨울에 다리 밑에서 자고 있는 노숙자를 볼 때 우리는 그 사람의 영혼을 위해 무엇이 완성되고 있는지 알지 못한다. 전생에 그 영혼이 잔인한 일을 저질렀는지, 그래서 지금 그 빚을 갚을 목적으로 전생의 작용에 대한 반작용을 경험하고 있는 것인지 알기 힘들다. 우리는 그저 그 사람이 처한 상황에 대해 자비심과 동정심을 가지고 바라볼 뿐이다. 그것을 보고 불공평하다고 느껴서는 안 된다. 그것은 불공평한 것이 아니다.

세상에는 이기적이고 적대적이며 부정적인 인격들이 많다. 그런 경우에도 우리는 그 이유를 완전히 알 수는 없다. 모든 이유는 감추어진 채 겉으로 보이지 않는다. 그렇다고 우리가 현실에서 부정적인 것과 마주쳐도 그것을 절대 인식할 수 없다는 뜻이 아니라 심판을 할 수 없다는 뜻이다. 심판하는 것은 우리 영역의 일이 아니다. 우리가 어떤 싸움을 보게 되었을 때 싸움을 벌이는 당사자들을 심판하는 것은 적절하지 못하다. 확실히 알 수 있는 한 가지는 그들이 치유가 필요한 불균형적인 영혼의 인격이라는 것뿐이다. 건강하고 균형 잡힌 영혼이라면 사람을 해치는 일은 없을 것이기 때문이다.

만약 당신이 심판을 하게 된다면 그것은 부정적인 인연을 낳는다. 심판은 인격의 기능이다. 당신이 다른 영혼에 대해 '가치가 있다' 혹은 '가치가 없다'고 말할 때, 당신은 부정적인 인연을 낳는 것이다. 어떤 행동을 놓고 '이것이 옳다' 혹은 '저것은 옳지 않다'고 말할 때도 마찬가지다. 물론 당신이 처한 환경에 따라 행동할 필요가 없다는 뜻은 아니다.

예를 들어 다른 사람의 차와 충돌 사고가 났는데 그 사람이 음주 운전을 했기 때문이라면 정당한 법 절차를 밟아서 그 운전자에게 책임을 지게 하는 것이 맞다. 그 사람에게 음주 운전을 금하는 것도 맞다. 하지만 분노나 정의감, 혹은 피해 의식으로 반응해서는 안 된다. 분노와 같은 감정은 상대방을 심판하기 때문에 생기는 감정이고, 자신이 다른 존재보다 월등하다고 판단한 결과다.

당신이 단순히 감정에 말려든다면 당신의 영혼이 얽혀 있는 인연의 빚은 늘어난다. 또한 당신이 느끼는 감정들을 이해할 수도 없을 뿐더러 그 감정들로부터 배우는 것도 없게 된다. 감정이라는 것에 대해 생각해 보자. 뒤에 나오겠지만 우리는 감정을 통해서 영혼이 치유하고자 하는 것의 일부분을 구별해 낼 수 있고, 인격 속의 감정을 통해 영혼이 움직이는 것을 알 수 있다. 당신도 마음을 통해서 당신의 영혼에 도달할 수 있는 것이다.

영혼의 관점에서 세상을 본다면 당신은 심판하기를 멈출 것이다. 이단자에 대한 탄압이나 유태인 대학살, 어린아이의 죽음, 오랜 고통 끝에 죽음에 이르는 암 환자, 일생을 침대에 누워 보내야 하는 사람이 왜 생겨나는지……. 이해할 수 없는 이러한 사건들을 영혼의 관점으로 본다면 심판을 하지 않게 된다.

우리는 이러한 고통을 겪는 과정에서 무엇이 치유되고 있는지 알지 못한다. 영혼의 균형을 이루어 가는 상황, 에너지로 가득 찬 상황들도 세세히 알 수 없다. 단지 각각의 고통스러운 상황이 불러일으키는 동정심을 느끼고 행동으로 옮기는 것은 적절한 일이다.

하지만 우리가 이러한 사건들과 사건들에 관계된 사람들을 심판하게 되면 부정적인 인연을 창조하고, 또 다른 에너지의 불균형을 초래한다. 그래서 우리들은 또다시 균형을 맞추기 위해 필요한 새로운 인격을 겪게 될 것이다.

당신이 심판을 하지 않는다면 정의는 어떻게 존재할까?

간디는 일생 동안 수차례 폭행을 당했다. 두 번의 경우는 거의 죽을 뻔하기도 했다. 그렇지만 그는 자신을 폭행한 사람들을 심판대에 세우지 않았다. 간디는 그들 스스로는 옳은 일이라고 생각하고 있음을 알았기 때문이다. 이렇게 심판을 하지 않고 수용하는 자세는 간디의 생에 중심적인 역할을 했다.

예수는 그의 얼굴에 침을 뱉은 사람들이나 그에게 무자비하게 고통과 모욕을 준 사람들조차도 심판하지 않았다. 예수는 그들을 위해 용서를 빌었지 복수를 생각하지 않았다. 예수나 간디가 정의의 뜻을 모르고 있었던 것일까? 아니다. 그들은 '심판하지 않는 정의'

를 알고 있었던 것이다.

그렇다면 심판을 하지 않는 정의란 무엇일까?

심판하지 않는 정의란 생의 모든 것들을 깨닫게 해주며 부정적인 감정에 빠져들지 않게 해 주는 인식이다. 판사나 배심원처럼 남을 심판할 일 없으니 심적 부담감도 없다. 심판하지 않는 정의를 알면 어떤 것도 인연의 법칙을 벗어나서 존재하지 않는다는 것과 심판하지 않는 정의가 이해와 자비를 생기게 한다는 것을 깨닫게 된다.

심판하지 않는 정의는 당신이 보거나 경험하는 것에 대해 부정적으로 반응하지 않고 이해할 수 있는 자유다. 그 결과 당신은 자신의 지혜가 방해받지 않고 자신에게 유입되는 것을 직접 체험하게 되며, 우주의 사랑이 어떤 방해도 받지 않고 흘러드는 것을 체험하게 된다. 당신이 겪고 있는 현실도 그 우주의 일부분이다. 심판하지 않는 정의는 영혼을 이해하고 영혼이 어떻게 진화하는가를 이해하게 되면 자연히 우러나오게 된다.

바로 이것이 인간 진화 과정의 틀이다. 영혼의 에너지는 치유를 목적으로, 인연의 법칙에 맞는 에너지의 균형을 이루기 위해 현실에서 끊임없이 탄생과 환생을 거듭한다. 당신은 이런 진화의 틀 속에서 힘없는 존재로부터 다시 힘을 받은 존재로 끊임없는 순환 과정을 겪는다. 당신이 마주치는 경험들이 당신이 지금까지 겪어 왔던 것과 같은 종류의 경험일 필요는 없는 것이다.

생명을 소중히 여기는 마음

경건함
Reverence

"경건한 사람은 남을 심판하지 않고 이용하지 않으며,
우주와 지구에 책임감을 느끼고
모든 생명체는 신성하고 귀한 존재라고 생각한다."

경건함 속에 이루어지는 생명의 순환

인간은 인연과 환생이라는 중립적인 틀 속에서 진화한다. 실제로 우리가 하는 어떤 행동이나 그에 대한 반응은 경험을 형성해 간다. 그리고 그런 과정에서 중립적인 입장에 선 영혼은 아직 배우지 못한 교훈들을 보여주면서 에너지를 운동으로 바꾼다.

결국 내 행동으로 인해 다른 사람들 사이에 불화가 생겼다면 현생에서나 다음 생의 언젠가는 내 스스로 불화를 경험하게 된다. 마찬가지로 내가 하는 행동들이 다른 사람에게 조화와 힘을 생기게 했다면 나 자신도 언젠가는 조화와 힘이 생기는 것을 느끼게 된다.

그로 인해 내 행동의 결과를 체험하고 책임감 있게 행동해야 한다는 것을 깨닫게 된다.

인연과 환생의 틀은 어느 한 개인에게 맞춰진 것이 아니다. 인연과 환생의 틀은 각 영혼들이 진화를 위해 필요한 경험을 제공한다. 그 경험은 영혼을 담은 인격들의 행동에 따라 다르게 제공된다. 한 인격이 진화 과정에 접근해 가는 방향성이나 태도를 바탕으로 영혼은 진화에 필요한 경험의 성질을 결정하는 것이다.

예를 들면, 화를 내는 인격은 삶이 힘들 때 분노로 반응하고, 필연적으로 분노의 결과를 체험하게 된다. 슬픔에 찬 인격은 슬픔을 나타냄으로써 슬픔의 결과를 필연적으로 체험하게 된다.

그러나 분노할 만한 상황에서도 경건한 마음(reverence)으로 살아가는 사람이 있다면, 그는 화만 내고 삶을 경건하게 생각하지 않는 사람과는 다르다. 그는 인생이 힘들 때도 분노하거나 슬픔에만 빠져 있지는 않는다.

삶에 대한 경건함이 없는 사람들은 부정적인 행동을 거침없이 저지른다. 살인이나 살생은 거친 욕설보다 훨씬 큰 폭력이다. 살인으로 만들어진 인연의 빚, 즉 에너지의 불균형은 극악한 잔악성을 경험해야만 균형을 이룰 수 있다. 반대로 경건한 사람은 그렇지 못한 사람이 겪는 모진 인연의 결과를 겪지 않아도 된다.

물론 모든 인간이 경건한 삶을 산다고 해서 진화가 필요 없어지는 건 아니다. 단지 진화 과정에서 학습의 질이 바뀔 뿐이다. 오늘날 우리가 경건해진다 하더라도 진화에 대한 요구가 면제되지는 않는다. 하지만 우리가 겪게 될 경험의 질은 달라진다.

그런 변화는 우리 삶에 해가 되지는 않는다. 우리는 같은 과정의 진화를 겪겠지만 진화하는 데 방해가 되거나 나빠지지는 않는다. 힘이 없는 상태에서 진정한 힘을 갖춘 영혼을 찾아가는 우리의 여행은 계속될 것이다. 단지 경건함이 결여된 인격의 경험과는 그 종류가 다르다는 것뿐이다.

우리 인간은 생명을 너무 가벼이 여긴다. 이런 풍조는 이미 널리 퍼져있다. 또 우리는 동물 세계에서 일어나는 일들을 보면서 인간이 생명을 가볍게 여기는 건 당연하다고 믿는다. 동물 세계에서 서로 죽이고 먹이로 삼는 것을 보면서 약한 생명체는 오직 강한 생명체의 배를 채우기 위해 존재한다고 여긴다. 본질적으로 삶이란 그런 것이라며 당당하게 다른 사람들의 삶을 착취한다. 다른 사람들을 불구로 만들기도 하고 죽이기도 한다. 곳간에는 곡식을 가득 쌓아 놓고 우유를 하수구에 흘려보내면서도 수백만의 사람들이 굶어 죽는 것을 외면한다.

다만 서로를 자신의 감정과 육체적 욕구를 만족시키는 대상으로 여길 뿐이다. 그러면서 '서로 먹고 먹히는 세상'에서 살아남기 위해서는 다른 사람들이 자신을 이용하기 전에 먼저 다른 사람을 이용해야 한다고 주장한다. 인생을 마치 승자와 패자만이 존재하는 정글처럼 여기는 것이다. 그래서 다른 사람이나 다른 집단이 자신을 위협할 때는 도저히 참지 못하는 것이다.

우리는 사실 경건함이 무엇인지 정확하게 알지 못한다. 인간의 행동과 가치는 대부분 경건함이 무엇인지 모른 채 이뤄졌기 때문이다. 경건함은 경쟁자를 저주하고 상대방의 힘을 빼앗으려 애쓸 때 사라진다. 주기 위해서가 아니라 단순히 받기 위해 일할 때, 그것은 경건함이 없는 단순한 노동에 지나지 않는다. 다른 사람의 안전은 희생시키고 자기의 안위를 꾀할 때, 그것은 우리 스스로 경건함이라는 보호벽을 잃어버리는 일이다.

'이 사람은 우월하다, 저 사람은 열등하다'라고 심판할 때 우리는 경건함을 잃는 것이다. 자신을 심판할 때도 마찬가지다. 경건함이 없는 사업, 경제, 교육, 섹스와 경건한 마음이 없이 가족을 부양하고 사람들과 교제하는 것도 모두 똑같은 결과를 낳는다. 그것은 바로 인간이 다른 인간을 이용하는 행위다.

사람들은 점점 교만해지고 있다. 이 세상을 자기 마음대로 해도 되는 소유물처럼 여긴다. 지구상의 다른 생물은 전혀 고려하지 않고 인간의 욕구만 채우기 위해 땅과 바다와 공기를 오염시켰다. 또한 사람에게만 의식이 있으며 우주에게는 의식이 없다고 믿는다. 그저 생을 마감하면 그것으로 자신의 존재가 끝나 버린다고 생각하고, 다른 사람들이나 우주에 대해 아무런 책임이 없다고 여긴다.

그러나 경건한 사람에게는 친구나 동료, 도시, 국가, 혹은 지구를 착취하는 일이란 있을 수 없다. 신분 차별을 한다거나, 어린이를 부려먹는다거나, 신경가스나 핵무기를 만드는 일도 있을 수 없다. 그러므로 경건한 사람이나 경건한 인류에게는 그런 행동으로 인한 업보가 생겨나지 않는다.

경건함은 영혼의 노래

도대체 경건하다는 것은 무슨 의미일까?

경건함은 형식의 껍질을 초월해 본질 그 자체인 생명과 어떤 형식으로 접촉하며, 어느 정도로 깊이 접촉하는가와 관련되어 있다. 즉 경건함이란 사물, 인간, 식물, 동물 각각의 본질과의 접촉, 존재의 내면과의 접촉이다. 내면적인 것을 감지하지 못해도 형식, 즉 껍질은 단지 외피(外皮)에 불과하다는 것은 충분히 알고 있을 것이다. 또한 인간이든 사물이든 존재의 진정한 힘과 본질은 외피 안에 있다는 것도 알고 있다. 경건하게 받아들인다는 건 그런 것이다.

진화의 과정이란 경건함 속에서만 의미가 있다. 삶을 이어나가는 것, 성숙해지는 과정, 진정한 힘에 다가서서 더욱 발전하는 과정은 반드시 경건함을 지니고 접근해야 한다.

생명의 순환(cycle of life)에 대해 우리는 경건한 마음으로 다가서야 한다. 생명의 순환은 수천만 년 동안 진행되어 왔다. 하늘과 바다를 낳았다는 대지의 여신 가이아(Gaia)가 내쉬는 영혼의 숨결처럼 지구에도 의식이 있다. 그 의식으로 생명의 순환을 이끌어왔다.

이처럼 경건한 생명의 순환 앞에서 우리는 지구 생태계를 어떻게 생각하고, 무너져가는 이 생태계를 또 어떻게 생각해야 할까?

경건함은 생명을 귀하게 여기는 태도다. 생명을 소중하게 다루고 사랑하기 위해서는 어떤 특별한 힘을 부여받을 필요는 없다. 그런 힘을 갖지 않고도 단지 경건한 마음만으로 생명의 소중함을 느끼는 사람들이 많기 때문이다.

한 사람이 경건한가 아닌가는 본질적으로 그가 '생명은 신성한 것'이라는 원칙을 받아들이느냐 아니냐에 달려 있다. 그가 어떤 식으로 신성함을 정의하든지 상관없다.

또한 경건함이란 모든 생명이 가치 있음을 경험으로 받아들이는 것이다. 경건함은 존경과는 또 다르다. 존경이란 예컨대, '저 사람은 존경할 만하다 못하다' 하는 심판과 같다. 즉 우리가 살면서 존경할 만한 것들이 무엇인지 학습을 통해 배워온 반응에 지나지 않는다. 어떤 문화권에서는 존경받았던 능력들이 다른 문화나 하위 문화권 사람들에게는 존경받지 못할 수도 있다. 또 어떤 사람들에게는 존경받았으나 다른 사람들에게는 존경받지 못할 수도 있는 것이다. 한 사람만이 그를 존경하고 나머지 사람들은 존경하지 않을 수도 있다. 그러나 모든 사람들을 경건하게 생각하지 않은 채 한 사람만을 경건하게 생각하는 것은 불가능하다.

경건함은 하나의 성스러운 인식이다. 그런데 사람들은 성스러움은 종교적인 것일 뿐 진화의 과정이나 인생의 학습 과정에 필요하지 않다고 생각하기 쉽다. 영혼의 진화와 별 상관이 없는 경험에 대해 굳이 배울 필요까지는 없다고 생각하는 것이다.

하지만 진정한 경건함이란 성스러운 것으로 인식하는 일이다. 그래야만 자신에게 벌어지고 있는 모든 일들이 진화의 과정 속에서 일어나는 일임을 깨달을 수 있고, 당신의 영혼이 성숙해지는 진화의 한 과정이라고 생각할 수 있기 때문이다.

경건한 마음을 갖게 되면 당신은 여러 생명체들 속에서 일어나는 진화와 동시에 자신에게 일어나는 진화들을 제대로 볼 수 있다. 모든 진화가 어떻게 전개되는지 완전하게 이해할 수 있으며, 최소한 진화에 대해 지금까지와는 다른 시각을 갖게 된다.

경건한 마음 없이 세상을 바라볼 때는 한 동물이 다른 동물을 잡아먹는 것이 그저 잔인하게만 보일 뿐이다. 그러나 생태계란 여러 생명체들끼리 자연스럽게 에너지를 주고받고 또 공유하며 재분배되는 곳이다. 생태계에서는 겨울잠을 자기 위해 먹이가 필요한 동물들을 제외하고는 여분의 저장 창고를 만들 필요가 없다. 필요한 것보다 더 많이 쓰고, 오히려 필요하지 않은 것조차도 저장하는 것은 오직 인간뿐이며, 결국 그것으로 생명 순환의 균형을 극단적으로 파괴하는 것은 인간 세계밖에 없다. 만약 우리가 그날그날 필요한 것만을 취하고 산다면 우리의 삶은 완벽해질 것이다.

경건함에 대한 인식은 우리에게 좀 더 자비롭고 포괄적인 눈으로 여러 다른 종(species)들을 볼 수 있게 해준다. 우리로 하여금 각각의 생명체들의 중요성과 그들이 겪는 경험들에 눈을 뜨게 해 주고, 나아가 우주의 자비로운 전개를 볼 수 있게 허락해 준다. 또한 매 순간 생명의 가치를 배우면서 우리 삶을 성장시키기 때문에 우리 안에 폭력적이고 파괴적인 반응이 일어날 가능성이 훨씬 적어진다.

경건한 자세로 생명에 접근하고 생명을 대하면 힘이 없어도 잔인해지지 않는다. 경건한 마음 없이 힘없는 처지에 놓인다면 매우 잔인한 사람이 될 수밖에 없다. 힘을 빼앗긴 사람은 반대로 두려움이 커지게 되고, 자신을 방어하기 위해 다른 사람들을 무차별적으로 죽이거나 다치게 할 수도 있기 때문이다.

우리 모두가 더욱 더 경건하게 살도록 노력할 때 다른 사람들과 다른 생명체들을 해치는 경향은 줄어든다. 경건한 마음을 갖게 되면 자신의 에너지를 행동으로 옮기기 전에 생명의 가치에 대해 좀 더 깊이 생각할 수 있다. 그리고 완전히 경건함에 이르게 되면 우리는 힘을 부여받지 못했더라도 생명을 해칠 수가 없게 된다.

생명에 대한 경외심

경건함이란 삶을 귀하게 여기는 일이다. 경건한 마음이 없으면 힘을 얻기 위한 과정 속에서 오히려 삶을 희생시키는 경우가 많다. 그 때문에 피해자와 가해자가 생겨났다. 우리가 생명에 대해 배워 가는 동안 경건한 마음으로 생명을 대한다면 생명을 파괴하는 일은 중단되거나 최소한 생명에 대한 인식은 매우 달라질 것이다. 지금까지는 생명을 파괴시키는 것이 인간 진화의 특징이었다.

사람들이 힘없는 상태에서 힘을 얻어 가는 동안 생명을 잃거나 고문이나 폭행을 당하고 배고픔을 겪거나 불구가 되는 일이 있다. 이것은 경건한 마음이 없고 모든 생명은 신성하다는 진정한 믿음이 없기 때문이다. 만약 인류가 점차 힘 있는 존재가 되어 가는 과정 속에 경건한 마음이 작용했다면, 지금 벌어지고 있는 참담한 폭력과 두려움은 생기지 않았다.

생명을 파괴할 권리는 없다는 인식이 인류와 인간 각자의 마음속에 있다면, 인간 생명의 파괴, 식물 생명의 파괴, 동물 생명의 파괴 지구의 파괴도 상당히 줄어들거나 중단될 것이다.

또한 우리는 파괴로 인한 업보의 에너지를 갖지 않아도 된다. 만일 어떤 사람이 파괴를 통해 무언가를 얻었다면 그 사람은 숙명적으로 거기에 합당한 대가를 치러야 한다. 이것이 업보의 에너지다.

다시 말해 뭔가를 얻는 대가로 누군가에게 자신의 생명을 바치면서까지 배울 필요는 없다. 그런 과정 자체나 과정에 대한 경험을 위해 본질을 파괴시키지 않아도 된다. 생명에 대한 경건한 마음이 없다면 생명이 파괴된들 누가 신경이나 쓰겠는가? 경건함이 없다면 생명은 싸구려 상품이 되어 버릴 것이다. 지금 우리가 사는 세상이 바로 그렇다. 이 세상은 진화의 전체 과정과 신성함을 고려하거나 받아들이지도 않고 귀하게 여기지도 않는다.

생명을 존중했다면, 진화 과정을 이해했다면 생명체를 보면서 우리는 경외심을 느낄 것이다. 모든 생명에 깊이 감사하는 마음으로 세상을 살아갈 것이다. 실제로 세상에는 태어난 것 자체를 원망하는 사람이 많다. 고통과 절망, 낙담, 우울 등, 참기 어려운 고통을 겪고 있는 수십억의 사람들이 있다. 이는 우리가 자신의 상황을 경건하게 인식하지 않기 때문에 생겨난 고통이다.

경건함은 영혼에 대한 인식이다. 하지만 인격은 경건한 마음 없이 단순히 생명만을 인식한다. 모든 생명을 존중하는 영혼의 경건함이야말로 진정한 힘의 본래 모습이다. 따라서 인격이 영혼과 결합하게 되면 경건함이 없이는 생명을 인식하지 못한다.

경건한 마음으로 생명에 접근하면 생명을 경시하던 인격들이 만든 업보로부터 영혼을 보호하고, 인격과 영혼의 결합에 한 걸음 다가서게 된다. 경건한 마음은 영혼을 직접 이 세상으로 불러올 수도 있기 때문이다.

경건한 마음으로 느껴지는 세상

경건한 마음으로 생명에 접근한다는 것은 무엇을 의미하는가?

그것은 '경건함이 결여된 오감 세계'의 인식과 가치에 도전한다는 뜻이다. 이것은 항상 쉽지만은 않다. 외적인 힘의 축적이 가장 가치 있는 것이라고 배워 온 남자들에게는 특히 그렇다.

그러나 진정한 힘을 부여받은 남자는 자기의 인생과 생명체에 대한 애정과 관심을 부끄러워하지 않으며 남자답지 못하다고 생각하지도 않는다. 그것은 경건한 에너지다. 경건한 마음으로 생명에 접근하는 일이 가끔 용기를 필요로 할 때가 있다. 이것은 남자에게만 해당되는 것이 아니라 여자에게도 해당된다.

경건한 사람이 되려는 결심은 본질적으로 영적인 사람이 되려는 결심과 같다. 하지만 지금 과학, 정치, 산업, 혹은 학계 등에는 영적인 것이 깃들만한 공간이 없다. 경건함이 결여된 오감의 인격에게 경건한 사업가는 불리한 상황에서 경쟁하는 것처럼 보인다. 그만큼 활동의 범주가 제한되어 있기 때문이다. 오직 외적인 힘만이 인정받는 세상에서 경건한 정치인은 지도자가 될 만한 자격이 없는 것처럼 보이기도 한다.

하지만 다양한 감각을 지닌 인간에게 경건한 사업가란, 지금까지의 기업가와는 전혀 다른 새로운 에너지를 불어넣는 사람으로 보인다. 경건한 사업가는 사람들이 필요한 물건을 만들어 얻은 이윤의 에너지로부터 다른 사람을 위해 봉사할 수 있는 에너지를 만들어 낸다. 경건한 정치인은 외적인 힘에 도전하는 사람이며 정치 현장에서도 진실된 일에 관심을 둘 것이다.

그러므로 경건한 마음으로 생명에 접근하기로 결심했다는 것은 영혼을 인정하지 않는 세상에서 영적인 사람으로 행동하고 생각하겠다는 것을 의미한다. 다양한 감각을 지닌 인간의 인식에 의식적으로 접근해 가겠다는 뜻이기도 하다.

우리는 생명이 있는 그 어떤 것도 해쳐서는 안 된다. 이 세상을 함께 살아가는 다른 사람들을 결코 해치지 말아야 한다. 사람들을 위해 희생되었던 동물들을 어떻게 바라봐야 할지 한번 생각해보자. 이 지구의 권리, 생명의 권리를 인정해야 한다.

경건한 태도는 다양한 인격이 진화할 수 있게 만드는 분위기이자 환경이다. 그것은 존재에 풍요로움과 충만함과 친밀감을 가져오며 자비심과 친절한 행동을 이끌어 낸다. 경건한 마음도 없고 모든 생명의 신성함도 인식하지 못한다면 세상은 냉정해지고 삭막해질 것이다. 동시에 기계적이고 제멋대로가 된다. 소외감을 맛보게 하며 폭력적인 행동을 낳는다. 경건함이 없이 산다는 것은 우리를 영혼의 기본적인 에너지와 분리시키는 것과 같다.

경건함은 자동적으로 인내를 낳는다. 성급하다는 것은 자신의 욕구를 먼저 충족시키려는 욕망이다. 혹시 당신은 자신의 욕구가 충족되고 나서야 다른 사람의 욕구에 대해서도 인내심을 보이지는 않았는지 한번 생각해 보라. 경건한 사람은 모든 생명 자체와 그 활동을 귀하게 여긴다. 경건한 사람은 결코 조급해 하지 않는다.

경건함은 심판하지 않는 정의를 가능케 했다. 영혼은 심판을 하지 않는다. 그래서 우리가 경건함으로 생명에 다가갈 때 영혼 특유의 어떤 것이 실제 현실에서 나타나게 된다. 경건한 사람은 자신이 다른 사람이나 생물체보다 우월하다고 생각할 수 없다. 모든 생명체들이 다 신성하다는 것을 깨닫고 그것을 귀히 여기기 때문이다.

경건한 태도는 오감의 인간이 지닌 논리와 이해력을 다양한 감각의 인간의 것으로 바꿔놓는다. 뒷장에서 다루겠지만, 더 높은 차원의 논리와 이해력은 마음에서 나오기 때문이다.

경건한 마음이 없다면 잔인함과 파괴를 경험하게 된다. 경건한 마음을 지니고 있어야만 자비와 사랑을 경험할 수 있다. 우리는 앞으로 모든 생명을 소중히 여기게 될 것이다. 다만 우리가 그 일을 경험할 수 있을지, 경험한다면 그때가 언제일지는 우리의 선택에 달려 있다.

항상 마음의 문을 열고 자신을 보라

마음
Heart

"영혼 주위에는 많은 빛이 있다. 그 빛들은
어둠에 갇힌 영혼들에게도 밝은 곳으로 이끌기 위해 끊임없이 도움을 준다.
이러한 보이지 않는 영혼의 에너지를 깨닫기 위해서는
언제나 열린 마음을 지니고 있어야 한다."

영혼을 이해하는 논리

현실을 오감으로 탐구하는 논리로는 시간을 초월한 진화나 전생이 현재에 어떤 영향을 미치는지 전혀 알 수 없다. 또한 영혼의 존재, 즉 수많은 일생(personality)을 만들고 에너지의 균형을 이루게 하는 영혼의 원동력을 의미 있게 설명하지 못한다. 자기 능력을 벗어난 판단은 할 수 없기 때문이다. 이제는 더 높은 차원의 논리와 이해가 필요한 시기가 되었다.

오감을 통한 논리와 이해는 정신에서 비롯된 지성의 산물이다. 하지만 영혼을 의미 있게 반영할 수 있는 더 높은 차원의 논리와 이해는 마음으로부터 나온다. 더 높은 차원의 논리와 이해를 위해서는 여러 감정에 대한 섬세한 접근이 필요하다.

다양한 감각의 인간은 한 차원 높은 논리와 이해를 통해 마음(heart)이 중요하다는 것을 알고 있다. 그들은 감정의 흐름에 대해 예민하다. 반면에 오감의 인격은 이런 것들을 중요하게 생각하지 않는다. 그런 것들은 자신이 외적인 힘을 축적하는 데 도움이 안 된다고 여기기 때문이다. 대신에 외적인 힘을 의식적으로 추구하고 발휘해 오면서, 감정이란 편도선이나 맹장처럼 고통과 문제만 일으키는 쓸모없는 것으로 생각해 왔다. 이처럼 외적인 힘을 추구하면 감정이 억눌리게 된다. 이것은 우리 모두에게 해당되는 말이다.

우리는 이미 감정을 하찮게 여기는 사고와 가치에 지배당하고 있다. 외적인 힘을 얻고자 사원들을 해고하는 거만한 사업가를 오히려 미화시키며, 자기 스스로에게 혹은 다른 사람들에게 고통을 주고 죽음으로까지 몰고 가는 장교에게 상을 내리고, 비열하고 냉정한 정치인들을 높이 평가한다.

우리가 감정의 문을 닫았을 때 생명선으로 통하는 문, 즉 우리의 생각과 행동에 에너지와 활력을 주는 문도 함께 닫힌다. 그 문이 닫히면 우리는 자신과 환경, 타인의 감성을 이해할 수 없게 된다. 다른 사람들의 감성이 그들 자신뿐만 아니라 그들의 환경과 우리에게 어떤 영향을 미치는지 이해할 방법도 없어진다.

우리가 감정에 대해 알지 못한다면 모든 사람들의 내면에 있는 분노, 슬픔, 비통함, 즐거움의 원인은 무엇이고, 그 결과는 무엇인지 알 수 없다. 자기 내면의 어떤 부분이 인격이며 어떤 부분이 영혼인지 구분할 수도 없다. 자기의 감정을 알지 못하고는 자비심도 느낄 수 없다. 자기의 고통과 기쁨을 체험할 수 없는 사람이 어떻게 다른 사람들의 고통과 기쁨을 함께 나눌 수 있겠는가?

자신의 감정을 모른다면 우리는 감정 뒤에 놓인 원동력들을 인식할 수 없다. 원동력들이 어떻게 작용하는지, 어떤 목적을 이루는 데 쓰이는지 알 수 없는 것이다. 감정들은 사람 사이를 통과하는 에너지의 흐름이다. 에너지의 흐름을 알면 우리의 경험이 어떻게, 왜 형성되는지 알 수 있다.

감정은 의지를 반영한다. 감정을 알게 되면 의지도 알게 된다. 자각하고 있는 의지와 감정 사이에 부조화가 일어나면 치유가 필요한 분열된 자아를 직접 볼 수 있다. 예컨대 당신이 가지고 있는 결혼에 대한 의지가 기쁨 대신에 고통을 초래한다면 그 고통을 쫓아가 보자. 당신은 전에 깨닫지 못했던 의지를 발견하게 될 것이다. 만약 당신이 일을 더 잘하려고 하는 의지가 만족 대신 슬픔을 초래한다면 그 슬픔을 쫓아가 봄으로써 전에 깨닫지 못한 당신의 의지를 발견하게 될 것이다.

감정을 알지 못하고는 경건함도 체험할 수 없다. 물론 경건함은 감정이 아니다. 그것은 존재의 한 방식이다. 경건함에 이르는 길은 마음을 통해서다. 그리고 감정을 알아야만 마음이 열린다.

다양한 감각을 지닌 인격의 논리와 이해는 오감을 지닌 인격에게는 보이지 않는 관계들이 존재하고 있었음을 보여 준다. 또한 오감의 인격에게는 의미가 없어 보이던 곳에도 의미가 있음을 알려 준다. 오감을 지닌 인격은 자기가 지닌 감각의 데이터를 완전히 처리하지 못한다. 현실에 대한 인식과 우주적인 경험이 분열되어 있는 것이다.

물론 오감을 지닌 인격도 인간에게 내재된 원동력들이 세상에 영향을 미친다는 것을 알고는 있다. 하지만 그 원동력은 '당신이 미소를 보내면 세상도 당신에게 미소를 보낸다'라는 흔히 들을 수 있는 상투적인 말 같은 것이라고 마음대로 결론짓는다. 오감을 지닌 인격도 현실 안에 여러 규칙이 존재한다는 건 알고 있다. 또 그러한 규칙은 '외부의 힘이 작용하지 않으면 물체의 운동 상태는 변하지 않는다'는 법칙들과 비슷한 것이라고 결론지어 버린다. 오감을 지닌 인격은 여러 가지 규칙성이 가지고 있는 영적 영역과의 관계를 경험할 수는 없다. 하나만 알고 둘은 모르는 것이다. 현실적 영역과 영적인 영역, 각각의 영역에 똑같이 흐르는 풍요로움을

제1장 영혼이란 무엇인가 • 69

경험하지 못하는 것이다.

예를 들면, 과학에는 겉으로 달라 보이는 여러 가지 경험들을 서로 연결해서 관련된 관계를 깨닫게 하는 신성한 추진력이 반영되어 있다. 과학은 오감을 지닌 인간이 이루어 낸 최상의 업적이다. 하지만 과학의 결실이 오감을 지닌 인간의 논리와 이해력만으로 파악되었을 때는 내재된 에너지, 즉 감정과 의지가 실제 세상과는 무관한 것처럼 보인다. 초신성(별의 진화 과정에서 마지막으로 대폭발을 일으켜 순간적으로 그 밝기가 평소의 수억 배에 이르렀다가 서서히 낮아지는 현상)이나 소립자(물리학에서 광자, 전자, 중성자, 중간자 등의 입자를 통틀어 이르는 말)의 붕괴 같은 현상은 인간의 감정이나 사고와는 전혀 관계가 없다고 보는 것처럼 말이다.

반면에 다양한 감각을 지닌 인간의 논리나 이해력으로 과학을 파악했을 때는, 내재된 원동력과 현실의 규칙 사이에 밀접한 관계가 있음을 알게 된다. '물체는 외부로부터 힘이 작용하지 않는 한 등속도 운동을 계속한다'는 규칙은 현실에서 뿐만 아니라 영적인 세계 안에서 작용한다는 것, 더욱 심오한 원동력에도 적용된다는 사실을 알게 되는 것이다.

어떻게 이런 일이 일어나는 것일까?

영혼에도 작용하는 과학의 법칙

육군 사관생도 시절 내 친구 중에 행크라는 친구가 있었다. 그는 켄터키 출신으로 키가 크고 붙임성이 있으며 인상도 좋은 젊은이였다. 행크와 나는 금방 친해졌다. 내 짐이 무거울 때 그는 몇 번인가 같이 들어주었고, 나는 그가 대포의 탄도 계산법을 어려워할 때 도와주기도 했다. 우리는 모험을 함께하면서 우정을 키워 나갔다.

졸업 후 우리는 서로 다른 곳에 배치되어 한동안 연락이 끊긴 채 지내다가 호찌민에서 우연히 마주치게 되었다. 내가 알고 지내던 육군 장성의 부대에 행크가 배치되어 있었다. 그는 호찌민에서 복무하는 동안 그곳 라디오 방송국에서 일하는 인기 있는 여자 아나운서와 만났고 둘은 약혼을 했다고 했다. 키 크고 잘생긴 대위와 아름답고 인기 있는 유명인사와의 결합은 누가 보기에도 완벽했다.

그 후 행크와의 연락이 다시 끊겼고 나는 예편을 했다. 그러던 어느 날, 그가 내게 전화를 걸어 왔다. 내가 살던 근처의 휴양지에서 자기 아내와 만나기로 했다면서 그곳에서 같이 만나자는 전화였다. 그때는 그도 이미 예편을 한 민간인이었다.

그런데 막상 만나 보니 낙천적이었던 예전의 그는 어디론가 사라지고 얼굴에는 수심이 가득해 보였다. 그는 이름을 '할'이라고 바꾸었다고 했다. 그리고는 아내가 오지 못하게 되었다면서 미안하다고 했다. 우리는 잠시 얘기를 나누었다. 내가 그에게 무엇을 하고 지내는지 물었을 때 그는 자기가 묻히기에 적당한 양지바른 곳을 찾고 있는 중이라고 대답했다.

얼마 후 나는 그가 자살했다는 소식을 듣게 되었고, 그의 미망인으로부터 어려웠던 결혼생활과 행크의 의기소침함 그리고 그의 자살에 관한 이야기를 들었다. 베트남 전쟁이 끝난 직후 몇 년 동안 참전 용사들의 자살률은 일반인들의 자살률보다 훨씬 높았다. 행크도 베트남 전쟁에서 겪었던 일 때문에 후유증이 심각했던 것 같다. 하지만 근본적인 원인은 개인적인 경험의 문제라기보다는 인간의 내부에서 작용하고 있는 원동력의 문제였다. 행크는 자기의 삶에 대해서 심오한 질문을 던지는 그런 부류의 사람이 아니었다. 그는 이 세상에서 자기의 존재가 어떤 의미를 지니고 있는지 자문하지 않았다. 그런 질문을 한다고 인생이 달라지지는 않는다고 여겼을 것이다. 어쩌면 인생이 달라지는 것조차 원하지 않았을지 모른다. 그는 인생에 대해 깊이 고민하지 않고 살다가 어느 날 문득 밀려드는 공허감과 무력감을 주체할 수가 없었던 것이다.

내 친구의 인생과 '물체는 외부로부터 힘이 작용하지 않는 한 등속도 운동을 계속한다'는 관성의 법칙, 즉 운동의 제1법칙과는 어떤 연관을 지을 수 있을까? 이 '등속도 운동'을 '인생'이라고 생각했을 때 어떤 의미가 있는 것일까? 또한 그 운동을 바꿀 수 있는 '힘'은 무엇일까?

 행크는 켄터키의 농장에서 자라나 육군 장교가 되었다. 그리고 집에서 수천 킬로미터 떨어진 곳에서 만난 유명인사와 결혼을 했으며 결국 자살했다. 그의 인생에 일어난 외적인 사건들은 등속도 운동처럼 일정한 것이 아니었다. 하지만 그의 삶의 궤적에서 등속도 운동이라고 할 수 있을만한 일정한 것은 바로 무의식적인 삶이었다. 어린 시절의 경험이나 육군 복무, 결혼, 이 모두가 그의 존재 의미를 깨닫는 데 아무런 도움이 되지 못했다. 또한 고통과 기쁨을 통해서도 자신이 누구인가, 혹은 자신이 무엇이 될 것인가를 깨닫지는 못했다. 행크는 경험들을 통해 생의 근원을 찾으려 하지 않았고 오히려 두려워했다. 결과적으로 인간의 몸으로 태어나 육신을 벗어나기까지 그의 인생은, 일정한 등속도 운동처럼 항상 깨달음이 없었고 항상 자각이 없는 상태였던 것이다.

 그가 겪은 상황들은 그의 영혼 에너지의 균형을 이루기 위해 필요한 상황들이었고, 그는 그의 영혼이 맺은 인연을 통해 그가 얻은 조건과 그가 태어난 환경에 맞춰 반응했다. 또한 그가 보인 각각의 반응들은 무의식적으로 더 많은 인연들을 만들어 냈다.

 행크가 이 세상을 살아가면서 보였던 몇 가지의 자비로운 행동들이 나와 주위 사람들에게 좋은 인상을 남긴 건 사실이다. 하지만 그는 자비심을 인생의 중심으로 삼지는 못했다. 한마디로 자신의 영혼으로 접근해 가려는 노력을 하지 않았다. 그저 한 인격으로서 결여된 것을 채우기 위해 노력하면서 생을 보냈다. 눈에 보이는 그 부족한 것들에 너무 집착한 나머지 눈에 보이지 않지만 진정으로 그를 채워줄 수 있는 영혼을 알지 못했다. 결국 행크의 인생은 무의식적으로 '등속도 운동'을 하고 있었고 한 번도 '진정한 힘'을 만나지 못했던 것이다.

행크가 인생에서 만나지 못했던 '힘'은 과연 무엇이었을까?

또 내가 아는 사람 중에 그레고리라는 친구가 있었다. 그는 미국 북동부 출신이고 대학을 졸업한 중산층 백인이었다. 그런데 그는 정서적으로 매우 힘든 어린 시절을 보냈으며 인생의 쓴맛을 보면서 성장했다. 그래서 화를 잘 내고 속임수를 잘 썼으며 대인관계가 원만하지 못했다. 폭력적인 기질과 툭하면 싸우는 성질 때문에 사람들이 그를 피했던 것이다. 이런 상황에서 인생과 타인에 대한 경멸감은 커져만 갔다. 하지만 그는 인생의 경험을 바탕으로 자기의 존재에 대해 끊임없이 고민하고 있었다.

결국 그의 난폭한 성질 때문에 함께 살던 여인이 떠났을 때는 깊은 고통 속으로 빠져들었다. 여인이 떠나 버렸다는 상실감 때문만은 아니었다. 그 사건을 통해 주위 사람들에게 자기가 매번 똑같은 방식으로 거부당하고 있음을 알아차렸다. 그는 자기의 고통과 반복

되는 인생의 사건들에 대해 정면대결하기로 결심했다. 그는 인생이 왜 이렇게 고통스러운지 그 원인을 찾기 위해서 고독과 씨름하며 자기의 내면을 탐색해 나갔다.

몇 주일 후 사람들 앞에 나타난 그는 너무도 달라져 있었다. 그는 부드러워지기 시작했고 지금까지의 나쁜 습성들과 대인관계를 개선시켜 나갔다. 그의 냉소주의는 즐거움으로 바뀌었고 분노는 눈 녹듯 사라졌다. 몇 년이 지난 지금 그는 생산적인 사람이 되었고, 다른 사람들이 그의 인생의 중심이 되었으며, 다른 사람들을 도움으로써 느끼는 기쁨도 깨달았다.

물론 이러한 변화들은 그레고리에게 쉬운 일은 아니었다. 화를 삭일 줄 모르고 남을 잘 속이며 타인에 대한 경멸심으로 가득찼던 한 인간에서 자상하고 사려 깊은 인간으로 변신하는 데는 많은 용기와 고통을 필요로 했을 것이다. 하지만 그는 고통스러운 과정에 몸을 던짐으로써 인생을 바꿀 수 있었다.

그의 인생을 지배했던 등속도 운동은 고통에 정면으로 대결하기로 한 그의 결심에 의해 완전히 바뀌게 되었다. 또 그것을 통해 깨달은 바를 더욱 발전시키고자 결심함으로써 더 많은 변화가 생겼다.

그 결심은 그레고리의 인생의 '등속도 운동'을 바꾼 '힘'이 되었다. 그런 결심이 없었다면 그레고리의 인생은 행크처럼 자신이 만든 인연과 인연이 만들어 낸 업보를 계속해서 무의식적으로 겪어야만 했을 것이다.

물체의 운동에 관한 제1의 법칙인 관성의 법칙을 이런 식으로 해석해도 되는 것일까? 과학적인 운동의 제1법칙이 눈에 보이지 않는 원동력을 기술하기 위해 단지 편의적으로 사용된 것은 아닐까? 그러나 여기에는 그 이상의 의미가 있다.

그것은 눈에 보이지 않는 영역에서 작용하고 있는 더 큰 원동력을 현실에 비유해서 설명한 것이다. 이것이 영혼의 물리학이다. 다양한 감각(multisensory)을 지닌 인간의 논리와 이해력으로 과학적인 법칙이 인식될 때, 생명 그 자체는 더욱 풍요로워지고 그 풍요로움은 어느 곳에서나 끊임없이 나타날 수 있다.

과학으로 발견하는 영혼의 원동력

과학사는 인류가 우주와 인간의 관계를 어떤 방식으로 이해했는지를 잘 반영하고 있으며, 다양한 감각을 지닌 인간만이 그 사실을 이해하고 있다.

그 예로 천동설을 주장했던 프톨레마이오스의 천문학은 인간을 우주의 중심으로 보았고, 지동설을 주장했던 코페르니쿠스의 천문학은 인간을 우주의 일부분으로 인식함으로써 좀 더 발전되고 공생적인 관점으로 보았고, 뉴턴의 물리학은 눈에 보이는 피안 세계의 역학(力學, dynamic)을 이해했던 인간의 모습을 잘 반영한다는 사실. 상대성 이론은 절대적인 인식과 개인적인 인식 사이의 제한적인 관계를 이해하는 인간의 모습을, 양자물리학은 눈에 보이지 않는 의식과 눈에 보이는 세계와의 관계를 깨우쳐 가는 인간의 모습을 잘 반영하고 있다는 사실 등을 이해하고 있다.

다시 말하면 다양한 감각을 지닌 인간의 관점으로 보았을 때, 위와 같은 과학이 이루어낸 여러 발견들은 내적인 경험들과 외적인 경험들을 설명해주고 있으며, 눈에 보이는 이 세상의 원동력과 눈에 보이지 않는 영혼의 원동력을 설명해 준다.

또 다른 예로 광학에서는 흰색과 검은색은 파랑이나 초록, 빨강처럼 색이라고 할 수 없음을 발견했다. 흰색은 빛의 가시파장 영역의 색을 모두 합친 것이고 검은색은 그러한 가시파장 영역이 없는, 즉 빛이 없는 상태다. 그러므로 엄밀히 말하면 흰색과 검은색은 없는 것이다.

위의 발견으로 눈에 보이지 않는 영혼의 원동력을 어떻게 이해할 수 있을까?

우리는 흰색에서 순수함과 선함, 정의를 연상한다. 흰색은 긍정적이고 보호하려는 에너지이며 영혼의 완전함을 표현한다. 우리는 흰색에서 신과 신의 사자와 천국을 연상하고, 흰색 옷을 입은 천사를 그린다.

검은색은 어떤가? 아이들은 검은 옷을 입은 악마를 그린다. 검은색은 파괴의 상징이다. 재난이 일어난 날을 우리는 '블랙 데이'라고 부른다. 검은색은 절망과 분노와 격노를 나타낸다. 그것은 사랑과 자비와 용서가 없는 상태다. 우리는 이런 상태의 감정에 빠진 사람을 '블랙 무드'에 있다고 말한다.

'이성의 빛'이 결여된 시기를 '암흑 시대'라고 부르는 우리는 분열된 고통스런 영혼의 상태를 '빛이 없는 영혼', '영혼의 어두운 밤'이라고 여긴다. 또한 '악마'를 '어둠의 왕자'라고 표현하며 지옥은 신의 빛이 닿지 않는 곳으로 생각한다.

흰색을 융합이나 완성으로, 검은색을 부재(absence)로 인식한다고 해서, 빛이나 어둠을 물리적으로 이해하는 데 방해가 되지는 않는다. 언어와 신화, 종교와 과학적인 판단으로는 흰색에 통합과 전체성 그리고 완성의 의미가 있다는 것을 안다. 검은색에는 이런 것들이 결여되었다는 것도 알고 있다. 다양한 감각을 지닌 인격은 이러한 여러 이해 방식이 모두 같은 내용을 담고 있음을 이해하는 것이다.

다양한 감각을 지닌 인간은 신성함이나 신 혹은 신의 지성 등, 이와 유사한 것을 나타내는 어떤 단어든 간에 빛과 연결시킨다. 예수나 부처, 혹은 크리슈나(Krishna: 힌두교 신화에 나오는 영웅)와 같은 신성한 존재들을 빛, 전체성, 통합, 완전함이 있는 존재라는 인식에 따라 신성하게 본다.

따라서 다양한 감각을 지닌 인간은 과학에서의 흰색은 영원하고 신성한 전체성과 통합, 완전함이 시간, 공간, 물질의 형태로 반영되어 있으며, 과학에서의 검은색은 빛의 부재라는 물리적 현상의 세계 속에서 미완성의 의미를 반영하고 있음을 안다. 각각의 영역이 외관상 차이는 있지만 서로 동일한 관계에 있으며 같은 세계를 보여주고 있다는 것도 안다.

그러나 오감을 지닌 인격은 그렇게 보지 못한다. 그들의 논리와 이해력은 포괄적이지 못하기 때문이다. 완전함의 본질과 완전함의 결여, 그로 인한 영향들은 오감의 인격이 물리적인 현상을 공부한다고 해서 이해할 수 있는 것이 아니다. 단순히 물리적인 현상과 그 관계들은 완전함이라는 것의 본질과 결여에 대해 설명해 줄 수 없기 때문이다. 이는 더 넓은 개념의 삶에서 동시적으로 발생하는 영역이며 반영이다.

완전하지 않은 인격은 한 가지 색, 또는 몇 가지 색의 조합이 보여주는 것처럼 분열의 상태에서 살아간다. 분열되지 않은 인격만이 흰색의 성격과 마찬가지로 완전한 상태에서 살아갈 수 있다. 영혼과의 교류를 잃어버린 인격은 빛의 근원을 잃어버린 악한 영혼이며 어둠으로 나타난다.

우리가 악이라고 부르는 것은 모두 빛이 없는 상태이고 사랑이 없는 상태다. 시인들은 빛을 보며 순수함, 통찰력 그리고 신의 영감을 노래한다. 빛의 이런 느낌은 단지 시적인 것만은 아니다. 실제로도 그렇다.

윤회를 반복하는 동안 영혼이 언제나 빛의 길을 걷기는 어려운 일이다. 더구나 빛 속에 머물면서 깨달음을 얻기란 어려운 수련이다. 윤회의 삶을 겪는 한 영혼이 용서 대신 분노를, 이해 대신 비난을 선택했다면 그 영혼은 부정적인 인연을 쌓게 된다. 영혼이 육신을 떠날 때는 빛으로 둘러싸인다. 그 빛은 영혼이 세상에 머무르는 동안 겪었던 여러 선택에 의해 밝기가 결정된다. 그 영혼이 또 다른 생명으로 환생할 때, 그동안 쌓았던 인연을 바탕으로 인격을 창조하게 되는 것이다.

영혼의 의식에 한계를 지닌 닫힌 의식의 인격은 열린 의식의 인격보다 더 쉽게 악한 것에 매혹 당한다. 물론 모든 영혼들이 유혹을 당한다. 그러나 의식의 한계를 지닌 인간은 유혹을 더 강하게 느끼게 된다. 이런 사람들은 악에 대한 공포를 있는 그대로 받아들이질 못하고 그저 인생에서 있을 수 있는 정상적인 것으로 받아들인다.

우리가 악을 어떻게 이해할 것이냐 하는 것은 매우 중요하다. 악은 있는 그대로, '빛의 부재'라는 원동력으로 이해해야 한다. 악(evil)이라고 해서 무조건 싸우거나 달아나거나 법으로 금지해야 할 것은 아니다. 그저 악은 빛의 부재일 뿐이다. 그렇게 이해하면 우리는 자연히 빛에 손을 내밀어야 한다는 것을 알게 된다.

의식이 있는 빛은 신성함, 즉 신의 지성과 같다. 신의 빛이 없는 곳에서는 악이 활개를 치며 그 속의 인간은 어둠 속에서 방황한다. 하지만 어둠 속 존재는 영원할 수 없다. 모든 영혼은 완전한 밝은 빛을 추구하기 때문이다. 빛을 잃은 영혼은 언제나 빛을 갈구한다. 모든 영혼의 주위에는 많은 도움의 손길이 끊이지 않기 때문이다.

뒤에 나오겠지만 비록 영혼의 속까지 비추지는 못하더라도 영혼의 주위에는 끊임없이 많은 빛이 있다. 그 빛들은 어둠 속을 고집하는 영혼들에게도 도움의 손길을 뻗고 있다. 그들은 어떤 생각을 빛으로 이끌기 위해 언제나 용기를 준다. 그리고 마침내는 그런 영혼들을 빛으로 이끈다.

악을 단순히 빛의 부재로 이해한다고 해서 악에 대해 무조건 대항하지 말라는 것은 아니다.

그렇다면 악에 대한 적절한 대응은 무엇인가?

뭔가가 부족해서 문제가 생긴다면 치료 방법은 단 하나, 부족한 것을 채워주는 일이다. 악은 빛이 없는 상태이므로 빛이 있게 만들어야 치유가 된다. 악을 증오하거나 악한 사람을 증오하는 것은 오히려 빛의 부재에 도움 주는 일일뿐 빛의 존재에는 전혀 도움이 안

된다. 따라서 악을 증오하는 것은 악을 감소시키기는커녕 오히려 증가시킨다. 빛이 없으면 인격은 괴로움을 겪게 된다. 빛이 없는 곳에 고통이 존재하기 때문이다. 악에 대한 증오는 바로 자신에게 영향을 끼치며 고통을 불러일으킨다. 그래서 증오로 가득 찬 사람이 되고 영혼의 빛은 사라진다.

악을 그저 빛이 없는 상태로 이해하는 것은 악한 행동이나 영향에 대해 수동적으로 대하거나 무시하라는 뜻은 아니다. 어린아이가 학대당하거나 어떤 사람이 억압당하는 것을 보았다면 당신은 그 아이를 보호하거나 그 사람을 돕기 위해 무언가를 해야 한다. 하지만 학대하거나 억압하는 사람들, 즉 자비심이 없는 사람들에 대한 자비가 없다면 결국 당신 스스로도 악한 사람이 된다. '자비심(sympathy)'이란 마음의 움직임에 의해 이끌리는 것이다. 또한 사랑의 힘에 이끌리고 감동을 주는 것이다. 만약 당신이 자비심 없이 어둠과 맞서 싸운다면 당신 자신도 어둠으로 들어가게 된다.

악을 빛의 부재로 이해하는 것은 힘이 외적인 것이라는 인식에 대한 도전이다. 존재하지도 않는 악을 물리친다는 것은 말이 되지 않는다. 악한 인간은 구속될 수 있지만 악이 구속될 수는 없다. 악한 사람들은 가두어 둘 수 있지만 악을 가두어 둘 수 있는가? 군사력 같은 물리적인 힘보다 더 효과적으로 악에 대항할 수 있는 것은 자비심이다. 군대와 군대가 전쟁을 할 수는 있다. 그러나 군인이 총을 들고 악을 쏠 수는 없다. 자비심만이 악과 직접 맞설 수 있으며 어두운 곳에 빛을 비출 수 있다.

악을 빛의 부재로 이해하는 순간, 당신은 지금의 선택이 빛을 향한 것인지 아니면 빛에서 벗어나는 것인지를 판단해야 한다. 그런 판단은 당신이 악한 행동들에 대항할 때조차 그 행위를 하는 사람들을 자비로운 눈으로 볼 수 있는 여유를 주며 부정적인 인연으로부터 당신을 보호한다. 악을 근절시키는 행동의 원천이 당신의 마음속에 있다는 것을 알아야 한다. 바로 이것이 악에 대한 적절한 대응이다.

다양한 감각을 지닌 인간은 열린 논리와 이해력 때문에 오감을 지닌 인간보다 더 빨리 배운다. 오감을 통해서만 알 수 있고 제한적인 지성으로만 이해할 수 있는 사람들보다 훨씬 빨리 배울 수 있기 때문이다. 지금까지 우리는 오감으로 현실의 범위와 깊이를 탐구해 왔으며 지성이 우리를 이끌어 온 것만큼의 진화를 해 왔다.

그러나 외적인 힘의 한계를 발견한 지금, 우리는 진화의 다음 단계에서 다양한 감각을 지닌 인간으로 살아갈 때 진정한 힘이 어떤 것인지 깨닫게 된다.

여기에 마음이 필요한 것이다.

제2장

따뜻하고 자비로운 세상

"우리가 자신을 사랑하고
남을 사랑하는 마음을 가질 때,
비로소 따뜻한 세상을 만들 수 있다."

영혼과 주고받는 대화

직관
Intuition

"직관, 통찰, 예감 그리고 영감은
당신을 돕기 위한 영혼의 메시지이거나,
진화 과정에서 영혼을 돕는 우주의 진보된 지성이 보내는 메시지다."

우주의 지성들과의 대화

중요한 것은 다양한 감각의 인간은 결코 혼자가 아니라는 점이다. 혼자 고민하거나 누군가에게 도움을 구할 필요가 없는 이유는 언제나 우주의 진보된 지성들과 의식적인 대화를 하고 있기 때문이다. 물론 그들이 매 순간 인생의 방향을 선택해야 하는 부담감에서 해방됐다는 뜻은 아니다. 어떤 선택의 기로에 섰을 때, 선택에 대한 결과를 예측하거나 자기의 내면을 탐구할 때, 영혼과의 대화를 통해 자비로운 도움을 받을 수 있다는 뜻이다.

물론 오감을 지닌 인간도 도움을 받고 있다. 하지만 그 사실을 깨닫지 못하기 때문에 도움을 제대로 이용하지 못하는 것이다. 그들은 구체적인 경험을 통해서만 깨달을 수 있기 때문에 배우는 데 시간이 많이 걸린다.

신뢰라는 교훈을 배워야 하는 사람이 있다고 하자. 그는 신뢰를 배우는 과정에서 불신을 경험할 수도 있다. 이러한 불신은 여러 가지 오해를 낳고 오해는 긴장 상태와 불쾌한 경험으로 남게 된다. 오감을 지닌 인간은 다른 사람들을 불신함으로써 계속해서 불쾌한 일들을 경험하게 될 것이다. 그러한 경험들은 수없이 많은 윤회의 생을 거치면서 계속된다. 윤회의 생은 다른 사람들과의 인연을 통해 불쾌함의 근원이 무엇인지 깨닫고, 그 근원을 바꾸려고 노력해야만 멈춰진다.

신뢰감이 없는 사람은 타인의 말과 행동을 오해하기 쉽다.

휴일인데도 급한 업무 미팅에 나가야 하는 아내가 있다고 가정해 보자. 아내는 남편에게 함께 있고 싶지만 어쩔 수 없이 나가야 한다고 말하고는 회사로 갔다. 그런데 남편이 그 말을 신뢰하지 못한다면, 남편은 아내가 자신을 거부하고 있다고 생각하거나 남편보다도 일이 더 중요하다는 뜻으로 받아들일지도 모른다. 이러한 오해는 남편이 아내가 하는 말을 있는 그대로 받아들이지 못하고 아내를 믿지 못해서 생긴 결과다.

남편의 이런 오해가 계속 이어진다면 아내의 내면에서도 놀라움, 슬픔, 좌절, 분노, 원망 등의 감정이 생기고, 결국에는 남편에 대한 거부감뿐만 아니라 거리감마저 느끼게 될 것이다. 결국 남편은 그러한 불신으로 인해 자신이 가장 두려워하던 결과를 스스로 만들어 냈다.

불신으로 인해 배우자나 친구, 동료를 잃는 것은 불신의 대가로 내려진 벌은 아니다. 그것은 신뢰라는 문제를 놓고 자기의 내면을 들여다보지 않은 결과이고, 내면의 소리에 귀 기울이지 못하고 신뢰보다는 불신을 선택해서 생기는 일이다. 불신에 찬 사람은 불쾌하고 괴로운 상황을 수없이 경험하고 나서야 신뢰라는 내면의 문제를 생각하게 된다. 그는 다섯 번의 괴로운 경험, 아니면 다섯 번의 생을 겪고 나서야 신뢰를 생각하게 될지도 모른다. 어쩌면 50번의 생을 겪은 후일 수도 있다. 어쨌든 결국에는 신뢰라는 위대한 교훈에 이르게 된다.

이와 같은 원동력이 모든 인격적 특성에 적용되지만 자비심과 조화로운 인격만은 예외다.

가령 화가 난 인격은 불쾌하고 비관적인 상황들을 만들어내는데 자비심과 사랑, 즉 영혼의 에너지를 만나기 전까지 그 감정은 계속된다. 탐욕스러운 인격이나 이기적인 인격, 남을 속이는 인격 등도 마찬가지다. 우리의 진화 방식은 지금까지 이런 식이었다.

그러나 다양한 감각을 지닌 인간은 오감을 지닌 인간보다 빨리 배울 수 있다. 영혼과의 교류를 통해 언제나 도움을 받을 수 있기 때문에 자신이 겪은 경험들이 무엇을 뜻하는지, 그러한 경험들이 어떻게 생겨난 것인지, 자기가 어떻게 했기에 그러한 일들을 겪게 됐는지 더 빨리 이해할 수 있다.

다양한 감각의 인간은 신뢰라든가 책임감, 혹은 겸손함이라는 중요한 교훈을 배우기 위해 고통스러운 경험을 수없이 반복해서 겪지 않아도 된다. 그렇다고 해서 다양한 감각의 인간이 절대로 괴로운 일들을 경험하지 않는다는 뜻은 아니다. 하지만 같은 경험을 하더라도 오감의 인간보다 더 빨리 배우는 능력을 가지고 있기 때문에 현명함과 자비심의 도움으로 나쁜 경험을 줄일 수 있다.

당신은 당신 내면에 있는 영혼의 지원과 안내를 받기 위해 일부러 말로 대화를 나눌 필요는 없다. 대화가 없더라도 다양한 감각의 인간은 언제나 도움을 받을 수 있기 때문이다. 이 능력이 발전되면 언제나 현명하고 자상한 안내를 받을 수 있다는 사실을 깨달을 수 있다. 그런 깨달음은 당신의 삶과 영혼을 융합시키는 방법을 배워 가는 즐거운 과정이다.

어떻게 그런 대화가 가능한 것일까?

오감의 인간은 육감이나 통찰력이 자기 내면에서 스스로 만들어진 것으로 생각하지만, 다양한 감각의 인간은 그렇지 않다는 것을 안다. 다양한 감각의 인간은 지구상에 인류가 등장하여 진화되어 가는 동안 육감, 예감, 영감, 혹은 순간적인 통찰 등이 인류를 도와주었다는 것을 알고 있다. 그러나 오감만을 통해 세상을 보면 그 사실을 깨닫지 못하고, 통찰과 예감은 자신의 인격 안에서 생겨난 것으로 본다.

다양한 감각의 관점으로 보면 통찰, 직관, 예감, 영감은 영혼이 보내는 메시지이거나, 진화 과정에서 영혼을 돕는 우주의 진보된 지성이 보내는 메시지다.

다양한 감각의 인격은 직관(intuition)을 중요하게 생각한다. 반면에 오감의 인격은 중요하게 여기지 않으며, 그들에게 직관이란 단지 호기심일 뿐이다. 하지만 다양한 감각의 인격에게 직관이란 더 큰 이해력과 자비심을 가질 수 있도록 도움을 주는 존재다.

또한 오감의 인격에게 직관적인 통찰력이나 예감은 측정할 수 있는 것이 아니기에 믿고 의지하지 못한다. 하지만 다양한 감각의 인격은 직관적인 통찰력이 인격의 의식 안에서 인격의 성장을 끊임없이 돕고 지지해 주는 애정 어린 안내자임을 안다. 그렇기 때문에 더 잘 깨달을 수 있도록 노력하는 것이다.

직관을 느끼려면 먼저 자신의 감정을 알아야 한다. 감정을 쫓아가 보면 감정의 근원에 이르게 되고 영혼이 힘을 발휘하는 영역과 만날 수 있다.

앞의 예에서 신뢰감이 없는 남편은 자기 아내의 업무 미팅에 대해 분노와 질투, 수치, 실망의 감정을 가졌다. 그가 자신의 현재 감정들을 정확하게 인식하고 그 감정에서 벗어날 수 있었다면, 그 감정들이 자신의 의식 체계에 흐르는 에너지임을 이해했다면 스스로에게 이런 질문을 던졌을 것이다. '아내의 업무 미팅 때문에 내가 왜 이렇게 힘들어야 하는가?' 이 질문을 통해 아내가 업무 미팅을 더 중요하게 여긴다고 생각한 것이 단순한 자기 느낌임을 알 수 있었을 것이다.

아내의 말을 한 번만 진지하게 생각해 보았다면 그녀가 함께 있고 싶어 했지만 그럴 수가 없었음을 쉽게 알 수 있다. 그다음에 그는 이런 질문을 던졌을지 모른다. '그렇다면 왜 나는 아직도 마음이 이렇게 불편한 것일까?' 그리고는 이런 대답에 도달하게 됐을 것이다. '그것은 아내가 정말로 나와 함께 있고 싶어 한다는 것을 내가 믿지 않기 때문이다.' 감정을 무의식적으로 발산시키는 것보다는 이런 식으로 자기의 감정이 근본적으로 어떤 것인지 깨달아 나갔을 때 자신을 신뢰로 이끌어 주게 된다.

많은 것을 곰곰이 생각한 뒤 그는 마침내 이런 질문을 던지게 됐을 것이다. '여태까지 아내가 정직하지 못했던 적이 있었던가?' 만약 이 질문에 대한 대답이 '아니, 이제까지의 경험에 의하면 내 아내는 진실한 사람이다'라면 그의 내부에서 움직이고 있는 불신의 원동력이 아내와는 전혀 상관없음을 알 수 있었다. 그는 아내의 진정한 의도를 알고는 아내를 향한 분노를 누그러뜨렸을 뿐만 아니라, 아내는 자신을 신뢰하는 남편에게 친밀감을 느꼈을 테고 남편에게 거리감을 느끼거나 마음에 상처를 받지 않아도 되었다.

일이 이렇게 진행됐더라면 그는 자신의 오후를 망치지도 않았고 결혼 생활도 망칠 이유가 없었다. 그가 먼저 자기의 감정에 대해 질문을 던졌더라면 불신으로 인한 불쾌감도 없었고, 자기의 감정을 추적하면서 교훈을 얻을 수 있었다. 결국 자신에게 질문을 던짐으로써 불신과 신뢰가 스스로에게 미치는 차이를 알 수 있게 되었을 것이다.

'아내의 업무 미팅 때문에 내가 왜 이렇게 힘들어하는 것일까?' '왜 내 마음이 이렇게 불편할까?', '아내가 살면서 이런 의심을 받을 행동을 했던가?'

이런 질문을 하는 것은 자신의 안내자(guidance)를 부르는 일이다. 올바른 인도를 받기 위한 질문을 할 때마다 당신은 깨달음을 얻게 된다. '나의 동기는 무엇이었을까?'라는 질문을 던질 때마다 '깨달을 수 있도록 도와주소서'라고 우주에게 도움을 요청하라. 그러면 응답을 받게 될 것이다.

물론 응답이 당장은 오지 않을 수도 있고 전혀 예기치 못한 방식으로 오는 경우도 있다. 어쨌든 응답은 반드시 온다. 그것은 긍정적인 대답이거나 부정적인 대답의 형태로 올 수도 있고 때로는 문득 스치는 기억 속에서, 또는 당시에는 별 의미없어 보이는 생각의 형태로 나타날 수 있다. 꿈속에서, 어쩌면 다음 날 어떤 경험을 통해 깨달을 수도 있다. 우리의 어떤 질문도 결코 전달되지 않는 법이 없으며 응답되지 않고 지나치는 법도 없다.

'구하라, 그러면 얻게 될 것이다.'라는 말은 진리다. 이제 어떻게 구하고 어떻게 얻는지만 배우면 된다.

직관력을 키우는 방법

지성은 우리를 더 많이 깨닫게 하며 영원한 힘을 얻고 가장 진화된 존재가 될 수 있게 돕는다. 지성을 경험하는 것은 지식을 경험하는 일이다. 지식은 곧 힘이다.

그런데 어떤 종류의 지식을 이용할 때는 이용한 데 대한 책임이 뒤따른다. 단지 자기 자신을 위한 지식, 다른 사람에게 도움이 안 되는 지식은 자신에게 해로운 영향을 끼칠 수 있다. 지식을 고의적으로 남용하거나 지식으로 남을 해치거나 그 지식으로 다른 사람들 사이에 불화가 생겼다면, 그로 인해 만들어지는 인연의 빚은 무지로 인해 만들어지는 인연의 빛보다 더 크다.

　힘을 외적인 것으로 이해하는 세상에서는 사랑 없이 지식을 이용해 자신의 욕구를 충족시키는 경우가 있다. 그래서 지적인 힘이 다른 사람들을 해치는 무기로 사용되기도 한다. 지적인 능력이 무기를 설계하고 개발하고 생산하는 데 사용될 때, 지적 능력은 본래의 목적에 맞게 사용되지 않은 것이다. 하나의 산업이나 공장이 지구나 인간의 생활, 환경에 미치는 영향을 고려하지 않고 설계되거나 건축되고 운영되는 것은 지식의 본래 목적을 왜곡하는 일이다. 남의 돈으로 자기 이익을 얻으려는 것 또한 지식의 원래 의도를 벗어나는 일이다.

　힘이 외적인 것이라고 생각하는 오감의 세계에서는 직관에 의한 지식을 진정한 지식으로 인정하지 않았다. 따라서 직관으로 얻은 지식은 연구되거나 계발되거나 발전되지 못했다. 우리는 과학적인 어떤 발견을 얻고자 할 때 인지력을 계발하고 이용하는 방법을 배운다. 마찬가지로 내면의 안내자에게 도움을 얻고자 할 때도 직관력을 계발하고 이용하는 법을 배워야 한다. 분석적인 사고, 연구, 반복 그리고 메커니즘을 중시하는 정신 훈련 기술이 있듯이 직관력을 작용시키고 훈련하는 기술도 필요하다.

　훈련 방법들 중 첫째는, 항상 감정을 깨끗이 하는 일이다.

　만약 감정이 차단되어 무엇을 느끼고 있는지 알 수 없는, 즉 감정이 없는 상태가 되었다면 우리는 부정적인 사람이 되며 심리적으로 병든 사람이 되고 만다. 자기의 감정을 깨끗하게 유지할 때만이 부정적인 사람에서 벗어날 수 있고 점점 더 쾌활해질 수 있다. 이로 인해 사랑이 우러나오게 되고 우리는 직관에 눈뜨게 된다. 그래서 우리는 무조건적인 사랑의 의미를 깨닫고 어떤 것에도 해를 끼치지 않는 사람이 된다. 우리가 받는 안내 메시지는 질 높은 주파수로 인해 잡음 없이 깨끗하게 내면으로 들어오게 되는 것이다.

그러기 위해서는 매일처럼 겪는 수많은 감정의 소용돌이에 휘말려서는 안된다. 우리의 몸이 노폐물과 독소를 제거하듯 자기의 감정적인 노폐물과 독소들도 제거해야 한다. 누군가에게 아직 감정이 남아 있다면 빨리 지워야 한다. 또한 감정이 더렵혀지지 않도록 유지하고 긍정적인 감정의 흐름에 자신을 맡겨야 한다.

둘째는, 섭취하는 음식을 정화할 필요가 있다. 신체에 찌들어 있는 독소는 직관을 방해하기 때문이다.

셋째는, 마음속의 안내자를 존중하라. 일반적으로 많은 사람들이 안내자의 메시지에 따르고 싶어 하지 않기 때문에 자신들이 어떤 메시지를 듣고 있다는 것을 알지 못한다. 그러므로 감정과 신체를 정화함으로써 우리는 직관에 이르고, 직관에 의한 처신술을 배우게 된다. 그리고 자신의 직관에 따라 행동하려는 마음가짐이 반드시 있어야만 한다.

넷째는, 자신의 인생과 우주를 향해 마음을 여는 것이다. 자신에게 일어나는 모든 일에는 이유가 있음을 믿고, 그 이유는 항상 자비심과 선한 마음을 위한 것임을 믿어야 한다. 삶에 문제가 생길 때면 그러한 믿음과 신뢰를 가지고 해결해야 한다. 이것이 직관력을 작용시키고 계발하기 위한 중요한 훈련들이다.

직관은 어떻게 작용하는가

그러면 직관이란 무엇이며 어떻게 작용하는가?

직관은 신체 감각들을 초월해 깨닫는 능력이며, 당신을 도우려는 것이다. 그것은 오감으로 얻은 경험 없이 작용하는 감각 시스템이다. 당신의 직관 시스템은 당신 존재의 일부분이다. 육신을 떠날 때 인격을 이승에 남기고 가는 것처럼 당신을 위해 계발된 직관 시스템도 뒤에 남기고 떠난다. 더 이상 필요가 없기 때문이다.

직관력은 많은 것을 도와준다. 직관력으로 목숨을 구할 수도 있다. 전혀 알아차리지 못한 위험에 대해서도 직관은 미리 알고 알려준다. 즉 무엇이 위험하고 무엇이 위험하지 않은지에 대한 예감, 어떤 거리가 걷기에 안전한지 아닌지에 대한 예감, 차의 엔진을 조사해야 할 것 같은 예감 등이 자신의 신변을 보호한다.

직관은 창조력을 발휘하게 한다. 직관은 다음 프로젝트를 위해 필요한 책이 무엇인지 말해주고 만나야 하는 동료가 어디 있는지도 말해준다. 아이디어를 어느 분야에 적용해야 하는지도 알려준다. 직관은 어떤 그림을 회색으로 칠해야 하는지, 보라색으로 칠해야 하는지 알려 주는 육감과 같다. 한 번도 시도해 보지 않았던 생각이 효과를 발휘할 것 같은 느낌이 들 때, 그것이 바로 직관이다.

직관은 영감을 부른다. 어떤 의문점을 순식간에 풀리게 하는 해답이며 혼란스런 안개 속에서도 의미를 드러내는, 어둠 속에 비치는 빛이며 신의 존재다.

직관은 여러 곳에서 발췌한 논문과 같다. 그 출처 중 하나가 영혼이다. 직관은 인격에게 영혼의 메시지를 전달하는 역할을 한다. 그리고 이런 일은 높은 수준의 자아를 통해야만 가능하다.

영혼과 인격이 대화를 나눌 때 그 연결 고리는 높은 수준의 자아다. 영원불멸한 존재가 인격과 대화를 나누는 것이다. 인격은 높은 수준의 자아를 통해 영혼과 대화하지만 영혼 전체와 교류하는 것은 아니다.

환생을 위해서는 영혼의 모든 에너지가 필요한 것은 아니다. 환생하기 위해서는 실제 환경에서 치유를 원하거나 치유의 과정을 겪도록 허락한 영혼의 일부분들로 인격을 창조한다.

영혼의 에너지는 너무 강력해서 말 그대로 신체를 폭발시키지 않고는 그 안에 들어올 수 없다. 인격을 창조할 때, 영혼은 인간이 일생을 시작하기 직전에 영혼에 속한 부분들을 조정하고 축소한다. 당신이 가진 높은 수준의 자아는 당신 안에 있는 영혼의 모습이다. 하지만 당신 영혼의 전체 모습은 아니다. 그것은 더 작은 영혼이다. 그러므로 '높은 수준의 자아'는 '영혼'의 다른 표현이기는 하지만, 영혼은 높은 수준의 자아 그 이상이다.

컵과 물탱크를 생각해 보자. 물탱크는 영혼이다. 영혼의 어느 한 모습, 즉 높은 수준의 자아는 물 1리터가 된다. 물 1리터는 여전히 영혼이지만 영혼 전체는 아니다. 그것은 자기의 임무를 수행하고 있는 영혼의 일부분인 것이다. 인격은 컵이다. 컵이 담고 있는 것은 1리터라는 단위의 물, 즉 높은 수준의 자아다. 하지만 그것이 전체적인 모습의 물탱크는 아니다.

인격과 영혼은 직관을 통해 대화를 나눈다. 그것은 자기 자신의 내부 시스템에서만 일어난다. 당신이 내리는 결정은 높은 수준의 자아로부터 안내를 받아 정신과 마음에서 자료를 모으는 직관의 처리 과정을 겪는다. 자료의 모든 출처는 당신 자신이 가진 에너지 시스템의 일부분이다. 당신의 인격과 높은 수준의 자아는 자신의 영혼에 속해 있다.

직관력을 가진 인격은 높은 수준의 자아를 통해 자신의 영혼이 아닌 더 높은 차원의 과정에 있는 다른 영혼으로부터 정보를 얻을 수도 있다. 자신의 영혼이 아닌 다른 곳으로부터 받는 안내의 메시지는, 말하자면 같은 라디오 방송국에서 나오는 것이라고 할 수 있다. 하지만 이것은 직관을 직접 거치는 과정과는 다르다. 이것은 단지 직관이라는 채널을 통해 안내를 받는 것이다. 직관의 채널을 통해 정보를 받는 것은 직관을 직접 거쳐 정보를 받는 것과는 크게 다르다. 직관이라는 과정을 거쳐 정보를 받는 것이 집에서 요리를 하는 것이라면, 직관의 채널을 통해 정보를 받는 것은 외부로부터 요리를 주문하는 것과 같다.

직관에서 직접 받은 안내와 직관의 채널을 통해서 받는 안내는 햇빛이나 깨끗한 공기처럼 다양한 감각을 지닌 인간의 삶과 성장에 필수적이다. 다양한 감각의 인간은 직관을 통해 진리를 의식적으로 이해하고 체험하게 된다.

직관으로 전달되는 진리

진리란 무엇인가?

진리는 우리를 악에 물들지 않게 하며 우리에게 힘을 준다. 물론 진리에는 여러 단계가 있지만 어느 단계의 진리라도 해를 주지는 않는다. 진리는 무엇도 훼손할 수 없다.

영적인 스승과 연결되어 있는 높은 수준의 자아는 진리를 만들어 낸다. 그 진리는 자신뿐만 아니라 모든 사람들에게 다 해당되는 것이다. 직관의 채널을 통해 받은 가르침에서 자신과 개인적으로 관계된 모든 것을 뽑아내 본다면 다른 사람들에게도 적용되는 진리의 핵심이 남게 된다. 적어도 '무조건적인 사랑'이라는 가르침은 남는다. 반면에 자신이 직관으로 얻은 깨달음은 대부분 자신에게만 쓸모 있는 것이다.

이것이 개인적인 진리와 보편적인 진리 사이의 차이다. 둘 다 진리지만 개인적인 진리는 자신에게, 보편적인 진리는 모든 사람에게 적용된다. 우리가 성장하기 위해 비타민, 관심, 사랑이 필요한 것처럼 진리도 필요하다.

때로 직관으로 직접 느끼거나 직관의 채널을 통해서 전달되는 진리는 두려움 때문에 오염될 수도 있다. 우리 스스로는 직관을 적용시키고 있다고 생각하지만, 실제로는 이성을 적용시키고 있기 때문이다. 물론 객관적이고 이성적으로 들여다봄으로써 자신의 두려움이 오염의 원인이라는 사실을 알게 될 수도 있다. 그런데 문제는, 직관을 직접 거치거나 직관의 채널을 통해 전달된 메시지는 우리 스스로 올바른 선택을 하도록 도전하게 만들지만, 더 낮은 자아인 인격은 도전을 하지 않는다는 점이다. 단지 이성을 적용하며 합리화할 뿐이다.

당신은 직관의 도움을 받고 있음을 인지해야 한다. 직관적으로 전달된 진리에 의해 떠오르는 생각들은 오감의 인격에게는 이상하게 보일 것이다. 오감의 인격이 겪은 경험을 바탕으로 연구되어 온 심리학은 신체적인 지각 작용과 영향, 인지력만을 인정하고 연구하기 때문에 직관을 인정하지 않는다. 그렇지만 높은 수준의 자아로부터, 또한 높은 수준의 자아를 통해 더 발전된 영혼들로부터 얻은 진리에 의존하지 않는다는 것은, 다양한 감각의 인간에게는 오히려 이상한 일이다.

 인격은 영혼과 절대로 분리되지 않는다. 영혼과 인격은 우주의 자비와 지혜로부터 계속적인 도움과 안내를 받는다. 이는 오감의 인격이나 다양한 감각의 인격 모두 마찬가지다. 하지만 오감의 인격은 영혼이나 높은 수준의 자아, 더 발전된 영혼들로부터 받을 수 있는 가르침을 깨닫지 못한다. 다양한 감각의 인격은 영혼을 알고 있다. 그리하여 더 높은 자아 구현을 위해 영혼과의 결합을 모색한다. 자신의 영혼과 다른 영혼들이 보내는 애정 어린 도움을 의식적으로 기원하며 받으려고 하는 것이다.

용서와 사랑은 우리를 더욱 빛나게 한다

빛
Light

"당신이 누군가를 미워하는 대신에 용서하기로 마음먹는다면,
거리감이나 냉담함 대신에 애정이나 친밀감을 갖는다면,
자신이 지닌 영적인 빛의 주파수를 저주파에서 고주파에너지로 바꾸게 된다.
우리는 영적인 빛의 스펙트럼 속에서 더 높은 주파수 영역으로 진화해 간다."

영적인 세계란 무엇인가

영혼은 형체가 없지만 존재에 영향을 미친다. 더 높은 자아도 형체가 없다. 하지만 진화된 인간의 모습을 보여 주는 살아 있는 틀로서 완전히 깨어 있는 인격의 형태를 가지고 있다. 직관의 경험은 인간의 오감으로는 설명할 수 없다. 그것은 영적인 세계의 목소리라서 영적인 세계의 존재를 받아들이지 않는 한 자신의 영혼이나 높은 수준의 자아, 혹은 직관을 이해할 수 없다.

오감을 통한 지식으로는 신의 존재를 증명할 수 없듯이 영적인 세계 또한 증명할 수 없다. 영적인 세계에 대한 증거는 이성적인 사

고 방식으로는 찾을 수 없는 차원에 존재하기 때문이다. '영적인 세계가 정말 존재하는가?'라는 질문은 오감을 지닌 인간의 견지에서 답을 구할 때, 다음과 같은 문제에 부딪히게 된다. '영적인 세계의 존재를 증명할 수 없다면 그것은 엉터리라고 생각할 수 있는가? 그리고 해답이 없다고 결론지었을 때, 해답을 얻을 수 있는 수준까지 스스로를 발전시켜야 되는가?'

지성을 지닌 한 사람이 지금까지와는 다른 진리를 향해 질문을 던졌을 때, 그것이 어떤 질문이든지 간에 과학자는 언제나 진리의 탐구자로서 더 높은 수준으로 발전하는 방법을 모색했다.

그 예로 인류는 발전을 해 오면서 이런 의문을 가진 적이 있었다. '눈으로 볼 수 없을 정도의 작은 생명체가 존재하는 것은 아닐까?' 오감으로 인식할 때, 대답은 '아니다'였다. 그렇지만 어떤 사람은 그 대답을 받아들일 수 없었고 그래서 현미경이 발명되었다. 그다음에 또 다른 의문이 생겼다. '자연에는 현미경을 통해서도 볼 수 없는 부분이 있지 않을까?' 오감으로 인식할 때, 대답은 또 '아니다'였다. 인류는 거기서 멈추지 않았다. 멈추기는커녕 원자와 소립자를 발견했고, 더 나아가 그 현상에 대해 충분히 이해하게 되었다.

현미경이 발명되자 한때는 존재하지 않는 것처럼 보이던 것이 존재하는 것으로 인정되었다. 새로운 진리를 발견하기 이전에 인류는 먼저 해야 할 일이 있다. 도전과 책임감, 발전된 의식을 바탕으로 기존의 진리가 해결할 수 없었던 질문들에 대해 답을 찾을 수 있는 수준으로까지 발전시키는 일이다.

그렇다면 영적인 세계(nonphysical reality)란 무엇인가?

영적인 세계는 당신의 고향이다. 당신은 영적인 세계에서 왔고 영적인 세계로 돌아갈 것이다. 당신의 영혼은 현재 영적인 세계에 살고 있고 영적인 세계에서 진화하고 있다. 지구상에 사는 수십 억의 인간들도 모두 마찬가지다. 따라서 다른 사람들과 나누는 교감은 대부분 영적인 세계에서 일어난다.

당신이 아주 가까운 한 사람을 미워하다가 사랑하기로 마음을 돌렸다고 하자. 그때 당신은 당신의 영혼을 높은 수준으로 끌어올릴 수 있고, 그 대상자의 영적인 에너지 체계에도 도움을 준다. 예를 들어 한때는 미워하고 원망했던 아버지를 마침내 이해하게 된 딸이 있다고 해보자. 아버지는 운명적으로 딸에게 사랑과 책임이라는 교훈을 일깨워 주는 역할을 맡았음을 그녀가 이해한다면, 또 그녀가 진정으로 스스로를 치유하고 아버지와의 관계를 바로잡으려는 의지를 가지고 있다면, 말하지 않더라도 아버지는 딸의 의지를 눈치챌 수 있다. 물론 아버지가 의식적으로 알게 되는 건 아니지만 몸 전체로 느낄 수 있는 것이다.

다시 말해 아버지는 순간적인 어떤 감성에 의해 전에는 몰랐던 새로운 사실을 생각하게 될지도 모른다. 혹은 갑자기 딸의 어린 시절 사진을 보다가 마음속에서 뭔가 끌어당기는 느낌을 갖게 될지도 모른다. 비록 그가 의식적으로는 왜 그런 느낌이 드는지, 자신이 왜 이런 행동을 하는지 알지 못한다 하더라도 말이다.

그처럼 당신은 가까운 모든 영혼과 정보를 교환하고, 당신 인생에 영향을 준 다른 영혼들과도 어느 정도 정보를 교환한다. 당신이 자신의 정보 은행에 저장된 내용과 정보를 바꾸어 그것을 한 영혼에게 보내면, 바뀐 정보는 상대방의 시스템을 통해 처리된다. 그렇게 해서 당신이 가진 의지들의 원인과 결과가 다른 사람들에게 영향을 주고, 당신이 자신의 에너지를 형성하기 위해 선택하는 방식도 다른 사람들에게 영향을 준다.

어떻게 이런 일이 생기는가?

높은 주파수 영역으로의 진화

모든 존재들이 그렇듯 당신은 빛으로 된 하나의 시스템이다. 당신이 지닌 빛의 주파수는 당신의 의식에 의해 좌우된다. 의식 수준을 바꾸면 당신이 지닌 빛의 주파수도 바뀐다. 당신에게 잘못을 저지른 사람을 미워하는 대신에 용서하기로 마음먹었다면 빛의 주파수를 바꾸게 된다. 당신이 한 사람에게 거리감이나 냉담함 대신에 사랑이나 친밀감을 느꼈을 경우도 마찬가지다.

감정들은 서로 다른 주파수를 가진 에너지의 흐름들이다. 증오나 시기심, 경멸, 공포처럼 부정적인 감정들은 애정, 기쁨, 사랑, 자비와 같은 긍정적인 감정들보다 주파수가 더 낮고 에너지도 적다. 분노라는 저주파 에너지의 흐름을 용서라는 고주파 에너지로 바꾸기로 결심할 때, 당신이 지닌 빛의 주파수는 상승한다. 몸에 고주파 에너지가 흐르면 에너지가 많아지는 것을 경험하게 된다. 다시 말해 절망하거나 불안에 빠지면 신체적으로 기운이 다 빠진 듯한 느낌이 들고 우울하고 활기가 없어진다. 반면에 쾌활한 사람은 에너지로 충만된 활기찬 느낌을 갖는데, 그 이유는 몸속에 고주파 에너지가 흐르고 있기 때문이다.

각각의 생각들은 또 다른 감정들을 만들어 낸다. 복수, 폭력, 탐욕, 혹은 다른 사람들을 이용하려는 생각은 분노, 증오, 질투, 공포와 같은 감정을 낳는다. 이런 것들은 저주파 에너지의 흐름이다. 따라서 그런 감정들은 당신의 빛, 즉 당신 의식의 주파수를 낮춘다.

마찬가지로 창조나 사랑이 담긴 생각들은 칭찬, 용서, 기쁨 같은 주파수가 높은 감정을 불러일으키며 신체의 주파수를 올려 준다. 당신의 생각들이 몸에 저주파 에너지를 흐르게 한다면 정서적으로나 신체적으로 병에 걸리기 쉽다. 반면에 고주파 에너지를 갖춘 생각들을 하면 신체적으로나 정서적으로 건강해진다.

그런데 저주파 시스템은 고주파 시스템에서 에너지를 끌어오려고 한다는 점이 문제다. 당신이 자기의 생각과 감정을 인식하지 못한다면 저주파에게 에너지를 빼앗겨서 당신의 주파수는 낮아질 것이다. 우리는 의기소침한 사람을 "기가 빠졌다"고 말한다. 당신이 그런 상태라면 높은 주파수를 갖고 있는 누군가가 위안과 안정감을 줄 때 기분이 상쾌해질 것이다. 그것은 당신의 몸에 영향을 주는 밝은 빛 덕분이다.

어떤 생각을 하며, 어떤 감정을 버리고, 어떤 것을 강화시키느냐에 따라서 자신의 빛의 밝기가 결정된다. 다른 사람에게 어떤 영향을 주느냐, 살면서 무엇을 경험하느냐는 자신의 결심에 따라 본질적인 것들이 달라지기 때문이다.

'빛'은 의식을 나타낸다. 어떤 것을 제대로 알기 힘들 때 그것을 "밝혀야 한다"라고 말하고, 갑자기 아이디어가 떠올라 생각이 정리됐을 때 "빛이 번쩍했다"고 말한다. 또 상황판단이 빠른 사람을 "사리에 밝은" 사람이라고 말한다. 즉 당신이 부정적인 생각이나 감정을 떨쳐 버렸을 때, 몸에서 저주파 에너지가 빠져나가므로 당신 의식의 주파수가 상승하게 되고 더 밝은 빛을 갖게 되는 이치다.

영혼의 빛

우주를 빛이라든가 주파수, 에너지라는 면에서 생각하는 것, 즉 실제의 빛을 연구함으로써 우리에게 익숙해진 용어들을 사용해 영혼을 표현하는 것은 단순히 비유적인 것만은 아니다. 그것은 우주를 자연스럽게 이해하는 방식이다. 실제의 빛과 영적인 빛은 다르지 않다.

물론 실제의 빛이 우리 영혼의 빛 자체는 아니다. 실제의 빛은 일정한 속도로 전달된다. 그것은 정해진 속도보다 더 빨라질 수는 없다. 하지만 영혼의 빛은 일정한 속도가 없으며 순간적이다. 딸이 아버지를 사랑하려는 마음을 아버지의 영혼은 즉시 알아차린다. 그러한 순간성은 인생의 일부분이다. 자신의 에너지를 어떻게 사용할 것인지에 대한 결정들은 영적인 세계에서는 즉각적인 결과를 낳으며 자신이 어떤 사람인지를 잘 나타내 준다.

영혼에서 발산되는 에너지는 순간적으로 전달된다. 반면에 인격에서 나오는 에너지는 일정한 한계가 있는 빛의 길을 따라간다. 예를 들어 두려움은 인격이 겪는 경험이다. 영혼은 빛으로부터 멀어질 수는 있지만 직접 공포를 경험하지는 않는다. 영혼의 일부분이 빛의 부재를 경험할 때 인격은 두려움을 느낀다. 두려움은 인격에 속하는 것이며 그것은 시간과 공간 속에서 느끼는 감정이다. 반면에 무조건적인 사랑은 영혼에 속하는 것이고 시간과 공간을 초월하며 한계가 없다.

눈에 보이는 빛에는 층이 있다. 마찬가지로 무한하게 펼쳐져 있는 영적인 빛도 인간이 존재하는 영역 내에서 여러 파장으로 나뉘어 있다. 인간의 눈이 실제로 존재하는 빛의 특정한 파장만을 볼 수 있는 것처럼 인간은 영적인 빛의 특정한 파장만을 경험한다.

다른 영혼들은 다른 파장에 존재한다. 다른 파장에 존재하는 생명과 우리가 서로 다른 곳에 있다는 말은 아니다. 적외선, 자외선, 마이크로파 그리고 여러 가지 다른 파장들은 눈에 보이지 않지만 실제로는 가시파장과 함께 존재한다. 그런 것처럼 영적인 빛의 파장에 따라 다른 특징을 지닌 여러 생명체들이 우리와 함께 공존하지만 눈에는 보이지 않는다. 우리가 지금 살고 있는 곳에도 여러 형태의 수많은 존재들이 개별적으로, 또는 무리를 지어서 각자의 현실에서 각자의 방식으로 존재한다. 마이크로파가 다른 가시광선과 함께 존재하듯이 인간과 함께 공존하는 여러 존재들도 우리의 눈에는 보이지 않는다.

우리 인간은 영적인 빛의 스펙트럼 속에서 점점 더 높은 주파수의 영역으로 진화해 간다. 오감의 인간에서 다양한 감각의 인간으로 진화하는 것이다. 다양한 감각의 인격은 오감의 인격보다 더 빛나고 더 에너지가 많다. 다양한 감각의 인간은 영혼의 빛을 알고 있으며 오감의 인격에게는 보이지 않는 생명체들의 존재를 감지할 수 있고 대화를 나눌 수도 있다.

우주는 위와 아래의 개념이 없는 체계다. 낮은 수준의 영혼들도 의식을 발전시키기 위해 노력하면 높은 수준의 깨달음을 경험할 수 있다는 것을 우주는 알고 있다. 그래서 높은 수준의 도움을 받을 수 있는 것이다. 이런 일은 영혼의 차원에서 이루어지기 때문에 인격은 깨닫지 못하지만 우리는 지금 이런 과정을 겪고 있다.

오감의 인격이 깨닫지 못하는 일은 너무나 많다. 완전한 힘을 부여받은 다양한 감각의 인격조차도 어떤 일을 깨닫지 못하고 있다가 생의 끝에서 영적인 세계로 돌아가기 직전에 비로소 깨닫게 되는 일도 아주 많다. 우리는 자신의 수많은 전생들을 알지 못하고 자기의 영혼이 겪게 될 미래의 생들도 알지 못한다. 하지만 현재 맺고 있는 인연과 자기 존재의 강렬한 일부분은 전생에서 직접 나온 것임을 알아야 한다.

가령 당신이 선생님이라든가 전사로서의 일면을 실제로 가지고 있다면, 그것은 당신과 연결된 영혼의 일부분이 선생님으로서 또는 전사로서의 경험을 가지고 활동하는 것이다. 그것은 당신이 일부분으로 속해 있는 영적인 영역에서 나온 원동력이다. 실제로 이 세상을 살아가는 당신의 모습은 지금보다 몇 배나 더 중요하고 복잡한 어떤 힘을 대변하고 있다.

영적인 도움의 손길은 우리보다 더 수준 높은 차원에 있는 영적인 빛의 영역에서 온다. 오감의 인격일 경우에는 무의식적으로, 다양한 감각의 인격일 경우에는 의식을 통해 우리를 도와주고 안내해주는 지혜로운 영혼의 존재인 이것은, 우리 자신보다 더 높은 수준으로 창조되었다. 그러므로 우리가 할 수 없는 높은 수준의 안내와 도움을 제공하는 것이다.

우주의 관점에서 볼 때 모든 창조물은 똑같은 가치를 가지고 있다. 높은 수준으로 창조된 존재는 어떤 장애물도 상관없이 볼 수 있는 능력이 있고, 사랑과 지혜 속에서만 살아갈 수 있는 능력이 있다. 그리고 사랑과 빛을 통해 발전할 수 있는 능력과 소망을 많이 가지고 있다.

영혼의 안내자와 스승

인간의 영혼은 각각이 안내자와 스승을 가지고 있다. 안내자와 스승은 다르다. 안내자는 조언을 받기 위해 필요한 어떤 분야의 전문가다. 영적인 안내자란, 예를 들어 당신이 책을 쓰거나 프로젝트를 짜거나 이벤트를 준비할 때 반영하고 싶은 따뜻한 마음과 창의력, 통찰력을 지닌 존재다.

그리고 영적인 스승은 초자연적인 에너지를 가지고 인생에 밀접한 도움을 준다. 초자연적인 에너지를 개인의 필요에 맞게 활용함으로써 당신은 영혼에 가까워지는 느낌을 얻을 것이다. 즉 영적인 스승은 당신을 영혼과 더 가까워지게 한다. 수평적인 길과 수직적인 길의 차이를 보여 주며 당신이 수직적인 길에 관심을 갖도록 이끌어준다.

수직의 길은 깨달음의 길이다. 그것은 의식의 길이고 의식적인 선택의 길이다. 어떤 사람이 영적으로 성장하고 높은 수준의 자아를 더 잘 깨닫기를 원한다면 그는 수직의 길에 있는 것이다. 수직의 길은 명석해지는 길이다. 당신이 영적인 스승과 교류한다면 그것은 곧 명석해질 수 있는 잠재력을 갖는 일이다.

반면에 수평적인 길은 당신의 인격을 만족시키는 길이다. 예를 들면, 부를 축적하기 위해 일생을 바친 사업가는 수평적인 길에 서 있다. 사업가들은 걸어온 길이 각기 달라 보이지만 본질적으로는 동일하다. 돈을 벌면 그들의 인격은 만족하며 돈을 잃으면 우울해진다. 그들은 높은 수준의 자아나 영적인 성장을 위해 노력하지 않는다.

감정적인 욕구나 성적 욕구와 같이 자신의 욕구를 만족시키기 위해 타인과 사귀는 사람들이 있다. 이들의 모든 관계는 본질적으로 같다. 이것은 인생에서 만난 사람들이 모두 다르다 해도 아무 차이가 없다. 첫 번째 만난 사람과의 경험이나 두 번째 만난 사람과의 경험들이 결국은 똑같다. 이것이 수평적인 길이다. 새로운 경험들은 사실 새로운 것이 아닌, 모두 같은 성질의 것이다. 다른 이와의 사이에서 본질과 깊이를 경험하려면 다른 사람들에 대한 의식과 관심을 갖도록 노력할 필요가 있다. 그것이 수직적인 길이다.

이것은 수평적인 사람이 어떤 경험을 통해서도 교훈을 얻지 못할 것이라는 의미는 아니다. 수평적인 길이 영혼의 학습에 더 이상 적절하지 않을 때, 그 영혼은 수평적인 길을 떠나려고 할 것이다. 시기적인 차이는 있지만 결국 각각의 영혼은 진정한 힘을 향해 나아가기 때문이다. 각자의 모든 경험은 그런 목표를 위해 도움을 주고 있다. 단지 그것을 의식적으로 하느냐 안 하느냐에 따라 수직과 수평의 길이 나뉠 뿐이다.

안내자와 스승은 영혼이 한 단계 진화해 갈 때마다 도움을 준다. 하나의 영혼이 무엇을 성취하고자 노력하는지, 그 영혼이 어느 정도의 깨달음을 얻었는지에 따라 영혼을 도와주는 안내자와 스승의 수가 달라진다. 그리고 더 큰 진화를 추구하는 영혼일수록 더 많은 도움을 받게 된다.

당신의 영혼은 영적인 안내자와 스승을 알고 있다. 당신의 영혼은 당신이라는 존재를 만들어 내기 위해 영적인 안내자와 스승의 지혜와 자비심에 의존한다. 지금의 모습으로 태어난 당신 영혼의 일부는 육신의 생을 마감하고 영혼의 고향으로 돌아갈 때, 당신을 이끌어 주던 안내자와 스승의 품 안에 안기게 된다. 또 생을 살면서도 당신은 매 순간 애정 어린 인도와 도움을 받으며 영혼의 빛에 다가가게 된다.

선택은 진화에 영향을 미치는 원동력

당신이 내리는 모든 결정들은 당신의 책임이다. 영적인 스승이라고 해서 당신을 대신할 수 없으며 그렇게 할 수도 없는 일이다. 그는 당신이 살면서 경험하게 되는 교훈들을 통해 당신에게 도움을 줄 것이다. 또한 그가 주는 가르침은 당신이 하는 질문이 무엇이냐에 따라 달라진다. 그의 가르침을 구하기 위해서는 자신의 동기가 무엇인지를 물어 보고, 기도하고, 깊이 사색해야 한다. 깨달음을 얻기 위해서는 마음을 열어 놓거나 직접 질문을 하는 방법들도 있다. 영혼과 교감하는 능력을 발전시켜 온 다양한 감각의 인간이라면 이런 방법을 쓸 것이다. 당신이 어떤 질문들을 던지면 그와 연결된 문들이 당신 앞에서 열리게 되며 다른 질문들을 한다면 다른 문들이 열린다.

하나든 그 이상이든 상관없이 영적인 스승은 당신에게 매 순간 명확한 조언을 해 준다. 영적인 스승 덕분에 이제 자신의 선택이 어떤 결과를 낳게 될 것인지 미리 알 수 있다. 영적인 스승은 당신의 감정에 영향을 주어 어느 곳이 치유되어야 할 부분인지 깨닫게 해

준다. 그는 당신의 질문에 답을 줄 것이며 당신의 에너지의 방향도 지시해 준다. 스승은 어떤 길을 택하면 어떤 결과에 이르게 되는지 알려 주고, 당신이 어떤 선택을 하든지 간에 계속해서 지혜와 자비로 조언을 해 줄 것이다.

그런데 영적인 스승이라고 해서 당신을 위해 인연을 만들거나 없앨 수는 없다. 어떤 존재도, 심지어 영적인 스승조차도 당신의 인생을 책임질 수 없다. 당신이 선택한 결정에 대한 책임은 스스로 져야 한다. 영적인 스승은 당신의 선택과 경험이 의미하는 바가 무엇인지 이해하도록 도와줄 뿐이다. 그것은 당신이 책임감 있게, 현명하게 선택할 수 있는 지혜를 제공해 준다. 그러므로 영적인 안내와 도움에 의식적으로 의지하는 능력, 영적인 스승과 의식적인 교류를 할 수 있는 능력은 말로는 설명될 수 없는, 가치를 초월한 귀한 보물이라 할 수 있다.

당신이 내리는 모든 결정들은 당신을 인격이나 영혼에 가까이 다가서도록 만든다. '사랑을 어떻게 배울 것인가?', '어떻게 진정한 힘에 다가갈 것인가?' 당신이 하는 모든 결정은 각각의 질문에 대한 답이 될 것이다. '의심과 두려움을 통해 배울 것인가, 아니면 지혜를 통해서 배울 것인가?' 이것이 에덴 동산의 아담과 하와 이야기의 핵심이다.

인류에게 진리의 나무는 이렇게 외친다.

"배워라! 자, 어떤 식으로 배울 테냐?"

이것은 인류가 자유 의지에 의한 첫 번째 행동을 하게 되는 순간부터 부딪힌 문제였다. '어떤 식으로 배우기를 원하는가?' 인간이 살아가면서 어떤 상황에 부딪힐 때마다 이 질문은 계속된다. 그것은 영원한 질문이다. 마치 브로드웨이에서 가장 오래 계속된 공연과도 같다. 어떤 상황에 있든지, 어떤 순간에 처하게 되든지 에덴 동산에서 나온 질문은 계속되고 또 계속된다. 매 순간 부딪히게 되는 모든 상황에서 당신은 '의심과 두려움의 방법을 택할 것인가, 아니면 지혜의 방법을 택할 것인가' 이 두 가지 선택의 기회를 갖게 되는 것이다.

인생과 지식과 진리와 지혜를 상징하는 선악과 나무는, 인류에게 주어진 하나의 기회이자 전형적인 질문이다. 에덴 동산에서 첫 인류인 아담과 하와가 선악과를 훔친 것은 상징적인 의미를 지닌다. 그것은 지식을 잘못 사용했음을 뜻한다. 그들은 잘못된 지식을 선택했다. 의심과 두려움의 방법을 택한 것이다. 그로 인해 그들은 수치를 느끼게 되었다. 지식과 진리와 지혜의 오용은 부끄러움과 수치를 만들어 냈다. 부끄러움과 수치는 죄책감을 낳는다. 죄책감은 공포를 낳았고 인간의 진화는 그렇게 시작되었다.

선악과를 따기로 한 결정은 가장 높은 단계의 진화, 즉 신과 같은 수준의 진화를 택한 것이었다. 그것은 우리 인간이 감히 생각할 수도, 감히 마음먹을 수도 없는 차원의 결정이었다. 에덴 동산에서 선악과를 따기로 한 결정은 단순히 아담과 하와만의 결정은 아니다. 물론 그것은 '이것을 선택할 것인가? 저것을 선택할 것인가?' 고민하는 것과는 조금 다른 차원의 문제일 수도 있다. 하지만 에덴 동산 이야기는 지구와 인간이 겪는 총체적인 경험의 시작을 묘사하는 것일지도 모른다. 그것은 집단 의식의 많은 부분에 영향을 끼쳐 온 에너지의 원리다. 집단적인 인간들의 의식은 갈등과 형성 에너지와 창조의 에너지를 갖고 있다. 인류의 역사는 집단적인 인간이 정반대의 성향을 형성하는 과정을 겪으면서 양극화되었다. 의심, 두려움은 신뢰, 빛과 대치되었고, 그렇게 해서 극단적인 두 성향이 탄생하게 된 것이다.

에덴 동산의 이야기는 한 손에는 의심과 두려움을, 다른 손에는 지혜를 들고 어떤 것을 택할까 고민한 이야기로 이해해야 한다. 이런 선택은 모든 인간이 거의 모든 순간마다 갈등하는 하나의 도전이고, 이런 도전은 더 높은 수준으로 진화하는 데 영향을 끼쳐 온 원동력이다. 아울러 이것은 우리에게 선택과 빛과 현실 사이의 관계를 깨닫게 해 준다.

소망은 강한 의지를 가질 때 실현된다

의지 1
Intention 1

"진정으로 원하는 바가 있다면 강한 의지를 가져야 실현된다.
자신의 현실과 미래는 각자가 의지를 가지고
선택한 결과에 따라 만들어진 것이다."

의지는 자신의 현실을 창조한다

눈에 보이는 것만이 형태가 있는 건 아니다. 예를 들어 사고(思考)도 일종의 형태다. 그렇다면 사고는 무엇으로 구성되어 있을까?

어떤 형태도 의식 없이는 존재하지 않듯이 사고도 의식에 의해 형성된 에너지 혹은 빛이다. 즉 의식에 의해 빛과 빛의 형성체가 만들어지는 것이 바로 창조다.

에너지는 끊임없이 당신에게 쏟아져 내린다. 에너지는 머리에서부터 아래로 쏟아져 내리면서 몸 전체를 덮는다. 당신은 정적인 존재가 아니라 매 순간 몸 전체에 흐르는 에너지를 일깨워주는 빛으로 된 역동적인 존재다. 당신이 생각을 할 때마다, 의지를 가질 때마다 빛은 더욱 더 강렬해진다.

몸 전체에 흘러내리는 빛은 우주의 에너지다. 당신은 그 빛에 여러 가지 형태를 부여한다. 그 형태란 당신이 느끼는 것, 생각하는 것, 가치를 두는 것, 당신이 살아가는 방식, 행동하는 방식이다. 그것들은 생각의 형태, 느낌의 형태, 행동의 형태, 인격의 형태로 나타난 시간적이고 공간적인 당신의 존재다.

자기의 의식을 바꾼다는 것은 몸 전체에 흘러내리는 빛의 형성 방식을 바꾸는 일이다. 분노와 같은 부정적인 마음을 바꾸기로 마음먹고 의식적으로 자비로운 마음을 갖고자 노력했을 때에만 빛의 형성 방식이 바뀌게 된다. 조급한 마음을 버리고 다른 사람의 욕구도 이해하도록 의식적으로 변화를 시도할 때, 빛은 여러 형태의 생각과 감정, 행동을 만들게 되고 결국 당신이 겪어야 할 경험도 달라진다.

인간의 모든 경험과 변화는 자신의 의지를 반영한다. 의지는 단순히 소망하는 데 그치는 것이 아닌 결심이 필요하다. 배우자와 서먹해진 관계를 개선하고자 원할 때 단순히 소망하는 것만으로는 아무것도 변하지 않는다. 당신이 진정으로 원한다면 개선하고자 하는 강한 의지를 가져야 실현된다. 어떻게 자신의 의지로 그런 변화를 일으킬 수 있을까?

당신이 배우자와 서로 사랑하는 커플이 되겠다는 의지를 갖고 있다면, 그 의지는 당신으로 하여금 배우자가 자기 나름대로 사랑을 표현하고 있다는 새로운 사실을 깨닫게 한다. 물론 둘 사이에 사랑이 존재하고 있을 경우다. 만약 사랑이 없다면 당신의 마음속에는 사랑이 없다는 사실을 인식하게 될 것이다. 그렇다면 당신은 먼저 사랑과 조화에 눈을 돌리게 될 것이고, 그로 인해 배우자와의 관계 개선을 위해 무엇이 필요한지 깨달을 수 있게 된다.

만약 배우자와 헤어지겠다고 생각한다면 그 역시 당신의 의지에서 비롯된 생각이다. 이런 의지는 마음속에서 평온함을 빼앗아 가고 배우자에 대한 불만은 더욱 커지게 만든다. 그리고는 다른 어떤 사람과 있을 때면 가슴이 트이는 듯한 느낌을 받게 될 것이다. 그 이유는, 높은 수준의 자아가 다른 짝을 찾고 있기 때문이다. 그런 짝이 나타나면 당신은 그 사람에게 끌리게 된다. 그래서 그 사람을 동반자로 받아들인다면, 그것은 또 하나의 의지이며 이로써 새로운 길이 당신 앞에 열리게 된다.

그런데 당신의 내부에서 서로 다른 의지들이 마찰을 일으킨다면 어떻게 될까? 당신의 인격은 분열된다. 서로 상충되는 두 원동력이 함께 움직이기 때문이다. 이때 자신의 의지들을 제대로 알지 못한다면 가장 강한 의지가 이기게 되어 있다. 당신이 의식적으로는 결혼 생활을 개선하고자 하는 의지를 가지고 있더라도, 동시에 무의식적으로는 결혼 생활을 끝내고자 하는 의지를 가지고 있을 수도 있다. 만약에 결혼을 끝내고자 하는 무의식적인 의지가 개선시키고자 하는 의지보다 강하다면, 헤어지려는 의지가 조화와 사랑을 찾고 싶었던 의식적인 의지를 눌러 버릴 것이다. 그 때문에 결국 당신의 결혼 생활은 끝나게 된다.

만약 결혼 생활을 개선하고자 하는 의식적인 의지가 끝내고자 하는 무의식적인 의지보다 강하다면, 또한 배우자가 꼭 필요하다고 느낀다면 당신의 의식적인 의지는 승리할 것이다. 하지만 당신이 결혼에 대한 사랑과 조화를 새롭게 인식하지 못하고 배우자에게서 평온함과 충만함 대신에 답답함을 느낀다면, 당신 내부에 있는 상충되는 의지의 원동력은 남편과 아내 두 사람에게 혼란과 번민만을 안겨 준다.

이것이 바로 분열된 인격이 겪어야 할 경험이다. 분열된 인격은 자신과 투쟁한다. 분열된 인격의 가치와 인식, 행동들은 결코 융합될 수 없다. 분열된 인격은 자신의 모든 부분을 알지 못해서 두려움을 느끼며, 지금의 자기 모습이 지금까지 성취해온 것들과 추구하고 있는 것들에 위협이 될 때 두려움을 느낀다.

분열된 인격은 자기가 처한 상황이 노력만으로 극복되기 어렵다는 것을 경험하게 된다. 그 인격은 배우자와의 관계를 개선해야겠다는 의식적인 의지를 지닌 한편, 동시에 끝내겠다는 무의식적인 의지를 지니고 있다. 그런데 그 인격에서 무의식적인 의지가 더 강하다면 분열된 인격은 아무리 노력해도 쉽게 개선되지 않는다. 아니면 그의 의지대로 되었더라도 배우자가 대립되는 의지를 갖고 있기 때문에 인격 전체를 통과하는 빛의 흐름이 마구 요동치는 경우도 있다.

그렇게 되면 심한 스트레스와 감정적인 고통이 뒤따르게 된다. 자기의 일부나 여러 모습들이 의식적인 의지와 대립된다는 것을 깨닫지 못하면 정신분열증에 걸리거나 육체적인 병을 얻을 수도 있다. 그 정도까지는 아니더라도 고민은 고통스러운 것이다.

분열된 인격은 치유가 필요하다. 하나의 인격이 의식을 갖추고 완전해질 때, 그 인격은 치유가 필요한 영혼의 일부분들을 치유하게 되며, 인격 전체를 흐르는 빛은 선명한 한 줄기의 광선으로 모아진다. 그때 레이저 광선 속에서의 모든 (빛의) 파동들은 서로를 강화시키며, 빛이 지닌 의지는 효과적이고 강력해진다.

하나의 완전한 인격이 한 줄기의 레이저는 아니지만, 한 줄기의 레이저는 하나의 완전한 인격과 같다. 20세기의 중반에 개발된 레이저는 인류의 진화에 중심적인 역할을 하는 에너지 원동력을 반영하고 있다. 그러나 그 원동력은 최근까지 인간의 삶에서 중심적인 역할을 하지 못했다.

우리는 각각의 완전한 개인들이 모여 한 인류로 발전해왔다. 그들은 자신들의 본질이 영혼의 빛이라는 것을 알고 있으며, 의식적으로, 현명하게, 애정을 가지고 그들의 빛을 형성한다. 그 빛은 실제로 물리적인 현상인 레이저(빛의 두 파동 사이의 위상 차가 일정하며 분산되지 않은 빛)로 탄생되었다.

빛은 인간이 경험하는 새로운 현상이며, 인류의 새로운 에너지 원동력을 반영하고 있다. 다시 말하면 과학의 업적들은 실험실에서 발휘된 개인의 재능이나 국가의 능력을 넘어선 인류의 영적인 능력을 보여준다.

의지는 관계(realationship)보다 더 영향력이 크다. 의지는 인생의 모든 면에 영향을 가져오는데, 직업을 바꾸려는 욕망도 의지에서 시작된다. 현재의 직업을 그만두려는 의지가 의식 속에 떠오를 때 다른 직장, 다른 일에 대한 가능성을 찾기 시작한다. 그리고는 지금 하는 일에 대해 점점 마음이 불편해진다. 높은 수준의 자아는 벌써 당신의 다음 직업을 찾고 있기 때문이다.

다른 직업을 가질 기회가 온다면 당신은 이미 그것을 받아들일 준비가 되어 있다는 뜻이다. 물론 당신의 의식이 새로운 상황을 자기 것으로 만들기까지는 시간이 좀 더 필요할지 모른다. 변화에 저항하는 것이 인간의 본성이기 때문이다. 하지만 변화를 받아들일 때 당신의 의지들은 구체적인 형태로 나타난다.

어디서 일을 하고 누구와 함께 일할 것인지, 어디서 살 것인지를 선택하는 것이 인생의 유일한 결정도 아니고 인생에 크게 영향을 미치는 결정도 아니다. 당신은 그보다 더 자주, 말하자면 매 순간 우주에 대해 그리고 다른 사람들과 당신 자신에 대해 어떤 태도를 취해야 할지 결정한다. 당신은 끊임없이 결정을 하고 그 결정에 의해 모든 일들을 경험하는 것이다.

분노를 이해로 바꾸겠다는 단 한 번의 결심으로 당신의 행동이 바뀌는 것은 아니다. 하지만 그런 결심을 함으로써 자신의 행동들을 깨닫게 된다. 또한 인생의 결정을 의식적으로, 책임감 있고 현명하게 할 때, 당신의 행동들은 당신이 내린 결정들을 보여주기 시작한다. 인간의 가장 깊은 내면에서 진행되는 결정 과정들은 당신 전체를 비추는 빛에 매 순간 형태를 부여하며 자신이 의식적으로 선택한 방향으로 진행된다.

그러므로 우리는 의지를 가지고 자신의 현실을 창조해야 한다. 어떻게 이런 일이 가능한 걸까?

여러 가지 현실의 층

의지들은 빛을 형성하고 움직이게 한다. 분노, 탐욕, 자애로움, 이해심, 동정심과 같은 각각의 의지는 에너지를 움직이게 하며 빛의 형태들을 움직이게 한다. 눈에 보이는 물질은 가장 진하고 굵은 빛의 단계다.

눈에 보이는 현실은 죽어 있거나 텅 빈 무대가 아닌 생명이 진화하는 곳이다. 눈에 보이지 않는 형태들과 더불어 눈에 보이는 모든 형태들도 의식에 의해 형성되어 온 빛이다. 어떤 형태들도 의식과 분리된 채 존재할 수 없다. 우주에 있는 모든 행성들은 적극적인 의식을 가지고 있다. 비록 우리가 그것을 의식으로 인정하지 않더라도 말이다.

우리가 사는 세상과 그 안에 존재하는 생물체들, 여러 가지 형태들은 영적인 빛의 시스템이다. 빛의 시스템들은 각각 의식에 의해 형성됐다. 지구의 현실은 그 안에 살고 있는 사람들의 결정에 의해 만들어졌다.

당신이 사는 현실과 당신이 살면서 내리는 선택들은 어떤 관계가 있을까?

현실은 여러 층으로 이루어진 창조물이다. 어떤 사람도 똑같은 현실에서 살지 않는다.

현실의 첫 번째 층은 당신의 개인적인 현실이자 개인적인 삶이다. 여기서 내리는 결정들은 가장 사실적인 것이며 직접 느낄 수 있는 것이다. 예를 들면, 냉담함 대신에 친절을 선택함으로써 당신은 의식이 바뀌고 지금까지와는 다른 경험을 하게 된다. 개인적인 현실 안에서 당신은 선택에 따라 이기적이 될 수도 있고 이타적이 될 수도 있으며, 스스로나 남들을 잔인하게 대할 수도 있고 자비심을 가지고 대할 수도 있다. 자신을 위해서 살 수도 있고 다른 사람들과 지구에 도움을 주며 살 수도 있다. 이러한 결정들은 각각 당신을 비추고 있는 빛을 형성하며 당신 안에서 현실을 창조한다. 그리고 이러한 현실은 당신 주위에 있는 사람들의 현실에 영향을 준다.

당신이 처한 현실의 두 번째 층은 가족이다. 각각의 인간의 영혼들이 함께 모일 때, 그 영혼들은 집단 에너지 영역을 형성한다. 그것은 영혼의 에너지가 그룹 단위로 합쳐진 것이다. 따라서 이기적인 사람이 될 것인가 아니면 봉사하는 사람이 될 것인가, 또는 화내는 사람이 될 것인가 이해하는 사람이 될 것인가와 같은 개인적인 현실 안에서 내리는 결정들은, 당신의 가족과 함께하는 현실을 창조하는 데 영향을 미친다. 당신의 가족 구성원들도 마찬가지다.

예를 들면, 아버지가 믿음직한가, 혹은 술에 절어 지내느냐에 따라 당신이 처한 두 번째 현실 층에 미치는 영향은 달라진다. 또한 어머니가 내성적인지, 아니면 적극적인지도 영향을 미치게 되며 형제들이 서로 시기하는 사람들인지, 아니면 격려해 주는 사람들인지도 영향을 미친다. 이런 두 번째 층의 현실로 들어갈 때, 당신은 자신의 인생 내에서 다른 사람들까지 포함하고 있는 상황으로 들어가게 된다. 이곳은 여전히 당신의 사적인 영역에 속하지만 그다음 층부터 그곳과 가장 가까운 현실 밖으로 나가기 시작한다.

현실의 다음 층은 학교 또는 직장이다. 이 현실 층도 역시 공동 창조물이다. 이곳은 가족과 함께하는 현실보다 사적인 면이 덜하다. 개인적인 현실에서 중요하다고 인식했던 것이 이 세 번째 현실 층에서도 모두 중요한 건 아니다. 예를 들어 당신은 그동안 살면서 언제 기도해야 하고 언제 응답을 받게 되는지 깨닫게 되었다고 하자. 하지만 이런 깨달음은 개인적으로 중요하지만 당신의 학교나 회사 생활에 꼭 필요한 것은 아니다. 또한 강의실의 옆자리 친구나 회사의 안내 데스크에 있는 사람과 함께 나눌 수 있는 깨달음도 아니다.

현실의 그다음 층은 살아가면서 부딪히게 되는 사람들을 포함하고 있다. 이를테면, 비행기 표를 살 때 만나게 되는 사람이나 식료품 가게에서 만나는 사람들, 또는 마을의 버스 운전사나 상인들을 포함한다. 이처럼 개인적인 것과 거리가 있는 현실 층이나 이보다 더 공적인 세계의 일원으로서 갖는 믿음들은 개인적인 현실 층에서 가지고 있던 믿음처럼 친근하고 사적인 것이 아니다. 이러한 현실 속에서 당신이 갖는 믿음들은 이 세상의 보편적인 믿음들과 가깝다.

다시 말해 개인적인 현실에서 바깥으로 나올수록 당신은 점점 더 많은 사람들에 의해 공유되는 에너지 층으로 움직이는 것이다. 당신은 많은 사람들과 상당히 많은 부분들을 공유하고 있다. 예컨대 대부분의 사람들은 '유럽'과 '미국'을 알고 있으며, 대부분이 안다는 사실은 인식을 공유하고 있는 것이다. 하지만 그것은 '물'과 '공기'처럼 널리 공유되는 인식은 아니다.

기도하는 사람들이 의식을 통해 받는 응답을 지구상에 사는 대부분의 사람들은 인식하지 못한다. 따라서 당신이 기도할 때 들려오는 응답은 마트에서 만나는 사람들에게 마음대로 말할 수 있는 성질의 것은 아니다. 다른 사람들의 의식은 그것을 받아들일 수 없는 일임을 알기 때문이다.

다음 현실 층은 당신이 사는 마을이나 도시다. 그다음은 당신의 문화나 국가다. 하나의 국가는 땅의 영혼인 가이아가 지닌 인격의 한 모습이다. 미국이라는 집단적 힘은 가이아가 지닌 인격의 일면이다. 한국도 마찬가지다. 각각의 영혼들은 가이아의 인격적인 면, 즉 국가라는 집단의 에너지 원동력을 형성하며, 국가는 그 에너지의 양에 따라 발전하게 된다.

미국을 어떤 특정한 의식으로 발전하고 있는 하나의 에너지 단위로 생각해 보자. 집단적인 의식을 통과하는 영혼들은 각각 그 에너지를 확장시키고, 행동을 낳고, 생각의 형태를 만들며, 원인과 결과를 만든다. 그런 방식으로 미국이라는 에너지는 인연을 쌓아 간다. 이런 각각의 영혼들과 국가의 관계는 몸과 세포의 관계와 같다. 당신의 의식은 몸에 있는 모든 세포들에 영향을 주고 몸에 있는 모든 세포들은 의식에 영향을 주는 상호적인 관계에 있다. 미국이라고 불리는 집단 의식 속에 있는 개인들은 그 국가 안에 있는 세포들이라고 생각할 수 있으며, 국가와 개인들은 서로에게 영향을 주는 상호적 관계에 있다.

학습의 장으로서의 지구와 본질적인 지구는 서로 다르다. 지구는 하나의 행성이다. 인간의 존재와 상관없이 하나의 행성인 것이다. 말하자면 지구는 이중의 목적을 가지고 있다. 지구라는 행성은 스스로 진화하지만 그 진화에는 인류의 진화도 포함되어 있다. 따라서 지구는 인류와 상호 작용을 하기로 동의해 왔다. 인류의 발전에 지구 자신의 의식을 융합시키는 것도 허락해 왔다. 이는 지구상에 있는 물질이 지구의 의식과 함께 창조될 것이라는 동의로 이해할 수 있다. 지구에 생물체들이 살게 된 이후로 지구는 그들의 에너지에 반응해 왔다. 우리 인간과 지구도 서로 반응하는 시스템이다. 이는 자연계의 존재 방식과 같은 방식이며 함께하는 창조적인 모험이다.

당신이 계속해서 현실의 층들을 뚫고 밖으로 옮겨갈 때 점점 더 개인적인 현실과 멀어지게 된다. 현실의 다음 층은 인종이다. 당신이 황인종이라면 당신의 영혼은 황인종으로서 겪어야 하는 진화에 참여하기로 선택한 것이다.

그다음 층은 당신의 성별이다. 여자라면 당신의 영혼은 인간이면서 여성으로서의 발전에 참여하기로 선택한 것이다.

이런 구조를 거꾸로 된 피라미드 모양에 대입해 보면, 개인적인 현실은 맨 밑에 놓이고, 그 위에 있는 당신 현실의 각 층들은 덜 개인적이며 더 포괄적인 순서대로 놓이게 된다. 그래서 가장 넓은 부분인 맨 위층에는 인류가 놓인다. 바로 그곳에서 당신은 인간 자체로서의 집단 경험에 참여한다.

다시 말해 인간은 개인으로 존재하면서 동시에 집단 경험에 참여하게 된다. 그것은 한 남자이면서 동시에 아버지이자 남편인 것과 같고, 여자이면서 동시에 아내이자 어머니인 것과 같다. 이런 경험들은 모두 동시에 존재한다. 경험들 중 일부는 집단적이고, 일부는 개인적이다. 예를 들어 당신은 개인적으로는 아버지로서 삶을 경험하면서 한 팀에 소속된 야구 선수로서 경험할 수 있다. 거기서 당신은 집단 에너지 시스템에 참여하게 된다. 당신은 자신이 참여하고 있는 각각의 집단적 의식의 발전과 진화에 도움을 주게 된다. 어떤 사람이 프랑스인이라면 그는 프랑스인이라는 집단 의식의 발전에 기여하는 것이다. 어떤 사람이 카톨릭 신자라면 그는 카톨릭 신자라는 집단 의식에 기여한다.

다른 말로 하면, 현실을 창조하는 원동력은 하나 이상의 현실 층들에서 작용하고 있다. 인간은 사적인 현실과 공동의 현실을 함께 창조하고 있다. 건축가가 건설한 빌딩이 죽은 후에도 오랫동안 남아 있듯 당신은 죽은 후에도 집단 에너지의 원동력에 남아 있는 것이다.

빌딩을 건설하는 것은 집단의 노력에 의해서다. 일부의 영혼들은 현실을 건설하는 데 참여한다. 현실은 집단 에너지로 건설되는 것이지 개인의 에너지로 건설되는 것이 아니다. 그러므로 현실은 그것을 만들었던 각 개인들과는 상관없는 실체를 가지고 있다. 마찬가지로 당신은 한국의 발전에 참여하고 있다. 당신이 죽어도 한국이라고 불리는 곳은 계속 존재할 것이다.

당신은 현실의 여러 가지 층들 속에서, 여러 가지 층들을 통해서 당신이 겪게 될 경험과 연결된다. 자신의 개인적인 경험으로부터 자신이 속한 가족이라는 더 큰 경험으로, 그보다 더 상위에 있는 경험으로 나아갈 때, 당신은 집단 에너지의 원동력으로 옮겨간다. 가족이라는 집단 원동력은 사회라는 더 큰 집단 원동력에 속해 있다. 거꾸로 된 피라미드의 전체 시스템을 통해 형성된 집단적인 원동력은 인간 전체의 영혼이다.

인간 전체의 영혼은 때로 집단적인 무의식이라고 불린다. 하지만 그렇지 않다. 그것은 인류의 영혼이다. 당신의 영혼은 인류의 영혼을 그대로 축소했다. 거대한 인류 영혼의 작은 모습인 것이다. 당신은 축소되기 전의 힘을 그대로 가지고 있다. 큰 힘이 각각의 특성을 지닌 인간의 모습으로 태어난 것이다. 당신은 전체가 진화하도록 돕는 여러 집단적인 에너지들을 형성한다.

커다란 전체와 그것을 축소한 작은 영혼 사이에는 다양한 경험들이 존재한다. 이 다양한 경험들을 통해 개별적인 인간의 영혼은 어떤 집단의 발전에 참여하게 되고 그 안에서 배울 수 있게 된다. 그 집단이란 당신의 국가도 되고 당신의 종교일 수도 있다. 그러한 개인적인 경험들이 모여서 인간 전체의 경험을 형성한다.

거꾸로 된 피라미드의 꼭대기 층에서 아래층으로 내려올 때, 당신의 경험은 전체 인간이 겪는 진화의 일부분으로부터 남성, 또는 여성 에너지가 겪는 진화의 일부분으로 축소되는 것이다. 한 층을 더 내려오면 당신은 백인종, 흑인종, 또는 황인종이 겪는 진화의 일부분이 된다. 한 층 더 아래는 국가라는 에너지가 겪는 진화의 일부분이 된다. 다음 아래층들은 개인이 겪는 진화의 일부분이다. 개인의 차원에서 겪는 경험은 예를 들면, 군대의 발전에 참여함으로써, 교사로서의 발전에 참여함으로써, 또는 아버지로서의 발전에 참여함으로써 겪는 경험 같은 것들을 포함하고 있다. 한 층 한 층이 각 개인의 현실의 모습을 담고 있는 것이다.

인간 전체를 보여 주는 맨 꼭대기 층에서부터 한 층씩 아래로 내려올수록 당신은 점점 더 개인적이고 점점 더 구체적인 위치에 놓이게 된다. 맨 꼭대기는 인류이고, 그것은 개인적인 것과는 가장 거리가 먼 의식이다. 그러나 이 의식 역시 개인적 특성을 띠고 있다.

당신이 한국인이라는 사실은 개인적인 것이다. 당신이 한국에 사는 황인종 남자라는 사실도 개인적인 것이다. 혼혈아거나 여자라도 마찬가지다. 이런 모든 것들이 전체 인류의 진화에 기여하는 당신의 개인적인 경험이자 개인적인 특징에 속하는 부분들이다.

예를 들면, 대학교도 하나의 집단 원동력이다. 하나의 대학교에 속해 있는 각 대학들, 즉 인문대, 의대, 법대 등도 각각 집단 에너지 시스템이다. 각 대학 안에서 일어나는 일은 대학교 전체에 영향을 끼친다. 각 대학 내에는 학과들이 있다. 학과 안에서의 경험은 더 개인적이다. 그다음에는 학생 개개인의 경험이 있다. 그 경험은 개인적으로 가장 밀접한 것이 된다.

개인의 현실은 당사자의 의지들과 상대방의 의지들에 의해 창조된다. 우리가 함께 살아가는 현실은 여러 가지가 함께 어우러져 형성되므로 그것은 가변적인 집단 의식이다. 그 안에서 개인 각자는 서로 독립적으로 존재하는 동시에 서로 의존적으로 존재한다.

하나의 종으로서 또한 각 개인들로서 우리는 인간의 진화 과정에 각자의 의식들이 영향을 끼친다는 진리를 깨달아 가는 것이다.

선한 세상도 악한 세상도
우리의 의지가 만든다

의지 2
Intention 2

"다른 사람을 사랑하지 않고서는 자신을 사랑할 수 없고,
자신을 사랑하지 않고서는 다른 사람을 사랑할 수 없다.
우리가 자신과 타인들에게 자비로운 마음을 지닐 때
비로소 따뜻하고 자비로운 세상이 된다."

영혼의 치유 과정

당신은 당신의 영혼이 만든 인연의 산물이다. 자기가 가지고 태어난 기질과 적성, 태도와 같은 특성들은 당신의 영혼이 학습하는 데 도움을 준다. 당신의 영혼이 에너지 균형을 위한 교훈을 배우고 나면 위의 특성들은 불필요해진다. 또 그런 특성들은 다른 특성들로 대체되는 과정을 통해 성장한다.

예를 들어 분노하면 어떤 것도 배울 수 없음을 깨닫게 되면서 분노는 사라지며, 그다음부터 당신은 좀 더 성숙한 경험들을 하게 된다. 그러나 화를 내면 어떤 결과를 만드는지 생을 마칠 때까지 깨닫

지 못한다면, 당신의 영혼은 다른 생에서 계속해서 분노라는 교훈을 배운 다음 당신의 인격과 비슷한 면들을 가진 다른 인격으로 다시 태어난다.

다시 말해 이 생에서 배우지 못한 교훈들은 그다음 생으로 넘겨지는데, 그때 영혼이 배워야 할 새로운 교훈들도 함께 넘겨지며, 인격이 만든 새로운 인연의 빚들도 함께 다음 생으로 넘겨진다. 물론 영혼이 배운 교훈들도 다음 생으로 전해진다. 이렇게 해서 영혼은 진화한다. 인격들은 시간이 지나면서 성숙해질 것이고 영혼은 끝없이 무한한 시간 속에서 진화한다.

의지는 당신의 기질과 적성, 태도들에 잘 나타난다. 그래서 당신의 의지에 따라 화를 내거나, 두려워하거나, 분개하거나, 복수심을 느끼게 되고 결국엔 사람들에게 거리감을 두게 된다. 인간이 지닌 감정의 스펙트럼은 사랑과 두려움이라는 두 가지 요소로 나눌 수 있다. 분노나 분개, 복수는 두려움의 다른 표현들이다. 죄책감, 후회, 부끄러움이나 수치, 슬픔도 마찬가지다. 이런 것들은 저주파 에너지의 흐름이며 결핍감, 심약한 마음, 상황에 잘 대처하지 못하는 무능력과 피로를 낳는다. 반면에 가장 높은 주파수의 에너지 흐름은 사랑이고, 사랑은 활기, 빛남, 유쾌함, 기쁨을 낳는다.

당신의 의지들은 무의식적으로 당신의 현실을 만들어낸다. 그러므로 당신이 무엇을 의지하는지를 염두에 두어야 하며, 그것은 진정한 힘을 향해 첫발을 내딛는 일이다.

당신이 동료애와 따뜻한 마음을 갖고 싶어 한다고 하자. 하지만 당신의 무의식적인 의지가 다른 사람들과 거리를 두는 것이라면 당신은 자꾸만 소외와 고통을 경험하게 된다. 그런 경험은 자기가 원인이라는 것을 이해할 때까지 계속되고, 당신은 결국 조화와 사랑이라는 가장 높은 주파수의 흐름을 선택하는 쪽으로 마음이 움직인다. 결국 당신은 사랑이 모든 것을 치유한다는 것과 사랑이 전부라는 것을 이해하게 된다.

이렇게 깨닫기까지 어쩌면 수많은 생들을 거쳐야 할지 모르지만 당신은 이루어낼 것이다. 이루지 못하는 것이 오히려 불가능하며 하느냐 못 하느냐의 문제가 아니라 그 시기가 언제냐가 문제다. 따라서 당신이 만들어 내는 모든 상황, 부딪히게 되는 모든 상황들은 사랑을 깨닫기 위한 것이다.

인간의 영혼이 이 세상에 태어나서 겪는 치유의 과정은 다음과 같은 창조 사이클을 거친다.

인연 → 인격 → 의지 + 에너지 → 경험들 → 반응들 → 인연 →
……

영혼의 인연은 인격의 특성, 즉 인격의 기질, 적성, 태도들을 결정하고, 육체적, 감정적, 심리적, 영적인 환경들을 결정하며, 그 환경 속에서 인격이 태어난다. 이러한 인연의 법칙은 인격이 자기의 경험들을 어떻게 이해하며 어떤 의지로 자기의 현실을 만들어 가느냐에 영향을 미친다. 다시 말해 의지는 현실을 창조하고, 이 현실은 매 순간 에너지의 균형을 위해 필요한 경험들을 영혼에게 제공한다. 지혜를 통해 배울 것인지, 의심과 두려움을 통해 배울 것인지, 둘 중 하나를 선택하게 한다. 이러한 의지들을 통해 인격은 빛을 형성하게 된다. 빛은 인격을 통해 인격의 성장과 영혼의 진화를 위해 가장 적당한 조건을 갖춘 현실 속으로 들어간다.

인격이 스스로 만들어온 경험들을 통해 어떻게 반응하느냐에 따라 더 많은 인연들이 탄생한다. 반응들은 의지를 나타내주는 표현이다. 반응들은 다음에 어떤 경험들을 만들지 결정한다. 그러한 경험들에 대해 인격이 어떻게 반응하느냐에 따라 더 많은 인연들이 탄생한다. 그리고 영혼이 인격과 육체를 떠날 때까지 이 과정은 계속 반복된다.

생을 통해 축적된 것들은 한 영혼이 자신의 고향으로 돌아갈 때, 영혼의 스승들과 안내자들의 애정 어린 도움으로 평가를 받는다. 그래서 앞으로 어떤 교훈을 배워야 하는지, 어떤 인연의 빚을 갚아야 하는지 깨닫게 된다. 인간의 몸으로 겪었던 경험들을 완전히 이해할 수 있도록 평가되며 풀리지 않았던 생의 수수께끼들이 풀리게 된다. 생의 경험들에 대한 원인과 이유가 밝혀지고, 그런 경험이 영혼의 진화에 어떤 기여를 했는지, 함께 생을 겪었던 다른 영혼들의 진화에는 어떤 도움을 주었는지도 밝혀진다. 이런 과정을 통해 에너지 균형을 이루고 교훈을 배움으로써 영혼의 치유는 끝나고 모든 것이 조화를 이룬 완전한 상태에 가까워진다.

또한 영혼은 필요하다고 느끼면 스승들과 안내자들의 도움을 받아 다른 인간의 모습으로 태어난다. 자신이 이루고 싶은 일에 맞는 안내자와 스승을 선택해서 도움을 받는 것이다.

영혼은 실제 현실에서 서로의 발전에 도움을 주게 될 다른 영혼들과 상의한다. 그런 다음 거기에 맞춰 자신의 에너지를 대폭 줄이고 다시 물질과 융합시켜 적당한 규모와 주파수에 맞춰 조정한다. 그렇게 해서 한 명의 인간으로 이 세상에 내보내지고, 세상을 학교 삼아 학습을 시작한다. 그것으로 새로운 인간으로의 진화 과정이 시작된다.

우리가 알고 있는 세상은 영혼의 의식이 아닌 인격의 의식으로 만들어진 곳이다. 세상 안에 있는 모든 것은 인격 에너지를 반영한다. 우리는 볼 수 있고, 냄새 맡을 수 있고, 만질 수 있고, 들을 수 있고, 맛볼 수 있는 것이 세상의 전부라고 믿는다. 우리가 한 행동의 결과에 대해 책임이 없다고 믿는다. 또한 주어진 모든 상황 속에서 어떤 영향도 받지 않는 독립적인 존재인 것처럼 행동한다. 우리는 외적인 힘을 얻기 위해 안간힘을 쓰고, 그 과정에서 파괴적인 경쟁심이 발동한다.

그러나 영혼이 진화하면서 의식은 창조 사이클의 과정으로 유입되고 그로 인해 세상은 영혼의 의식 위에서 창조된다. 그 세상은 영혼의 가치와 인식과 경험들을 반영하는 것이다. 당신 영혼의 에너지가 의식을 통해 현실로 들어오게 되면 신성한 의식이 물질과 융합된다.

실제로 우리가 살고 있는 세상은 무의식적인 의지들을 통해 무의식적으로 창조되어 왔다. 모든 의지들은 당신이 의식을 하든 못하든 상관없이 에너지를 움직이게 하고 매 순간 당신은 창조를 하고 있다. 당신이 말하는 낱말들은 각기 의식과 지성을 담고 있다. 따라서 모든 낱말들은 빛을 형성하는 의지다.

예를 들면, '결혼'이라는 낱말을 얘기할 때 당신은 하나의 특정한 의식, 하나의 특정한 에너지를 불러일으킨다. 두 사람이 결혼을 할 때 그들은 남편과 아내가 된다. '남편'은 집안의 주인, 가장을 뜻한다. '아내'는 남자와 함께 결혼 생활을 하는 여자이며 한 집안의 여주인을 뜻한다. 때때로 이 낱말은 종속된 여자를 뜻하기도 한다. 남편과 아내의 관계는 동등하지 않다. 두 사람이 '결혼'을 해서 서로를 '남편'과 '아내'로 생각하고 그렇게 부를 때, 그들은 이 낱말들이 지넌 의식과 지성 속으로 들어간다.

다시 말해 결혼의 전형적인 구조는 하나의 행성으로 생각될 수 있다. 두 영혼이 결혼을 할 때, 그들은 한 행성의 궤도나 중력장으로 떨어진다. 그러므로 부부가 각자 개인적인 의지들을 가지고 있다고 해도 그들은 이제 '결혼'이라고 불리는 행성의 특성을 띠게 된다. 또한 그들은 결혼함으로써 결혼이라는 구조의 부분적인 진화를 겪게 되는 것이다.

원형(archetype)이란 집단적인 인간의 아이디어다. 결혼의 원형은 육체적인 생존을 돕기 위해 만들어졌다. 두 사람이 결혼을 할 때 그 둘은 결혼이라는 에너지 원동력에 참여한다. 육체적으로 살아남기 위해 둘의 삶을 합친 결혼의 원형은, 이제 더 이상 제 기능을 발휘하지 못하고 영적 성장을 돕는 새로운 원형으로 바뀐다. 이것은 영적이면서 신성한 동반자 관계의 원형이다.

결혼과 영적인 동반자

영적인 동반자 관계의 전제 조건은, 두 사람 사이에 서로 영적 성장을 돕기 위한 신성한 서약이 있어야 한다는 점이다. 영적인 동반자는 서로가 동등하다는 것을 안다. 그들은 인격과 영혼을 구별할 수 있으므로 둘 사이에 존재하는 원동력들과 둘의 상호 작용에 대해서 의논할 수 있다. 그들의 관계는 일반적인 남편과 아내보다 감정의 구속을 덜 받는 바탕 위에서 이루어진다.

그러한 바탕은 오직 영적인 동반자 관계 안에서만 존재한다. 영적인 동반자는 자신들이 함께하는 데는 뜻깊은 이유가 있다는 것을 알기 때문이다. 또한 그 이유가 자신들의 영혼의 진화와 크게 관련되어 있다는 것을 안다.

영적인, 혹은 신성한 두 동반자는 일반적인 남편과 아내의 관계와는 전혀 다른 원동력에 참여하고 있다는 것을 인식하고 있다. 영혼이 겪는 의식의 진화는 결혼이라는 구조적 원동력의 일부분이 아니다. 의식적인 영적 성장의 원동력이라는 너무나 성숙한 개념은 인간의 육체적 생존을 위한 결혼이라는 원형 안에 처음부터 포함될 수 없었기 때문이다.

두 사람은 결혼이라는 약속으로 맺어진 관계지만 육체적인 생존만을 보장하는 약속이 아니라는 것을 이해할 때, 영적인 동반자 관계 혹은 영적인 파트너십이 만들어진다. 두 사람의 영적인 의식이 반영될 때 오히려 서로의 육체적인 생존도 보장받게 된다.

영적인 동반자 간의 유대관계는 보통의 결혼한 부부와는 아주 다르다. 영적인 동반자들은 서로의 경제적 안정을 위한 것도, 빠른 집 장만을 위해서도 아니다. 영적인 동반자들은 결혼이라는 약속에 대해 전혀 다르게 이해한다. 그러므로 결혼서약의 원동력도 다르다.

영적인 동반자들은 서로의 영적 성장을 약속한다. 이 세상에서 중요한 것은 영적 성장이며, 모든 것은 영적 성장을 돕기 위해 존재함을 그들은 깨닫고 있다는 뜻이다.

영적인 동반자들은 그들이 함께하는 이유가 두 영혼이 같이 성장하는 데 도움이 되기 때문임을 안다. 결혼한 두 영혼의 성장은 죽은 후에도 계속 이어질 수 있고, 아니면 6개월 안에 끝날 수도 있다. 그들은 그것을 알기에 영원히 함께할 것이라는 말을 할 수 없다. 그들이 함께하는 기간은 영혼의 진화를 위해 둘이 얼마나 함께해야 적절한가에 따라 결정된다. 인간의 모든 맹세는 영혼의 진화 과정을 막을 수 없고 영혼의 진화를 위해서 맹세는 깨질 수도 있다. 영적인 동반자들은 그들이 함께 성장할 수 있을 때까지만 같이 사는 것이 적절하다. 영적인 동반자 관계는 결혼보다 더 자유롭고 영적으로 확실하다. 그들은 영혼과 의식이 있는 곳에서 함께 왔기 때문이다.

동반자 관계를 맺게 된 것은 자신들이 선택한 결과다. 두 사람이 어떻게 동반자 관계를 맺고 어떻게 영적인 관계를 유지하느냐는 그들의 자유 의지에 달렸다.

영적인 동반자들은 원동력의 성장을 약속한다. 그들의 약속은 자신들의 성장과 영적인 생존, 발전에 대한 약속이지 육체적인 것에 대한 약속은 아니다.

이러한 영적인 동반자 관계의 원형은 인간이 새롭게 경험하는 것이다. 영적인 동반자 관계에 대한 사회적 관습이 아직 없기 때문에 영적인 동반자들에게는 자신들의 필요에 맞게 재해석한 결혼의 관습이 그들의 유대관계에 대한 가장 적절하고 실질적인 표현이다. 그들의 영혼은 결혼의 원형을 영적인 동반자 관계의 원형이 지닌 에너지와 결합시킨다. 그것은 결혼으로 맺어진 사람들이 그들의 유대관계가 실제로 육체적인 생존, 안전이나 편안함보다는 상호간의 영적 성장에 대한 약속이라는 걸 깨달을 때 가능하다.

외적인 성장이 더 이상 인간의 진화에 적절하지 않은 것처럼 전형적인 결혼도 이제 더 이상 적절하지 않다. 물론 결혼이라는 제도가 하룻밤 사이에 없어질 수는 없다. 결혼은 계속 존재할 것이다. 하지만 미래의 결혼은 영적인 동반자 관계에 대한 의식이 있어야만 성공한다. 영적인 결혼을 하는 동반자들은 결혼을 함으로써 영적 동반자 관계의 원형에 기여하는 것이다.

균형 있고 조화로운 현실 창조

당신의 의지에 영혼의 의식이 반영되어 있고 자신을 인격 대신에 영혼과 결합시키기로 마음먹었을 때, 인격보다 영혼을 반영한 현실을 창조할 수 있다. 또한 당신이 겪는 경험들이 운명적으로 필요한 것이라고 생각하고, 살면서 겪게 되는 일이 에너지 원동력의 산물이라는 것을 이해하고 반응했을 때, 당신은 영혼의 지혜를 얻을 수 있다. 살면서 어려움에 부딪혀도 두려움과 의심이 아닌 자비와 사랑으로 바라본다면 당신은 천국에서 살고 있는 것과 같다. 즉, 인간으로서 좀 더 균형 있고 조화로운 현실을 살아가게 되는 것이다.

창조의 과정에 의식이 개입함으로써 어떤 의지를 가지고 반응할 때 당신은 두려움과 의심이 아닌 자비와 사랑을 선택할 수 있다. 그래서 의식은 진화의 과정 속으로 들어오게 된다. 또한 당신의 의지와 관심에 따라 당신이 겪어야 할 경험들이 만들어진다. 당신은 실제로 수많은 경험을 하고 난 뒤에 의지를 정하게 되고 그 의지는 곧 당신의 현실이 된다. 당신의 의지가 있는 곳에 당신이 있다.

만약에 당신이 부정적인 삶을 살거나 다른 사람들의 약점, 과실, 단점만 본다면, 경멸과 분노, 증오라는 저주파 에너지 흐름으로 자신을 끌고 가는 일이다. 당신은 결국 자신과 타인들 사이에 거리감을 두게 되고 자유로운 사랑을 할 수 없게 된다. 당신이 행사하는 에너지와 영향은 인격의 영역을 통과해 시간과 공간과 물질로 서서히 움직여 간다. 다른 사람들의 힘을 빼앗으려는 의지를 가지고 그들을 비난하는 쪽으로 에너지를 사용한다면 당신은 부정적인 인연을 만드는 일이다.

반대로 당신이 다른 사람들의 장점과 힘, 고결함에 관심을 집중한다면, 존중과 수용과 사랑이라는 고주파 에너지가 당신 몸 전체에 흐르게 되고, 당신의 에너지와 영향력은 삽시간에 모든 영혼에게 닿을 수 있다. 비로소 당신은 건설적인 변화를 일으키는 효과적인 영혼이 된다. 당신의 의지가 인격과 영혼을 융합시키려고 할 때마다 몸에 고주파 에너지가 흐르고 있음을 인식할 수 있다면, 당신은 진정한 힘을 갖는 방향으로 나아가고 있는 것이다.

당신의 의식이 지닌 힘을 깨달아 갈 때, 눈으로 볼 수 있는 것보다 볼 수 없는 것이 더 큰 힘을 지니고 있음을 깨달아 갈 때, 당신의 내적, 외적 인식들이 바뀐다. 사람은 다른 사람들을 사랑하지 않고서는 자신을 사랑할 수 없다. 또는 자신을 사랑하지 않고서는 다른 사람들을 사랑할 수도 없다. 당신이 자신과 타인들에게 자비로운 마음을 지니면 자비로운 세상이 된다. 같은 주파수를 지닌 영혼들을 주위로 끌어와서 그들과 함께 자비로운 세상을 창조하는 것이다. 그것은 당신의 의지와 행동을 통해서, 또 다른 영혼들과의 상호 작용을 통해서 이루어진다.

다른 사람들이 지닌 장점과 힘과 고결함을 깨닫는 순간, 자신에게도 그와 똑같은 것들이 존재한다는 것을 깨닫게 된다. 당신이 매 상황마다 고주파의 에너지 흐름을 끌어오려 할 때, 스스로 의식의 주파수에 영향을 주고 상황을 변화시킨다. 의식 속에서 점점 더 빛의 존재에 가까워지는 것이다.

의식과 현실 사이의 관계를 깨닫는 일은 곧 인연의 법칙을 깨닫는 일이고, 인연의 법칙이 작용하고 있음을 알게 되는 일이다. 당신의 의지는 미래의 당신 모습이다. 만약 당신이 가능한 모든 것을 다른 사람에게서 얻기만을 원한다면, 즉 베푸는 대신에 받기만을 원한다면 그러한 의지는 현실 속에 그대로 나타난다. 같은 주파수의 영혼들을 끌어와서 받기만 원하는 환경을 만들게 되는 것이다. 그렇듯이 당신이 선택한 방향에 따라 당신이 겪어야 할 일도 달라진다. 결국 당신은 주위에 있는 사람들을 '주는 인격'들이 아닌 '받으려는 인격'들로 인식한다면, 당신은 그들을 믿지 못하고 그들도 당신을 믿지 못하게 된다.

의지의 창조적 원동력, 즉 의지와 경험 사이의 관계는 오감의 관점에서 물리적 현상을 이해하려는 양자 물리학(에너지의 양적인 최소 단위가 있다는 양자론에 따라 미시적인 대상을 다루는 물리학)의 기초가 되었다. 양자 물리학은 인간이 행한 시도들 중 가장 심오한 시도다. 양자 물리학은 눈에 보이는 빛의 본질을 이해하기 위해 오랜 시간에 걸쳐 집중적인 노력을 기울인 결과 탄생했다.

예컨대 한 실험자는 빛의 본질을 밝히기 위해 빛은 파동현상이라는 개념으로 접근해 기계를 만들고, 다른 실험자는 입자현상이라고 접근해서 기계를 만들었다고 하자. 전자의 경우에는 실험자의 원래 의지에 따라 빛이라는 현상은 파동에 의해서 만들어지는 것이 되어 버리고, 후자의 경우에는 빛이란 입자현상인 것으로 되어 버린다.

하지만 빛이 파동현상인 동시에 분자현상임은 묘사하지 못한다. 다시 말하면 빛이란 무엇인지 규명하기 위해 사용되었던 실험 기구와 분리해서 묘사한다거나, 실험자의 원래 의지와 다르게 묘사하기란 불가능하다.

인류가 이루어 낸 과학적인 업적들은 결국 인간의 인식을 반영하고 있다. 눈으로 볼 수 없는 원동력이 물질과 시간의 범주 안에서, 즉 오감을 지닌 인격의 영역 내에서 전개될 때, 인간이 원동력을 어떻게 인식하는가를 반영하는 것이 과학이다. 실제 빛의 형태는 실험자의 의지에 따라 정해진다. 이것은 영적인 빛이 영혼의 의지에 의해 형성된다는 사실을 제한적이지만 확실하게 반영하고 있다. 그것은 실제 빛의 성질이 우주의 빛의 본질을 제한적이지만 정확하게 반영하는 것과 같다.

의지를 통해 실제의 경험을 만들어 내는 것, 빛을 형태와 융합하는 것, 에너지를 물질과 융합하는 것, 영혼을 육체와 융합하는 것은 모두 똑같은 이치다. 물질이 에너지로부터 창조됐다는 것은 쉽게 이해하기 어렵다. 그것은 인격이 영혼의 에너지를 깨닫지 못하는 것과 같다. 영혼과 인격의 원동력은 에너지가 물질로 변환되는 원동력과 같은 시스템에서 이루어진다. 당신의 몸은 당신의 의식이 물질로 변환된 것이다. 당신의 인격은 당신 영혼의 에너지가 물질로 변환되었다. 당신의 인격이 그것을 깨닫지 못하면 분열됐다는 느낌이 전달된다. 그것을 깨달아야만 비로소 인격은 완전해지기 시작한다.

영혼과 인격, 에너지와 물질의 원동력이 인간 창조의 신화, 에덴 동산 이야기의 핵심이다. 에덴 동산 이야기는 당신의 창조적인 현실을 은유적으로 표현한 것이 아닐까? 그 창조적인 현실 안에서 당신은 자신의 내면에 있는 남자와 여자의 원리, 즉 아담과 하와의 원리를 바탕으로 어떻게 현실을 창조할 것인지 매일 선택하지 않는가? 선악과는 당신의 개인적인 에너지 시스템이자 당신만이 가진 지식 코드의 은유적인 표현이 아닐까? 당신은 힘을 어떻게 사용할 것인가? 에덴과 같은 낙원을 창조할 것인가, 아니면 아담과 하와처럼 쫓겨날 것인가?

창조는 인간 각자에게는 도전이다.

경건한 마음으로 창조할 것인가, 아니면 무책임하게 창조할 것인가? 그것이 문제다.

제3장

책임 있는 선택

'이것을 선택하면 어떤 결과가 올까?'
'이것이 정말로 내가 원하는 것인가?'
스스로에게 물어보라.
그런 다음 당신 앞에 펼쳐질 미래를 상상해 보라.

선택하기 전에 그 결과를 상상해 보라

선택
Choice

"우리는 영혼에게 필요한 사랑, 용서, 자비심을 선택해야 한다.
그것이 바로 진정한 힘에 이르는 길이다.
진정한 힘을 향해 나아가는 당신은 진정으로 강한 사람이다."

무의식적인 선택, 무의식적인 진화

진화 과정에서 중심적인 역할을 하는 것은 바로 선택이다. 선택이란 인간 진화의 원동력이고, 선택은 당신의 의지가 하는 일이다. 어떤 상황에 대해 당신이 침묵을 선택했다고 가정해보자. 그러한 행동은 분노를 느끼거나, 동정을 느끼거나, 복수를 하거나, 인내를 보여 주거나, 또는 사랑을 주려는 의지의 표현일 수 있다. 혹은 당신이 강력하게 주장하는 방법을 택했다고 한다면, 그 행동 또한 위에서 말한 어떤 의지들 중 하나에 해당될지도 모른다. 각각의 행동을 통해 각각의 생각을 가지고 한 선택은 당신의 의지다. 즉 당신의 행동이나 생각에 잠재되어 있던 의식의 다른 표현이다.

분열된 인격은 다양한 모습들을 가지고 있다. 그중 한 가지는 사랑하고 인내하는 모습일 수 있고, 다른 것은 보복적인 모습일 수 있다. 그 인격의 모습은 자비로운 것일 수도, 이기적인 것일 수도 있다. 또한 이런 모습들은 각각이 나름대로의 가치와 목표를 가지고 있다. 따라서 자신의 모든 모습을 인식하지 못한다면 분열된 인격의 가장 강한 부분이 다른 부분들을 눌러 이길 것이다.

인격은 그런 의지를 통해 자기의 현실을 창조한다. 집에서 도둑이 잡혔다고 가정했을 때, 당신 안에 있는 자비로운 부분은 그를 용서해 주기를 원할 테고, 반대로 복수하고자 하는 부분이 더 강하다면 그를 체포하라고 압력을 넣을 것이다. 당신은 순간 감정이 혼란스러울 수도 있다.

자신의 여러 모습들을 모두 알게 될 때까지 당신은 자신의 의지를 의식적으로 선택할 수 없다. 당신에게 내재된 다양한 모습들을 알지 못하면 자신의 의지와는 다르게 말하거나 행동하게 된다. 결국 당신은 자신이 원하는 바와는 다른 방향으로 인생이 흘러가고 있음을 깨닫게 될 것이고, 더 이상 괴로운 일은 겪지 않으려고 해도 자꾸만 겪게 될 것이다.

분열된 인격은 그 일부만이 완전함을 추구하기 때문에 분열된 인격 전체가 완전해지는 것은 쉽지 않다. 나머지 인격들은 완전함을 추구하는 부분들만큼 책임감과 사랑, 자비심이 없기 때문에 인격을 완전함과는 다른 길로 유도한다. 나머지 부분들은 그저 지금까지 만족했고 익숙해진 대로만 살려고 노력한다. 인격의 이러한 부분들은 강하게 나타나고 있고 이미 정착되어 있다. 분열된 인격은 자기 내부의 서로 상충된 부분들 중 하나를 선택해야 한다. 이것이 인류의 진화 과정의 기본 골격이자 가장 기초적인 상황이며, 선택의 요점이다.

의지를 선택하는 것은 인연의 길을 선택하는 것이다. 분노에 찬 말이나 행동을 하면 분노의 인연을 만들지만, 자비로운 마음으로 말하거나 행동한다면 자비의 인연을 만든다. 그 결과 당신 앞에 놓이는 길은 완전히 달라진다.

당신이 자신의 다른 모습을 알건 모르건 상관없이, 당신이 매 순간 하는 선택들이 어떤 것인지 인식하건 못하건 상관없이 선택은 이루어진다. 그리고 이런 무의식적인 진화는 무의식적인 의지가 선택한 무의식적인 경험을 통해 일어난다. 인류는 지금껏 이런 식의 진화를 해 왔다. 이것이 진정한 힘으로 이어지는 무의식의 길이다.

책임 있는 선택, 의식적인 진화

다양한 감각의 인간은 책임 있는 선택을 통한 의식적인 진화를 한다. 이러한 선택은 오감을 가진 인간에게도 의식적으로 진화하는 지름길이 될 것이다. 그것은 진정한 힘을 부여받을 수 있는 의식적인 길이기 때문이다.

그렇다면 책임 있는 선택이란 무엇인가?

자신의 감정을 추적해 보면 여러 가지 모습들을 알게 되고 그 모습들이 무엇을 원하는지도 알게 된다. 그렇지만 당신은 모든 것을 동시에 가질 수는 없다. 많은 부분들이 서로 대립하기 때문이다.

예컨대 더 많은 돈과 더 큰 집을 원하는 마음은 가난하고 굶주린 사람들을 보며 아파하는 마음과 대립한다. 타인의 아름다움을 발견하려는 자애로운 마음이 타인을 이용해 이익을 꾀하거나 욕심을 채우려는 마음과 갈등한다. 자기의 한 부분을 만족시키면 다른 부분은 만족시키지 못하게 되고, 한 부분이 충족되면 다른 부분들은 고통스러워진다. 그것이 당신이 분열되는 원인이다.

양자 물리학을 연구하는 과학자는 실제 빛으로부터 파동을 밝혀내는 동시에 입자를 밝혀 낼 수 없다. 둘 중에 어떤 것을 실험할지 선택해야 하는 것이다. 마찬가지로 당신도 영혼의 빛을 형성할 때 어떤 경험을 할지 선택해야 한다.

당신은 인격의 여러 부분들을 깨닫게 되면서 자기의 내부에서 여러 가지 힘들이 서로 모습을 드러내기 위해 경쟁하는 것을 의식적으로 경험하게 된다. 또한 매 순간마다 당신의 의지에 의해 선택되기 위해 목소리 높여 당신의 현실을 형성하고자 하는 힘을 경험하게 된다. 당신이 의식적으로 이러한 원동력들 속으로 들어갈 때, 자신의 내부에 있는 힘들 중 어떤 힘을 선택할지 스스로 결정할 수 있는 능력을 얻게 된다. 그리고 자신의 에너지를 어디에 어떻게 집중할지 선택할 수 있다.

그러한 선택을 하지 않겠다고 결정한다면, 그것은 무의식 상태로 남겠다는 또 다른 선택이고 무책임하게 힘을 휘두르겠다는 선택이다. 인격이 분열됐다는 것을 느끼고 완전함을 추구할 때만이 의식적인 선택의 필요성을 느낄 수 있다. 결정을 내려야 할 때마다 자기의 어떤 부분을 성장시키고 어떤 부분을 떨쳐 내야 할지 선택할 수 있는 것이다.

책임감 있는 선택이란 당신의 선택이 어떤 결과를 가져오게 될지 고려하는 것이다. 어떤 선택이 책임감 있는 선택일까 고심할 때마다 자신에게 다음과 같은 질문을 던져라.

'이것을 선택하면 어떤 결과가 올까?'

'나는 정말로 그런 결과를 만들고 싶은가?'

'이것을 선택한 후 생기게 될 결과를 모두 받아들일 수 있는가?'

그런 다음 당신이 고려하고 있는 각각의 선택으로 인해 펼쳐지게 될 미래를 상상해 보라. 여기에 의지 에너지까지 동원할 필요는 없다. 단지 물을 한번 만져 보는 기분이면 된다. 당신이 만들어낼 결과에 대한 느낌을 알아보는 것일 뿐이다. 자, 느낌이 어떤가? 자신에게 물어 보라. '이것이 정말 내가 원하는 것인가?'라고 물어 본 다음에 결정하라. 항상 의식적인 자세로 자기 선택의 결과를 고려한다면 그것은 책임 있는 선택이 된다.

그렇게 해야만 영혼에게 필요한 부분들은 받아들이고 인격이 필요로 하는 것은 과감히 버릴 수 있다. 의식적으로 책임 있는 선택을 하는 것은 명확하고 지혜로운 일이며 의식적인 전환이다. 이것은 사랑, 용서, 자비라는 고주파 에너지의 흐름을 선택한 것이며 당신의 더 높은 자아인 영혼의 목소리를 따르겠다는 의미다. 또한 가슴을 열고 영적인 안내자와 스승의 도움을 받겠다는 결심이다. 이것이야말로 의식을 가지고 진정한 힘에 이르는 길이다.

어떻게 이런 일이 일어날까?

진정한 힘을 향해 의식적으로 나아가라

다른 사람을 속이는 것은 영혼의 편에 서는 것이 아님을 당신도 알고 있다. 하지만 당신은 이익을 얻기 위해서, 아니면 좋은 관계를 유지하기 위해서 다른 사람을 속이기로 결심할 수도 있다. 자비심은 모든 것을 남과 함께 나누는 일임을 알지만 그렇게 하면 돈과 안정을 잃게 될 거라는 생각 때문에 자비심을 버릴 수도 있다.

당신이 영혼의 에너지를 선택할 때, 즉 사랑과 용서와 겸손함과 순수함의 의지를 가지고 현실을 만들어 가기로 선택했을 때, 지혜를 통한 배움을 선택했을 때, 진정한 힘을 얻게 된다. 하지만 당신이 인격의 에너지, 분노, 질투, 혹은 두려움을 가지고 현실을 만들어 가기로 선택했을 때, 즉 두려움과 의심을 통한 배움을 선택했을 때 당신은 힘을 잃게 된다. 이처럼 힘을 얻고 잃는 것은 당신의 선택에 달려 있다.

인격(personality)은 오로지 자기 자신만을 생각하며 스릴을 좋아한다. 언제나 책임감이 있는 것도 아니고 자비와 사랑이 있는 것도 아니다. 하지만 영혼은 만물에 대한 사랑과 지혜와 자비의 에너지다. 이런 에너지들을 통해 영혼은 창조를 한다.

또한 인격은 힘을 외적인 것으로 인식하고 있기 때문에 타인과의 경쟁에서 무조건 이겨야만 얻어지는 것이라고 생각한다. 그 결과 자기에게 이익이 남는 일은 힘을 얻는 것이요, 손해보는 일은 힘을 잃는 것이라고 판단한다.

만약 자신을 인격과 일치시킨다면 당신은 오감의 영역, 즉 눈에 보이는 환경과 사물에 힘을 주게 된다. 그것은 당신 자신에게서 힘을 빼앗는 일이다. 그러지 않기 위해서는 당신의 영적인 자아와 근원, 영혼의 영원불멸을 깨달아야 한다. 물질적인 것보다 영적인 것을 우선으로 생각하고 거기에 따라 선택하며 살아야 한다. 그럴 때만이 당신의 인격과 영혼 사이에 존재하는 간격이 줄어들게 되고, 진정한 힘을 경험할 수 있다.

인격으로 사물을 인식하거나 오감으로 다른 사람과 교류를 할 때는 깨닫기 어려운 부분이 있다.

가령 두 친구 사이에 불화가 있다면, 그것은 불화라기보다는 치유를 위해 겉으로 드러난 두 사람의 다른 일면들일 뿐이다. 만약 그들의 영혼이 서로 조화를 이루지 못한다면 그들은 절대 함께 있을 수 없다. 또 어떤 아버지가 자식이 태어나는 것을 곁에서 지켜볼 수 있게 해달라고 간절히 원했지만 그럴 수 없는 상황이 되었다고 하자. 그때 그가 다른 장소에 있다고 인식하는 것은 오감의 영역으로 느끼는 환상에 지나지 않는다. 실제로 그는 자신의 아이와 함께 있는 것이다. 인격이 완전해지고 능력이 부여될수록 영혼은 그러한 허상으로부터 자유로워진다.

이것은 영혼의 원동력이 만들어내는 일이다. 어떤 상황에 처해 있건 최선의 세상을 만드는 힘을 가지고 있는 것이다. 상식적으로 볼 때 어리석은 결정을 하는 것처럼 보이거나 자기가 처한 상황을 알지 못하는 것처럼 보일 수도 있다. 그래서 인격의 관점에서 이것을 명확히 이해한다는 것은 불가능하다. 사실 그들은 자기가 처한 상황에서 최선의 것을 선택하고 있으며 허상을 떨쳐 버린 것에 완전히 만족해하고 있는 것이다.

반대로 분열된 인격은 만족하지 못한다. 어느 한순간에 느꼈던 만족감은 자신의 상충되는 모습들이 서로 충돌하는 순간 즉시 분노나 두려움, 혹은 시기심으로 바뀌고 만다.

자기의 내부에서 일어나고 있는 많은 갈등들에 대해 어떻게 대응하느냐에 따라 당신의 진화 방식이 결정된다. 즉 의식적으로 진화하느냐 무의식적으로 진화하느냐, 부정적인 인연의 경험을 통해 진화하느냐 긍정적인 인연의 경험을 통해 진화하느냐, 두려움과 의심을 통해서 진화하느냐 아니면 자비와 지혜를 통해서 진화하느냐가 결정된다. 당신 내부의 갈등이 스스로 인연을 만들거나 당신의 진화 방식을 결정하지는 않는다. 오직 당신이 어떻게 반응하느냐에 따라서 그런 것들이 결정된다.

대립되는 부분과 당신과의 싸움이 의식적인 것이라면, 당신은 스스로 원하는 인연을 만들기 위해 어떻게 대응해야 하는지를 의식적으로 결정할 수 있다. 당신이 선택을 하는 매 순간마다 그 선택의 숨겨진 뜻과 그것이 어떤 결과를 낳게 되는지 인식함으로써 결정(decision)에 영향을 끼치게 된다.

당신의 선택은 이런 과정을 겪는다. 의식적으로 '결정의 원동력(decision-making dynamic)'을 작동시켰을 때, 당신은 의식적으로 자기의 의지를 창조 사이클 속에 넣은 것이다. 그 창조 사이클을 통해 진행되는 진화 과정에서 당신은 의식적인 진화를 시작하게 된다.

이런 과정에는 노력이 필요하다. 그러나 자비심 없는 행동을 선택한다면 다른 사람들에게 불화나 두려움, 번민을 낳게 한다. 선택을 하는 매 순간 행동의 결과를 미리 생각해 보려고 노력해야 한다. 그것이 다소 힘들더라도 스스로가 그런 것들을 다시 경험하면서 사는 것보다는 낫지 않겠는가! 그런 의지를 행동으로 옮김으로써 사랑과 자비와 진정한 힘을 얻게 된다면 당신의 행동이 낳은 결과로 인해 당신은 좀 더 편안해질 수 있을 것이다.

자신을 영혼과 결합시키려고 결심할 때마다 해야 하는 노력은 수십, 수백 배의 보상으로 당신에게 돌아온다. 빛을 향해 가는 당신의 모습은 강하다. 진정한 힘을 향해 의식적으로 나아가는 순간의 모습, 수직적인 길을 택한 순간의 당신 모습은 진정 강하다. 그 모습은 우주가 지지해 주는 당신의 일부분이다.

어떤 사람의 육체와 정신이 병들어 있다면 섭취하는 음식을 완전히 바꾸어야 한다. 그동안의 식습관을 모두 버리고 병을 고치는 식습관을 택해야 한다. 그럼에도 90퍼센트는 아마 그렇게 하기를 원하지 않을지도 모른다. 하지만 건강을 위해서 새로운 식습관을 택하길 원하는 10퍼센트는 예전의 식습관을 고수하고자 안간힘을 쓰는 90퍼센트보다 더 큰 힘을 가지고 있다. 우주가 지지하는 것은 그 10퍼센트지 90퍼센트가 아니기 때문이다.

당신 내면의 어떤 결정을 반대하는 부분들이 당신으로 하여금 그 결정에 따르도록 만든다는 것이 어떤 의미인지 생각해 보라. 지금 당신의 병들어 있는 부분을 치유하고, 소망하는 것을 향해 의식적인 여행을 시작할 때, 세계는 올바른 의지를 지닌 당신을 지지한다는 것을 인식하라.

당신은 영적인 안내자와 스승으로부터 그리고 세계로부터 끊임없이 안내와 도움을 받는다. 당신이 영혼의 에너지를 얻기 위해 의식적으로 행동할 때 그러한 안내를 받을 수 있다. 영혼과 결합하려는 노력을 축복해 달라는 우주를 향한 기도가 당신과 영적인 안내자들 사이에 다리를 놓아줄 것이다. 그것은 당신을 도와주려 애쓰는 그들의 노고를 덜어 줄 뿐만 아니라 영적인 세계에 힘을 불러일으킨다. 당신이 영적인 안내를 받을 수 있는 길이 열린다는 것, 그것이 바로 축복이다.

자신이 분열됐다는 것을 알고 완전해지기 위해 의식적으로 애쓰는 인격은 진화를 위해서, 책임감을 배우기 위해서, 진정한 힘을 얻기 위해서 부정적인 인연을 만들 필요가 없다. 당신의 인격에게 필요한 것과 당신의 영혼에게 필요한 것, 둘 중 어떤 것을 선택할지 고심할 때, 당신은 하나의 원동력으로 들어간다. 그 원동력이란 바로 유혹의 원동력이다. 그 원동력을 통해 당신은 부정적인 인연을 만들지 않고 진화할 수 있다.

유혹은 의식적인 진화를 돕는 배려

그러면 유혹이란 무엇인가?

유혹은 당신에게 해로운 '부정적인 인연의 원동력(negative karmic dynamic)'이 실제로 어떤 모습을 하고 나타날지를 경험하게 해주는 우주의 자애로운 배려다. 그것은 하나의 에너지다. 그 에너지를 통해 당신의 영혼은 생의 교훈에 대한 예행 연습을 할 기회를 갖게 된다. 그것은 당신의 개인적인 세계 안에서만 이루어지며, 제거될 수 있고 치유될 수 있는 삶의 연습이다. 그 연습은 부정적인 인연을 다른 영혼들이 있는 더 큰 에너지의 장(energy field)으로 확대시키지 않고 자기 세계에서만의 작은 경험을 준다. 그래서 유혹은 당신이 부정적인 인연을 만나기 전에 치르는 리허설이라고 할 수 있다.

자애로운 우주는 유혹의 원동력을 통해 당신이 함정에 빠질 수도 있다는 것을 미리 알려 준다. 그리고 다른 사람들의 영혼에 영향을 주기 전에 스스로 정화할 수 있게 해준다. 유혹은 당신에게 부정적인 성향이 있음을 보여 주는 일종의 유인책이자, 당신이 부정적인 인연을 만들기 전에 미리 깨닫게 해주는 경고다.

어떤 인연을 만들기 전에 그것이 유혹임을 인식할 수 있다면, 실제 경험을 통해서만 배울 수 있는 바를 배우게 되고 그것으로 당신은 정화될 수 있다. 다른 인연을 만들지 않고도, 다른 영혼과의 직접적인 교류 없이도 스스로를 정화할 수 있는 것이다.

만약 유혹이 없었더라면 당신은 부정적인 인연을 만들었을 것이다. 유혹은 그런 위험한 상황에서 당신의 자각을 일깨워 주는 정교한 도구다.

유혹은 타인에게 해를 끼치지 않고도, 부정적인 인연을 만들지 않고도 인간의 에너지 시스템에 부정적인 에너지가 있다는 것을 경고하는 생각의 한 형태다. 영혼은 그것을 알고 있다. 유혹을 있는 그대로 이해한다면 그것은 집단 의식을 확장시키거나 더럽히지 않고도 인간의 에너지 시스템에서 완전한 기능을 발휘한다.

유혹은 덫이 아니다. 세상의 온갖 유혹은 각기 영혼이 인연을 만들지 않고도 배울 수 있는 일종의 기회이며 의식적인 선택을 통해 인간이 진화할 수 있게 만들어준다. 유혹의 원동력은 인간의 경험에 대한 도전 원동력, 즉 루시퍼(Lucifer: 사탄 또는 악마)의 원리와 같은 에너지다. 유혹은 힘의 진화를 돕는 데 그 목적이 있다.

루시퍼의 원래 뜻은 '빛의 전달자'다. 루시퍼의 원리인 유혹은 빛에 저항하는 자기의 일부분에게 도전할 기회를 주는 원동력이다. 루시퍼의 에너지는 에덴 동산에서 뱀으로 나타났다. 그것은 인간이 아닌 존재도 인간을 유혹할 수 있지만 인간을 지배할 수는 없었다는 것을 보여 준다.

루시퍼의 에너지는 언젠가는 죽음을 맞이해야 하는 오감의 인간을 유혹한다. 하지만 뱀은 영혼을 파괴하지 못했다. 뱀은 물질적인 것에 집착할 때만 당신에게 위협이 될 뿐이다. 당신이 물질적인 것에 집착하고 물질의 신을 숭배할 때, 물질을 당신의 스승으로 삼을 때, 그 세계의 주인인 뱀에 의해 고통을 받게 된다.

빛을 가져다주는 루시퍼의 에너지는 후에 그리스도가 되었던 나사렛의 예수라는 사람을 유혹했고 훗날 부처가 되었던 싯다르타라는 사람을 유혹했다. 이것과 같은 에너지가 당신을 유혹하는 것이다. 그 에너지는 회계사에게 돈을 훔치라고 유혹하고, 학생에게는 커닝을 하라고 유혹하고, 결혼한 사람에게는 바람을 피우라고 유혹하고, 사람들에게는 외적인 힘을 가지라고 유혹한다. 그것은 영혼이 지닌 영원불멸한 빛과 인격이 지닌 세속적인 빛을 서로 충돌하게 하며, 당신 앞에 수직의 길과 수평의 길을 펼쳐 놓는다. 변화의 본질은 애정 어린 도전, 즉 유혹의 길 위에 있다.

유혹은 궁극적으로 각각의 영혼에게 힘을 주는 자비로운 길이다. 일단 외적인 상황에 의해 유혹 당하거나 위협 당할 때면 당신은 힘을 잃는다. 반대로 외적인 상황들은 당신을 누를 힘을 얻는다. 그때 당신이 자신을 영혼의 에너지와 결합시키기 위한 선택을 한다면 당신은 힘을 얻게 된다. 이것이 진정한 힘을 얻는 방법이다. 따라서 진정한 힘은 하나의 선택을 할 때마다 차츰 강해진다. 진정한 힘은 명상이나 기도를 통해 생기는 것이 아니라 선택의 순간 당신의 노력으로 얻어지는 것이다.

영혼은 진정한 힘을 추구한다

당신이 화를 참기로 결심했다면 당신의 영혼에는 에너지의 기본 틀이 만들어진다. 그 에너지의 틀 주위로 당신의 경험이 형성되는 것이다. 이 에너지 패턴은 당신이 분노를 떨칠 수 있도록 내면의 분노를 표면으로 끌어낸다.

마찬가지로 자기의 부정적인 모습을 버려야겠다고 선택하면 부정적인 모습은 당신의 표면으로 드러난다. 이런 현상들은 그 목적, 분노를 떨치려는 마음에 도움을 준다. 당신이 화를 참기로 했다면 꿈속이나 자신의 내면에서는 분노를 일으키는 상황을 계속 만나게 되고, 삶 전체가 분노로 뒤틀리는 것은 아닌가 걱정하게 되는 경우도 있다. 당신이 도전하기로 한 상대가 바로 자신이기 때문이다. 우주가 자비로운 마음으로 그 도전을 돕고 있기 때문이다.

당신이 의식적으로 발전과 지혜를 호소한다면, 그것은 인생의 표면에 드러나지 않고 숨어 있던 감정들을 의식적으로 불러일으키는 것이다. 따라서 분노, 질투, 두려움이 나타날 때마다 당신은 그런 감정들에 대항할 것인지 아니면 휩쓸릴 것인지를 선택해야 한다. 당신이 대항할 때마다 그런 감정들은 힘을 잃고 당신은 힘을 얻는다.

하지만 당신의 선택이 훈련이나 의지를 동반하지 않는다면 당신의 내면에는 힘이 축적되지 않는다.

만약 유혹을 물리치지 않기로 결심했다면 그것은 자신을 무책임해지도록 내버려두는 것이 된다. 당신이 물리치거나 극복할 힘이 없다고 느끼는 욕망이나 충동은 일종의 중독이다. 중독은 영혼의 에너지에 저항하는 강력한 인격의 욕구이며, 당신 인격에 속한 일부분이요, 당신의 가장 불완전한 모습이다.

중독의 대상은 음식일 수도 있고 약물, 분노, 혹은 섹스일 수도 있다. 누구나 한 가지 이상의 중독에 빠져 있을 수 있다. 중독 뒤에 있는 원동력을 이해할 때까지는 중독에서 쉽게 벗어날 수가 없다.

모든 중독은 힘을 외적인 것이라고 인식하는 데서 비롯된다. 또한 '환경과 다른 사람들을 마음대로 이용하는 능력이 바로 힘'이라는 그릇된 인식에서 비롯된다. 모든 중독의 뒤에는 '힘(power)'의 문제가 숨어 있다.

영혼을 향한 여행은 '인간이란 힘과 떨어질 수 없는 존재'라는 이해에서 출발해야 한다. 모든 인간은 자기가 선택한 원인과 결과를 경험한다. 자신의 내부에 허전하고 힘없는 부분을 채우려는 욕망의 원인과 결과도 경험하게 된다. 이러한 원동력은 인간 존재의 불안정성 때문이라고 쉽게 생각되는 경우도 있다. 그러나 자세히 보면 이런 과정을 작동시키는 메커니즘이야말로 진정한 힘을 향한 과정임을 이해할 수 있을 것이다.

　이것이 인간이 힘과 투쟁하는 이유다. 힘의 부족과 획득에 대해 고민하고, 진정한 힘이란 무엇이고 어떻게 힘을 얻어야 하는지 고민하는 이유는, 바로 영혼이 진정한 힘을 추구하기 때문이다. 모든 감정적, 영적, 육체적 그리고 심리적인 위기의 근본은 힘의 문제다. 당신이 위기를 어떻게 해석하느냐에 따라 영혼에 한 걸음 더 다가가느냐, 인격의 세상에 더 가까이 다가가느냐가 결정된다.

　완전한 존재가 되려면 정직과 솔직함, 용기를 가지고 자신을 들여다보아야 한다. 당신이 느끼고 인식하고 가치를 두는 것, 즉 당신이 행동하는 방식 뒤에 놓인 원동력이 무엇인지 알아보아야 한다. 그랬을 때 당신의 인격의 본성을 의식적으로 경험할 수 있고, 당신의 인생에서 인격에 의해 만들어졌던 어떤 것과 정면 대결할 수 있다. 이는 당신의 인격이 변화할 수 있는 능력을 갖추기 위해 겪어야 하는 필수 과정이다. 그런 과정 속에서 당신은 자신을 방어할 수도 있고 방어하지 못할 수도 있다.

모든 중독은
벗어나고자 노력할 때 치유된다

중독
Addiction

"중독증으로 인해 당신은 결혼 생활이나 오랜 경력 등,
당신에게 가장 소중한 것들을 잃어야 할지도 모른다.
이것은 당신을 치유하려는 자비로운 우주의 도움이자 애정 어린 가르침이다."

먼저 자신이 중독되었음을 인정하라

당신이 뭔가에 중독되었다면, 먼저 그 사실을 인정해야만 벗어날 수 있다. 스스로 중독됐다는 것을 깨닫기 전에는 중독의 힘을 줄일 수 없다. 인격은 뭔가에 중독되어 있는 자신을 미화시키거나 합리화하기 쉽다.

예컨대 알코올에 중독된 사람은 스스로나 남들에게 이렇게 말한다. "내가 술을 마시는 이유는 마음을 편하게 하고 하루의 긴장을 풀어주며, 즐거움을 얻을 수 있기 때문이야. 따라서 지극히 건설적인 것이지."라고 말한다. 섹스에 중독된 사람은 "자유로운 섹스는

친밀감의 표현이면서 사랑의 표현이며, 진보적인 의식을 반영하는 것이야."라고 주장한다.

중독되었다는 사실을 깨닫기 위해서는 먼저 내면적인 노력이 필요하다. 즉 자기가 인생의 어느 지점에서 힘을 잃고 외적 환경에 의해 끌려가게 되었는지 명확하게 살펴야 한다. 중독된 자신에 대해 어떻게 변명했는지도 철저히 살펴야 한다.

그러나 인격은 음주 운전으로 부상을 당했다거나 성적으로 문란해서 결혼 생활이 엉망이 됐다거나 하는 외적인 상황들이 자기가 중독되었음을 보여줌에도 불구하고, 그 사실을 인정하지 못하고 계속해서 단순한 문제로 인식한다. 결국 중독이 심해지고 나서야 큰 문제로, 중요한 문제로 인식하게 된다.

그렇다면 중독을 인정하지 못하는 이유는 무엇일까?

무엇보다 중독을 인정한다는 것은 자기의 일부분이 통제력을 잃었다는 것을 인정하는 일이고, 그렇게 되면 중독을 더 이상 외면할 수도 없는 일이기 때문이다. 그래서 중독은 인격의 한 부분을 계속해서 통제불능 상태에 놓으려 한다.

중독에서 벗어나려면 자신의 생활과 자신이 생각하는 자기 이미지, 자신을 지배하고 있는 개념적인 틀을 바꾸어야만 한다. 그러나 대부분 그것을 원하지 않는다. 변화에 저항하는 것이 우리의 본성이기 때문이다. 그래서 중독됐다는 사실을 인정하지 않고 버티는 것이다.

중독은 단순히 어떤 것에 끌림을 말하는 게 아니다. 남자와 여자가 서로에게 끌리는 것은 자연스러운 일이다. 서로를 향해 친근감과 매력을 느끼는 것도 자연스러운 일이다. 그러나 중독은 그 이상의 것이다. 중독은 끌림과 더불어 두려움이라는 특징을 가진다. 중독에 있어서의 끌림은 불균형적인 에너지의 동요와 두려움을 동반한다. 자연스럽게 끌리는 느낌은 생의 즐거운 일부분으로서 당장 만족될 수도 있고 만족감을 뒤로 미뤄 둘 수도 있다. 하지만 중독은 그럴 수 없다.

중독은 만족을 모른다. 그 예로 섹스 중독은 섹스로 만족하는 것이 아니다. 이것은 그 원동력이 섹스 원동력이 아님을 알게 해 주는 첫 번째 단서다. 습관적으로 섹스에 끌린 경험이나 반대로 섹스에 거부감을 느낀 경험을 통해 중독의 원동력은 섹스의 원동력보다 더 깊은 곳에서 나온다는 것을 알 수 있다.

중독을 일시적으로 마비시킬 수는 있다. 섹스 중독은 어떤 소중한 관계를 잃어버릴지도 모른다는 두려움을 환기시킴으로써 잠재울 수 있다. 하지만 자신이 중독됐다는 사실을 깨닫지 못하고, 또 내부의 원동력을 이해하지 않고서는 치유될 수 없다.

치유되지 못한 인격은 가장 불안한 순간, 또는 가장 위협받는 순간에 처하면 그때마다 다른 사람들에게서 성적 끌림을 느낀다. 이것은 지금까지의 관계와 일부일처제 하에서 유지되던 결혼 생활을 파탄시킬 것이다.

섹스 중독과 힘의 관계

섹스 중독은 인류가 가장 일반적으로 겪어온 중독이다. 인간 사회에서의 성(性)은 힘의 문제와 직접 연관되어 있다. 성과 힘의 문제는 사람들 사이의 부족한 것을 보완하기 위해 만들어진 관계다. 왜 성적으로 자제가 안 되는가 하는 것은, 왜 자기의 힘을 제대로 조절할 수 없는가와 같은 문제다. 섹스를 자제할 수 없는 사람들은 힘을 조절할 수 없는 사람들이다.

섹스 중독에 관련된 원동력은 무엇일까?

섹스 중독의 경험은 당사자에게는 일종의 신호다. 즉 섹스에 끌리는 그 순간, 그가 무력함을 경험하고 있는 것이며 동시에 약한 영혼을 이용하고 싶다는 욕망의 신호다. 이것이 모든 중독의 뒤에 있는 원동력이다. 그것은 자기 자신보다 더 분열된 영혼을 약탈하려는 욕망이면서, 참으로 보기 흉한 모습이지만 인류 안에 숨어 있는 부정적인 성향의 핵심이다.

경건함이 없는 비즈니스나 정치처럼, 경건함이 없는 섹스나 경건함이 없이 행해지는 행위는, 한 영혼이 자신보다 더 약한 다른 영혼을 약탈하는 일이다. 그러므로 섹스 중독에서 벗어나려면 욕망이 느껴지는 순간, 이것은 자기보다 힘이 없고 더 약한 영혼을 착취하고 싶은 욕망이라는 사실을 스스로에게 일깨워야 한다. 지금 당신 안에서 일어나고 있는 성적 욕망 같아 보이는 그것이 정확하게 무엇인지 알아야 한다. 이는 당신이 단지 육체적으로 끌리는 것뿐만 아니라 구체적으로 당신의 행동을 유도하는 것은 다른 원동력, 즉 무력함의 원동력이라는 말이다.

이것은 무엇을 뜻하는가?

만약 당신이 결혼한 사람이라면 이것을 기억하라. 당신이 충동에 따라 행동한다면 결혼 생활이 끝날 수 있다는 사실을 말이다. 그리고 하고자 하는 일이 그럴 만한 가치가 있는지 자신에게 물어 보라. 충동에 따라 행동하면 건강을 앗아갈 수도 있음을 기억하라. 누가 알겠는가? 혹시 당신의 섹스 파트너가 에이즈 같은 질병을 가지고 있지는 않는지 말이다. 당신이 하려고 하는 행동이 그런 위험을 감수할 만한 가치가 있는 것인지 자신에게 물어 보아야 한다.

당신에게 대단히 매력적으로 보이는 그 사람은 다른 사람에게도 그렇게 보인다는 것을 상기하라. 또한 당신이 그 사람에게 별 감정을 가지고 있지 않은 것처럼 그 사람도 당신에게 감정을 가지고 있지 않다는 것을 기억하라. 당신이 어떤 사람에게 성적 매력을 느꼈다면 그것은 당신이 약해져 있음을 감지한 내부 시스템의 반응이라고 믿어도 좋다. 또 한편으로는 주위 사람들을 살피기 위해 사용했던 당신의 시스템이 반응을 보이는 것이다. 다시 말하자면 당신의 감지 시스템이 당신에게 유혹 당할 만큼 약한 사람을 발견했을 때, 당신 내부에서 성적 매력을 느끼도록 유도하는 것이다.

당신이 관여되어 있는 원동력을 자세히 들여다 보라. 그러면 한 영혼이 다른 약한 영혼을 약탈할 때와 약한 영혼이 대응할 때 관계된 두 영혼은 다 약한 영혼임을 알게 될 것이다. 누가 누구를 약탈할까? 오감의 인격이 가진 논리로는 알 수 없다. 하지만 더 높은 수준에 있는 마음의 논리는 명확하게 그것을 알 수 있다. 지배하려는 욕구를 초래하는 것과 굴복하려는 욕구를 초래하는 것은 동일하다. 다만 똑같은 성격의 투쟁에서 각각의 영혼이 어떤 역할을 하기를 원하느냐에 따른 차이일 뿐이다.

중독에서 벗어나는 길

두려움의 감정 속으로 들어가라. 술을 마시고 싶어 하는 마음이나 다른 파트너와 섹스를 하고 싶어 하는 마음을 들여다보자. 많은 걸 얻을 것이라고 생각했던 인생의 모든 순간들을 진지하게 돌아보고 당신이 정말로 얻은 것은 무엇인지 살펴보라.

자신 스스로가 경험을 만들었다는 것을 잊어서는 안 된다. 원했든 원하지 않았든 자기의 일부분이 원하는 대로 현실이 창조된다는 인식과, 자신에게는 그것을 막을 힘이 없다는 느낌으로부터 두려움이 생긴다. 이것은 중독을 이해하는 데 매우 중요하다. 당신의 중독은 실제로 당신보다 강하지 않다. 그렇지만 당신이 중독을 허용한다면 중독은 당신을 이길 수 있다. 다른 약한 것들처럼 중독은 영혼이나 의지의 힘보다 강하지 않다. 스스로 변화되고 완전해지기 위해서는 많은 노력이 필요하다는 것을 중독은 암시하고 있다.

당신은 유혹 당할 것 같은 두려움을 느낄 때, 유혹을 물리칠 수 없을 것 같은 두려움을 느낄 때 어떤 일을 하는가? 당신이 하는 일은 자신에게 무책임한 행동을 허락하는 상황을 만들 수도 있고, 스스로 합격할 수 없는 시험을 만들어 낼 수도 있다. 스스로를 시험하기 위한 유혹을 원하는 것은 무책임하게 행동할 기회를 만들어 내는 행동이고, '어쨌든 내가 할 수 없는 일임을 알았다'라고 자신에게 말할 기회를 만들어 내는 행동이다. 그리고 중독에 굴복할 기회를 만들어 내는 행동이다. 당신이 물리치기 힘든 유혹을 만드는 것은 자기의 선택을 스스로 책임지기 싫은 마음이 있기 때문이다.

중독증을 고치려는 영혼의 바람이 클수록 중독에서 벗어나기 위한 당신의 대가도 커진다. 만약에 당신의 영혼이 지금 당신의 중독을 치유하기로 선택했다면, 중독에서 벗어나지 못할 경우 당신은 가장 소중하게 여기는 것들을 잃는 엄청난 대가를 치러야 할지도 모른다. 중독의 대가로 당신의 결혼 생활, 혹은 당신이 쌓아 온 경력이 손상될 수도 있다.

이것은 신의 장난이나 심술이라고 생각해서는 안 된다. 그것은 치유하고자 하는 당신의 소망, 완전해지고자 하는 당신의 소망에 대한 자비로운 우주의 도움이자 애정 어린 가르침이다. 우주는 당신의 불완전한 부분과 반대되지만 같은 가치를 지닌 것만이 불완전한 당신을 저지할 수 있다고 말한다. 이것은 운동의 제2법칙에서 공간과 시간과 물질로 표현되는 것과 똑같은 원동력이다. '물체의 운동의 시간적 변화는 물체에 작용하는 힘의 방향으로 일어나며 힘의 크기에 비례한다'는 법칙이다.

중독으로 인해 잃게 되는 것들이 얼마나 중요한지 생각해 보아야 한다. 그러면 중독에서 벗어나는 일이 당신의 영혼에 얼마나 중요한 일이며 필요한 일인지 깨달을 수 있다. 또 중독에서 벗어나기 위해서는 내면의 의지가 얼마나 강해야 하는지도 알 수 있을 것이다.

지금까지와는 다른 삶을 선택한다면 '책임 있는 선택'을 해야 한다. 선택하는 데 두려움을 느낀다면 자기의 선택이 갖는 힘과 중요성을 확실하게 알 수 없다. 먼저 자기의 선택이 어떤 힘을 가지고 있는지 깨달아야 한다. 그러면 자신의 불완전한 모습으로 인해 흔들리지 않는다. 당신에게 힘을 주는 의지는 분명히 당신의 일부분에서 나온다. 이러한 사실은 당신이 정말 책임 있는 선택을 할 수 있다는 것과 그 선택을 함으로써 힘을 얻을 수 있다는 것을 보여 준다. 지금 당신이 하려는 선택이 힘을 주는 선택인지, 즉 자신을 완전한 존재에 다가서게 하는 선택인지도 암시해 준다. 당신의 선택이 가진 힘을 시험해 보라. 그러면 중독과 다른 방향의 선택을 할 때마다 중독의 힘에서 점점 더 벗어나게 되고, 당신의 개인적인 힘이 점점 더 증가하는 것을 경험할 수 있다.

당신이 조금씩 약해지고 유혹이 점점 더 강해질 때마다 영혼이 던지는 질문을 자신에게 던져 보라.

'그러한 충동이나 유혹을 따른다면 과연 더 많은 깨달음을 얻게 될까?', '그렇게 하는 것이 진정한 힘을 가져다줄까?', '그렇게 함으로써 사랑하는 마음을 더 갖게 될까?', '그것이 내가 완전해질 수 있는 길인가?'

이런 질문들을 자신에게 해 볼 필요가 있다.

바로 이것이 중독에서 벗어나는 길이다.

당신의 현실로 한 걸음씩 걸어 들어가라. 당신이 결정한 후에 나타나게 될 결과를 확실히 알고 선택하라. 만약 당신이 섹스나 알코올, 마약, 그 밖의 다른 것들에 중독된 것을 느낀다면 다음 사실들을 기억하라. 당신은 불완전한 자아와 완전한 자아 사이에 서 있다. 당신의 불완전한 자아는 유혹적이며, 다른 사람들이 알고 있는 당신보다 책임감이 약하고 사랑하는 마음도 부족하며 수양되어 있지 않다. 반면에 당신의 다른 자아는 완전하고, 책임감과 사랑하는 마음이 더 있으며, 힘을 더 부여받았다. 그 자아는 당신에게 현명한 영혼의 길을 요구한다. 그것은 의식이 있는 삶이다. 하지만 당신의 또 다른 자아는 의식이 없이 행동해도 좋다는 무의식적인 허락으로 당신을 유혹한다.

당신은 무엇을 선택하겠는가?

만약 당신이 완전함을 추구하기로 결정했다면 그 결정을 고수하라. 당신은 스스로가 생각하는 것처럼 유혹을 당하거나 두려워하지 않을 것이다. 결정을 고수한 채 반복해서 스스로를 일깨워라. 당신은 불완전한 자아와 완전한 자아 사이에 서 있다. 지혜롭게 선택하라. 힘은 이제 완전히 당신 손에 있다. 의식의 힘을 과소평가하지 말라. 당신이 살면서 매일 매 순간 의식 있는 선택을 할 때 당신은 힘으로 채워지고 당신의 불완전한 부분은 사라진다.

자신에게 힘을 주기로 선택한다면 당신이 물리치고자 하는 당신의 부분, 당신이 물리치고자 하는 유혹이 자꾸만 나타나게 된다. 당신이 물리치고자 할 때마다 당신은 힘을 얻고 유혹은 힘을 잃는다.

만약 당신이 알코올 중독에서 벗어나려 하는데 하루에도 열두 번씩 술을 마시고 싶은 유혹이 든다면 당신은 매번 알코올 중독의 에너지에 도전하는 것이다. 유혹이 나타날 때마다 그것을 방해라고 생각하거나 당신의 의지가 효과를 발휘하지 못할 것이라는 암시로 생각한다면, 그것은 두려움과 의심을 통한 학습의 길을 택한 것이다. 반면에 그것을 당신의 의지에 반응하여 당신이 불완전함을 떨쳐 버리고 유혹에 이겨 힘을 얻도록 당신에게 주어진 기회라고 여긴다면 당신은 지혜를 통한 학습의 길을 택한 것이다.

당신이 처음으로 중독에서 벗어나려고 할 때 그리고 두 번째, 세 번째 도전할 때까지는 아직 뭔가 성취했다는 느낌이 들지 않을 것이다. 진정한 힘은 그렇게 쉽게 얻어지는 게 아니다. 당신이 자신의 의지를 굳게 지킬 때, 계속해서 완전해지고자 하는 방향으로 선택할 때, 당신은 비로소 힘을 축적하게 된다. 당신이 물리칠 수 없으리라고 생각한 중독은 마침내 힘을 잃게 된다.

당신이 중독에 도전하고 완전함을 선택한다면 그것은 스스로를 영적인 도움과 결합시킨 것이다. 영적인 세계, 즉 영혼의 안내자들과 스승들은 당신에게 힘을 가져다주는 생각과 영감, 격려가 될만한 사건 등을 통해서 다양한 방식으로 당신의 현실에 영향을 끼칠 것이다. 한 영혼이 부정적 감정들을 떨쳐 버리고 그 의식의 질을 더 높은 주파수의 빛으로 바꿀 때, 영적인 세계에는 기쁨과 사랑이 넘친다. 고독 속에서 고통받지 말라. 혼자가 아님을 기억하라.

치유를 위해 노력하는 한 사람으로서 자신을 살펴보라. 그리고 치유될 필요가 있는 복잡한 존재인 자신을 보라. 당신과 똑같이 복잡한 존재인 다른 인간들이 있음을 생각하라. 인간이 경험하는 모든 것은 완전함을 향해 나아가는 과정이다. 주위에는 스스로가 완전하지 않다고 믿는 사람들이 있다. 그들은 완전함을 향해 나아가는 과정에 있다. 완전하다면 그들은 이 땅에 사는 육체를 가진 존재들이 아니다. 당신은 치유가 필요한 수십억 영혼들과 함께 살고 있는 것이다.

당신이 중독에서 벗어나기 위해 한 일들에 대해 시간을 가지고 천천히 평가하라. 얼마나 더 가야 목표 지점에 이를까 생각하지 말라. 대신 당신의 영적인 스승들과 함께 당신이 성취한 것들을 칭찬하라. 다시 중독에 빠져도 된다는 뜻은 아니다. 그것은 자신에게 필요한 휴식을 허락하고, 자신이 언제 지치게 되는지를 깨달으라는 것이다. 아무리 뛰어난 사람도 지치게 마련임을 알자는 의미다.

중독은 극복할 수 없는 것도, 저항할 수 없는 것도 아니다. 만약 계속해서 극복하거나 저항할 수 없는 것으로 보인다면, 그것은 비록 당신이 왜 중독되었는지 이해하더라도, 마음속 깊은 곳에 중독을 떨쳐 버릴 수 있는 당신 자신이 있다는 것을 깨닫지 못하기 때문이다. 만약 중독이 계속 당신에게 머물러 있다면 자신에게 정말 중독에서 벗어나고 싶은지 물어 보라. 당신의 마음속 깊은 곳에서는 중독에서 벗어나기를 원하지 않을 수도 있기 때문이다.

당신 안에 있는 불완전한 부분들이 채워질 때까지 당신은 계속해서 중독 상태에 있을 것이다. 중독에서 벗어나기 위해서는 당신 안에 있는 불완전한 부분들로 들어 갈 필요가 있다. 그것은 그 부분들이 정말로 존재하는지 깨닫기 위해서이며, 그 불완전한 부분들을 치유하기 위해 의식의 빛을 비춰야 하기 때문이다.

무엇이 당신에게 그러한 힘을 가져다주는지 깊이 살펴볼 필요가 있다. 또한 그것들이 당신 내부에 얼마나 깊숙이 들어 있는지 명확하게 살펴보고, 할 수 있는 한 정직하게 조사할 필요가 있다. 중독으로 인해 당신은 인생에서 흔치 않은 즐거움을 맛볼지도 모른다. 하지만 무엇이 당신에게 더 중요한가? 당신의 완전함이나 자유인가, 아니면 중독에 빠져서 얻을 수 있는 쾌락인가?

중독이 불완전함에서 비롯되었음을 이해한다면, 어떻게 그 불완전함에 대응할 것인가를 생각하게 될 것이다. '술을 더 마시는 것으로 대응할 것인가, 아니면 문란한 섹스를 함으로써 대응할 것인가, 아니면 완전해지기 위해 필요한 것들을 내적으로 추구할 것인가?'

중독의 힘이 얼마나 강한지 알아야 한다. 당신이 얼마나 깊이 중독됐는지, 중독을 통한 학습을 이제 끝내도 될 때인지 자신에게 물어 보라. 이렇게 묻고 대답하다 보면 당신은 영적인 스승들의 안내를 받아 숭고한 지혜의 길을 안내 받게 된다. 그와 동시에 당신은 그 길을 걸어갈 준비가 되어 있지 않다고 느낄 수도 있다. 그래서 당신은 지금이 적당한 시기가 아니라고, 아직은 그 길을 걸어갈 만큼 강하지 못하다고 결정을 내릴지도 모른다. 하지만 당신은 그것과 정면대결해야만 한다.

결국 당신은 지혜로운 길을 택할 것이다. 당신이 하루, 혹은 일주일, 혹은 일곱 번의 생이 지나는 동안 대결을 유보하고 싶다면 그래도 된다. 시간은 충분하다. 영적인 스승들에게는 시간이라는 개념이 없다. 당신이 결국에는 택할 의식의 길을 아는 것은 지혜의 깊이에 달려 있다. 결국에는 택하게 될 길이라면 왜 미루는가? 당신의 나머지 부분들이 그 길을 걸을 준비를 하고 있는 동안에도 지혜는 당신을 돕기 위해 계속해서 기다리고 있다. 그러나 당신은 그 길을 유보하기로 한 결정에 대해서 부끄러워할 필요는 없다.

중독과 맞서 싸울 때 영혼은 치유된다

우주는 심판하지 않는다. 당신은 결국 진정한 힘을 부여받고 용서와 겸손, 명확함과 사랑의 힘에 대해 알게 될 것이고, 인간의 경험을 초월해 진화할 것이다. 지구라는 학교를 초월해 진화하고, 공간과 시간과 물질을 초월해 진화할 것이다. 당신은 진화하지 않을 수가 없다. 우주에 있는 모든 것이 진화한다. 문제는 당신이 진화할 때 어떤 방법으로 배우기를 선택하느냐다. 이것은 언제나 당신이 선택할 일이고, 선택에는 항상 지혜의 도움이 따른다.

당신이 이승에서의 생을 마치고 돌아갈 때, 즉 당신이 인격과 육체를 떠날 때, 당신의 불완전함, 두려움, 분노, 질투는 이 세상에 남겨진다. 그런 것들은 영혼의 영역 내에 존재하지도 존재할 수도 없기 때문이다. 그런 것들은 인격의 경험들이고 시간과 물질의 경험들이다. 당신은 다시 한 번 완전한 존재로서의 당신 속으로 들어가게 된다. 그때 당신은 인생의 경험들을 애정어린 눈으로 보게 되며 자비로운 마음으로 이해하게 된다. 자신을 통제하는 것처럼 보였던 경험들까지도 그런 시각으로 보게 된다. 그 경험들이 어떤 목적을 이루고자 하는지, 자신이 배운 것이 무엇인지 깨닫게 된다. 또한 당신은 이런 것들을 당신의 다음 생으로 전달할 것이다.

계속해서 당신이 중독의 길을 선택한다면 스스로 부정적인 인연을 경험하고자 원하는 것과 같다. 자비로운 마음 없이 창조 사이클에 참가하기로 결정한 것이며 무의식 상태에 머물기로 한 것이다. 이는 자신의 무의식적인 의지들이 만들어 낸, 경험에 의한 학습을 선택한 것이나 다름없다. 다시 말해 당신은 두려움과 의심을 통해 배우기로 선택했다. 당신은 자신의 중독을 두려워하고 있으며, 당신의 힘이 중독과 맞서 싸우면 이긴다는 사실을 의심하기 때문이다.

만약에 당신이 중독과 맞서 싸우고 완전함을 추구하기로 결심했다면 지혜를 통해 배우기로 선택한 것이다. 이는 당신의 경험들을 의식적으로 만들기로 선택하고, 당신 인격의 인식과 에너지를 영혼과 결합시키기로 선택한 것이다. 그리고 당신 영혼이 만들고 싶어 하는 현실을 실제 세상에서 만들기로 선택한 것이다. 당신의 영혼이 당신에게 다가갈 수 있게 허락한 것이며, 당신의 세계를 신성하게 만들기로 결심한 것이다.

중독과 맞서 싸울 때 당신은 영혼을 직접적으로 치유하고 있는 것이고, 인생이라는 문제를 직접 다루는 것과 같다. 이것은 꼭 그렇게 될 필요가 있는 일이다. 당신이 심오한 투쟁을 할 때 당신은 가장 높은 목표를 향해 나아가는 것이다. 당신이 내부의 가장 깊숙한 곳에 흐르고 있는 부정적인 성향들을 밝히고 치유하고 떨쳐 버릴 때, 영혼의 에너지는 현실에서 부딪히는 경험들과 사건들 속으로 직접 들어가게 된다. 그럼으로써 이승에서 해야 할 임무를 방해받지 않고 이루어 낼 수 있다.

이것이 진화다. 당신은 이것을 위해 태어난 것이다.

사랑과 헌신과 신뢰로 맺어진 영적 동반자

관계
Relationships

"진정한 동반자는 자신보다는
상대방을 더 사랑하며, 육체적인 생존에 가치를 두기보다는
헌신과 신뢰에 가치를 두는 동등한 관계다."

영적인 동반자 관계란 무엇인가

동반자 관계가 아니고는 타인을 자신보다 더 사랑하는 법을 배울 수 없다. 타인을 더 사랑하는 것이 인격의 욕구 충족에는 방해된다 해도, 다른 이의 영혼이 강해지고 맑아지는 것이 얼마나 소중한지 동반자 관계가 아니고는 배울 수 없다.

동반자 관계 안에서만 나타날 수 있는 또 하나의 성장하는 원동력들이 있다. 다른 사람의 성장을 받아들이고 그 사람의 성장을 독려하기 위해 자기의 욕구를 떨쳐 버린다면, 당신 자신을 다른 사람의 영혼에 맞춘 것이다. 동반자 관계(commitment)가 아니고는 당신

의 영혼처럼 타인의 영혼들도 아름답고 강력한 빛의 영혼이라는 것을 깨달을 수 없다.

영적인 성장을 위한 동등한 두 사람 사이의 동반자적 관계, 즉 영적인 파트너십의 원형이 인류 안에 싹트고 있다. 그것은 결혼의 원형하고는 다르다. 결혼은 육체적인 생존을 돕는 데 목적이 있고 그 안에서 두 동반자는 서로를 동등하다고 생각하지 않는다. 물론 육체적으로 생존할 수 있는 인간의 능력은 결혼을 통해 상승한다. 함께 힘을 모아 쉴 곳과 음식, 물과 불을 발견하고 자신을 방어하는 인간의 능력은 혼자였을 때보다 더 뛰어나다. 결혼의 원형은 이처럼 힘을 외적인 것으로 인식하는 한 예다.

영적인 파트너십의 원형에는 진정한 힘을 향해 나아가는 다양한 감각을 가진 인간의 의식적인 여행이 반영되어 있다. 영적인 동반자들은 영혼의 존재를 이해하고 있다. 그리고 의식적으로 영혼의 진화를 추구한다. 그들은 시간과 물질의 세계 안에서 활동하고 있는 영혼의 원동력을 깨닫고 물질을 가장 선명하고 굵은 빛으로 인식한다. 그 빛은 같은 학습의 영역에 있는 영혼들에 의해 형성되고 또 재형성된다. 그들은 서로 함께 경험을 만든다. 생명을 사랑하는 살아 있는 지구, 자애로운 우주와 더불어 경험을 만들어 간다.

국가, 사회, 문화 등 모든 집단적 창조물들은 오감의 인격이 지닌 가치와 인식 위에서 만들어졌다. 그리고 결혼의 원형은 그런 가치들을 반영하고 있다. 인류의 육체적 생존을 위해 만들어진 모든 집단적 창조물들은 두려움과 의심을 통해 배우겠다는 인류의 결심을 잘 반영하고 있다.

우리가 사는 세상은 두려움과 의심으로 학습하는 길을 택한 오감의 에너지를 바탕으로 세워졌다. 국가는 다른 국가들을 두려워하고, 인종은 다른 인종을 두려워하며, 다른 성별을 가진 사람들은 서로를 두려워한다.

우리는 지구와 협력하고 지구를 존중하는 정신으로 현실을 탐구할 수도 있었다. 하지만 그 대신에 지구를 지배하고 이용하겠다는 마음으로 지구를 개척하는 길을 택했다. 이것은 두려움과 의심을 통한 학습의 길이다. 두려움은 실제 환경에 대한 두려움이고 의심은 인간이 환경에 자연스럽게 적응할 수 있는가에 대한 의심이다.

우리의 세계는 두 가지의 기본적인 생각을 반영하고 있다. 하나는 내세란 존재하지 않는다는 생각이고, 또 하나는 우리가 힘의 존재를 이승에서 소유하고 얻을 수 있다고 생각하는 것이다. 때로 우리는 내세를 이야기한다. 그러나 우리가 이 세상을 떠난 후에도 이승에서 했던 선택에 대해 책임져야 한다는 것을 믿지 않는다. 그 사실만 믿었더라도 우리의 선택은 달라졌다.

인간은 더 이상 겸손하지 않다. 경건함도 사라졌다. 인간은 거만하며, 자신이 개발한 기술로 만족해하고 있다. 인간은 스스로 잘 통제하고 조절할 수 있는 존재라는 환상도 가지고 있다. 그래서 많은 문제와 혼란이 생겼다. 아직도 인간이 통제가 불가능한 존재라는 것을 인정하지 않으려 한다. 우리는 지구를 이용하고 서로를 이용한다. 숲을 파괴하고 해양과 대기를 파괴한다. 그리고 서로를 노예로 삼으려 하고 고문하고 때리고 모욕하고 살해한다.

영적인 파트너십, 즉 동등하게 영적 성장을 추구하는 인간들의 관계가 사회에 나타날 때, 다양한 감각의 인격이 가지고 있는 높은 수준의 가치와 깨달음이 만들어진다. 영적인 동반자 관계를 맺고 결혼이라는 관습을 통해 그들의 유대감을 나타내기로 결심한 두 사람은 결혼의 원형에 영적인 파트너십의 에너지를 주입한다. 그래서 결혼 안에서 새로운 가치와 행동을 만들어 낸다. 한 조직체, 도시, 국가, 인종, 성별이라는 차원에서 이와 같은 영적 동반자 관계가 만들어지면 각 차원에 맞는 집단 의식이 주입되고 이 안에서 새로운 가치와 행동이 나타나는 것이다.

개인 차원에서 일어나는 진화는 상호 영향을 주는 전체 차원의 진화 과정과 같다. 한 개인이 영적인 파트너십의 원형 에너지를 불러일으킬 때, 다른 사람과 함께 형성된 동반자 관계에 영향을 줄 뿐만 아니라 사회, 국가, 나아가 지구에도 영향을 미친다. 당신이 책임감 있는 선택을 통해 진화하기로 결심했다면 자신의 진화에만 기여한 것이 아니라 인간으로서의 모든 성향들의 진화에도 기여한다. 즉 당신의 결심을 통해 진화하는 것은 당신만이 아니라 인간의 전체적인 성향이다.

당신이 사랑과 자비로 가득 찬 세상을 원한다면 자신부터 사랑과 자비를 지닌 사람이 되라. 이 세상을 사는 두려움이 줄어들기를 바란다면 자신의 두려움부터 줄여라. 이것이 세상에 줄 수 있는 당신의 선물이다.

국가들 사이에 존재하는 두려움은 개인들 사이에 존재하는 두려움을 확대시킨 것이다. 힘을 외적인 것으로 인식하여 국가 사이에 분쟁이 생겼고 개인 사이도 갈라졌다. 하지만 개인이 영혼과 결합하려는 의식 있는 결심을 한다면 그들 사이에서 나타난 사랑과 순수함과 자비가 남녀, 인종, 국가 그리고 이웃 사이를 조화롭게 만들 것이다. 다른 방법은 없다. 인간의 개인적인 경험은 동시에 대우주에까지 영향을 끼친다. 스스로 선택한 삶의 질은 개인 각자에게 책임이 있다.

예를 들어 핵의 위협은 우리가 사는 지구에 대한 대우주적인 문제다. 그런 문제를 해결하기 위해서는 소우주, 즉 인간의 진화가 마무리돼야 한다. 만약 국가간의 분노와 폭력을 치유하고자 하는 사람들이 내면에 분노와 폭력을 담고 있다면, 그들이 대우주 차원에서 창조하고자 하는 조화는 실현되지 않는다. 한 사람 안에 있는 것은 전체 안에 있는 것이다. 그러므로 각각의 영혼은 결국 전 세계에 대해 책임을 져야 한다.

영적인 동반자 관계를 통한 깨달음

당신이 다른 사람과 영적인 동반자가 되기로 서약했다는 것은 영적인 파트너십의 원형 에너지를 실제 환경 속으로 불어넣은 것과 같다. 그때 당신과 동반자는 영적으로 동일하게 발전할 수 있는 가치와 인식과 행동들을 바탕으로 살기 시작한다. 그리고 동반자의 영적 성장에 대한 욕구를 수용하기 위해 당신의 인격의 욕구를 제쳐놓기 시작한다. 그렇게 함으로써 당신도 성장한다. 이런 방식을 통해 영적인 동반자 관계가 제대로 기능을 발휘한다. 동반자 관계를 건강하게 유지하기 위해 필요한 것은, 곧 당신이 영적으로 성장하기 위해 필요한 것들이다.

우리는 영적인 동반자 관계를 통해 많은 것을 깨닫는다. 두 사람은 서로가 부족한 부분들을 가지고 있음을 깨닫게 된다. 예를 들어 당신이 질투를 느낀다는 것은 치유가 필요한 상대방의 어떤 모습이 표면으로 떠오른 것이며, 그것이 당신에게 거울처럼 비춰진 것임을 깨닫게 된다. 당신은 동반자가 당신의 발전에 도움을 준 것에 대해 소중하게 생각하기 시작한다. 동반자의 인식과 의견이 당신의 성장에 도움이 됐고 진정으로 중심적인 역할을 한다는 것을 느끼게 되며, 두 사람간의 대화는 내면 깊은 곳까지 감동을 준다.

당신은 동반자와의 관계에는 사랑과 헌신과 신뢰가 중요한 역할을 한다는 것을 배운다. 사랑만으로는 충분하지 않다는 것과 신뢰 없이는 사랑을 주고받을 수 없다는 것도 알게 된다. 또한 당신의 헌신이 서로 욕구를 만족시키는 것이어야 한다는 것도 배운다. 당신은 자신의 욕구가 중요한 만큼 동반자의 욕구도 소중하다는 것을 이해한다. 왜냐하면 두 사람이 원하는 파트너십을 위해서는 둘 다 건강하고 내면적으로 안정된 사람이어야 한다는 것을 깨닫기 때문이다.

뿐만 아니라 당신은 서로 신뢰하는 것을 배우고, 함께 성장하는 능력도 배운다. 두려움을 회피한다면 둘의 동반자 관계가 위태로운 상황에 처하게 된다는 것도 알게 된다. 당신의 내부에 무엇이 있는지 표현하기란 쉽지 않다. 특히 어떤 것 때문에 당신이 약하다고 느끼거나 고통스럽거나 분노를 느끼게 되었을 때 그것을 표현하기란 어려운 일이다. 그래서 상처를 주는 말로 힘을 얻을지, 아니면 치유의 말로 힘을 얻을지는 당신의 감정에 달려 있다.

진화 과정을 겪으면서 당신은 치유와 신뢰를 위한 배려와 의지에 관심을 두는 것만이 적절한 진화 방법임을 배운다. 두려움 대신에 용기를 가지고 당신이 필요로 하는 것을 표현할 때 신뢰감을 얻을 수 있다. 가장 완벽한 형태의 진정한 인간이 되기 위한 조건은 비밀이 없어야 한다. 그것은 사랑 앞에서 아무것도 숨기지 않는 것이다.

당신은 서로에게 어리석고 경솔한 일을 하지 말아야 한다는 것도 배울 것이다. 혼자서 어떤 것을 원하는 것만으로는 충분하지 않다는 것도 알게 된다. 당신이 원하는 것을 상대방도 같이 간절하게 원해야 하며, 원하는 것을 매일 만들어 내야 한다는 것도 깨닫는다. 그리고 당신이 원하는 것이 실현되도록 해야 하며, 계속 그것이 존재하도록 의지적으로 매달려야 한다. 이렇듯 각기 두 사람의 의식이 밝아질수록 두 사람의 동반자 관계는 더 돈독해진다.

당신은 상대방의 입장을 고려하는 게 얼마나 가치 있는 것인지 배운다. 다른 사람의 입장이 되어 상대방의 두려움을 진정으로 경험해 보고, 다시 자신으로 되돌아옴으로써 당신은 개인적인 차원을 초월하여 객관적 차원에서 치유되는 대화를 할 수 있게 된다. 이렇게 해서 서로에게 치유가 필요한 부분이 드러날 때 두 사람은 서로를 영적인 동반자로 여기게 된다. 그렇게 되면 불안감을 느끼게 하는 가장 힘든 순간이 오더라도 밝고 지혜롭게 헤쳐나갈 수 있다. 두 사람의 영혼이 약한 순간에 보여 줬던 모습보다 훨씬 더 큰 힘을 지니게 되기 때문이다.

모든 생명체들과의 관계

한 개인이 다른 개인과 영적으로 결합된 상태에서 배우는 것과 마찬가지로 단체, 사회, 국가는 각각 다른 단체, 다른 사회, 다른 국가와 영적으로 결합된 상태에서 배우게 된다. 각각의 경우마다 '두려움과 의심을 통한 학습'과 '지혜를 통한 학습' 중에서, 다시 말하면 인격의 저주파 에너지 흐름과 영혼의 고주파 에너지 흐름 중에서 선택해야 한다. 만약 한 사람이 다른 사람에게 화를 내서 친밀감이 깨지고 거리감이 생기고 서로를 방어하는 벽이 생겼다면, 한 국가가 다른 국가에게, 한 종교가 다른 종교에게, 여성이 남성에게, 혹은 남성이 여성에게 드러내는 분노도 똑같은 결과를 낳는다. 만약에 한 인격이 다른 인격에게 친밀감, 감사하는 마음, 상호간의 호감을 베풀었다면 한 국가, 한 종교, 한 사회가 각각 다른 국가, 다른 종교, 다른 사회에 대해 갖는 관심도 똑같은 결과를 낳는다. 그 원동력은 동일하다. 당신은 이 지구상에 있는 모든 생명체들과 관계를 맺고 있다. 당신의 영혼이 진화할 때 당신은 그러한 관계의 본질과 자신이 떠맡고 있는 책임에 대해 깨닫게 된다.

한 영혼이 책임감이라는 교훈을 선택했을 때, 그 영혼은 인류에게 영향을 줄 가능성이 더 많은 환경의 인격으로 탄생한다. 그렇지만 당신이 의식적으로 준비가 되어 있지 않다면, 영혼은 스스로를 보호하기 위해 많은 사람에게 영향을 주는 존재로 태어나지 않게 된다.

예를 들어 동물계로부터 진화해 와서 인간의 경험을 처음 겪는 영혼은 아주 낮은 주파수의 범위 내에서 인간의 진화 과정이 시작되고, 그 자신의 영혼을 보호하기 위해 인간의 삶 중에 가장 제한된 환경 속에서 태어난다. 그런 영혼은 사람들이 별로 없는 오지에서 태어나게 된다. 그것은 그 영혼이 인간으로서 실제 겪게 되는 경험에 익숙해질 시간적인 여유를 주기 위한 것이다. 그 영혼이 인간의 감각 체계, 인간의 지성과 영혼과 육체 에너지 사이를 연결하는 관계 그리고 인간으로서 갖추어야 될 것들에 익숙해지면 좀 더 책임감 있는 활동의 중심지에서 인간의 모습으로 태어날 확률이 높아진다. 활동의 중심지란 도시나 대학이 있다는 의미가 아니라 인연을 만들 가능성이 많은 곳을 말한다.

부언하자면 오지란 삶의 유혹, 선과 악의 정의가 뚜렷이 드러나며 유혹이 그리 많지 않은 곳이다. 그런 환경에 있는 인간은 가정, 사회, 국가 등 인간관계가 더 복잡하게 얽힌 곳에서 태어나기를 원한 영혼처럼 인연을 많이 만들 수 있는 단계가 아니다. 한 영혼의 활동 중심은 영혼이 갖는 인연의 영향과 에너지의 영향이 얼마만큼 확대되느냐와 관련이 있다. 한 영혼은 인연의 에너지가 확대됨에 따라 생길 수 있는 일들을 좀 더 잘 처리할 수 있을 때까지 성장할 필요가 있다.

영혼들이 좀 더 포괄적인 수준의 교류에 의식적으로 참여하기로 결심하면, 스스로를 변화시킬 뿐만 아니라 그 영혼들이 소속된 집단 속에 있는 다른 영혼들도 변화시킨다. 당신의 의식을 실제의 빛에 비춰 생각해 보라. 빛이 밝을수록 더 넓은 범위까지 환하게 하고, 빛이 어두울수록 비추는 범위는 좁아진다. 당신의 빛이 영향을 미치는 범위는 당신이 만든 인연의 영향이 얼마나 깊고 넓으냐에 따라 달라진다. 당신이 큰 빛이라면 전 세계를 비추게 된다. 큰 빛으로 성장해 가는 중이지만 현재는 작은 빛에 불과하다면, 당신은 스스로 만든 인연의 여러 가지 범위 내에서 빛을 내게 된다. 하지만 당신에게 있어 자신의 의식의 질을 바꿀 수 있는 잠재력과 다른 사람들의 의식의 질까지도 바꿀 수 있는 잠재력은 똑같이 크다.

영혼을 위한 가능성의 영역에는 많은 기회들이 존재한다. 예를 들면, 영혼은 영혼의 에너지에 가장 자연스러운 성장의 길을 선택하는 대신에 가장 먼 성장의 길을 택할 수도 있다. 만약 어떤 사람이 자신의 사생활 속에서 영적인 선택을 함으로써 인간애에 대한 신념과 용기와 감정을 발전시킬 때, 영혼은 당연히 더 큰 인식과 더 큰 인연이 갖는 영향력과 책임감으로 통하는 문을 열게 된다. 영혼이 인간으로 태어날 당시에는 그럴 가능성이 적었던, 어떤 상황에서만 열리는 그 문은 일이 순서대로 진행된다면 열릴 것이고 그래서 영혼은 바른 길을 찾게 된다. 모든 개인적인 의식들, 즉 개인적인 영혼들은 빛의 질과 영혼의 의식이 갖는 주파수에 따라 많은 사람들의 의식에 영향을 준다.

위대한 영혼

인간으로 태어나 한 생을 살아가기로 동의한 하나의 영혼이 일생동안 많은 사람들의 생에 영향을 줄 수 있는 중요한 잠재력을 가졌다면, 그 영혼은 위대한 영혼이다. 그런 영혼의 힘은 강력하며 세계적이다. 수백만, 아니 수십억 인간의 삶에 영향을 줄 수 있는 잠재력은 실제로 존재한다. 하지만 그 영혼이 인류를 발전시키는 임무를 다하지 못한다면 인연의 빚을 지게 된다. 그 영혼은 자신에게 의지하는 수십억의 영혼들에 대한 운명적인 책임을 지게 되는 것이다.

인간으로서의 생을 살아갈 때 위대한 영혼들도 다른 평범한 영혼들처럼 매 순간 결정을 해야 한다. 당신은 수천, 수백, 수십억의 인간을 거느리는 중요한 위치에 있는 영혼을 볼 때 그 영혼과 인격을 구별할 줄 알아야 한다. 한 영혼이 수십억 인간들의 삶에 영향을 주거나 전 인류에까지 영향을 줄 수 있는 능력을 가지고 있다 해도 그 영혼의 인격은 유혹을 당한다.

사탄이 예수에게 온 세상을 주겠다고 제의했을 때, 그 제의는 인간으로서 상상할 수 있는 최고의 것이었다. 그때 인간으로서의 예수는 유혹을 당할까? 그렇다. 그는 유혹을 당한다. 유혹을 당하지 않는다면 그의 선택은 힘이 없는 것이 된다. 그가 선택한 영광의 길이 동등한 힘을 가진 유혹과 균형을 이루지 못했다면 어떻게 그러한 선택으로부터 힘을 얻을 수 있었겠는가? 유혹이 배제된 선택을 한다면 진정한 힘을 얻을 수 없다.

한 영혼이 수직적인 길을 택했을 때, 즉 책임감 있는 선택을 통해 의식적인 진화를 걸을 때, 그 영혼은 자신의 부정적인 성향으로부터 자유로워질 능력을 갖추게 되고 진정한 힘에 닿을 수 있다.

영혼은 자신의 부정적인 성향에 도전한다. 그것은 인격의 분열된 부분들이 가지고 있는 무의식적인 의지들에 도전하는 것이다. 한 인격이 의식을 갖게 되고 다양한 인격으로 진화하면서 인격이 지닌 의식의 주파수는 증가한다. 인격은 점차 완전해진다. 인격의 부정적인 성향이 떨어져 나가고 그 의식의 질은 높아진다. 인격은 자신과 주위 사람들을 자비롭고 순수하게, 영혼의 지혜를 가지고 볼 수 있게 된다.

한 영혼이 자신의 의식적인 선택에 의해 다른 영혼들과 교류할 수 있는 좀 더 포괄적인 단계로 올라갈 때, 그곳에서 활동하고 있는 부정적인 성향들로부터 자신의 가족, 사회, 국가가 해방되는 것을 도울 수 있게 된다. 그러한 영혼은 다른 부정적인 성향으로 더럽혀질 위험을 감수해야 한다. 즉 인간들의 교류가 활발한 포괄적인 층에 높은 수준의 의식을 끌어오려고 애쓰는 어떤 영혼에게도 두려움이나 분노, 이기심에 물들 위험이 여전히 존재한다.

간디의 영혼과 같은 위대한 영혼도 그러한 부정적인 성향으로 더럽혀질 위험을 감수했다. 위대한 영혼은 자신의 영혼이 가지고 있는 두려움과 인격이 가지고 있는 두려움에만 대처하는 것이 아니라 전 인류의 집단적인 두려움에도 대처해야 한다. 위대한 영혼이 더럽혀지게 될 위험을 감수하는 상황이 어떤 것이냐에 따라 달라지긴 하지만, 그 영혼의 영향력은 인류의 집단 의식으로부터 두려움을 없앨 수 있는 가능성이 있다.

위대한 영혼의 의식은 자신이 속한 집단의 의식을 상징하며 그 집단의 가치와 두려움과 죄책감을 공유하고 있다. 간디의 영혼은 인도의 집단 의식을 공유한다. 위대한 영혼은 자신이 속한 집단의 의식과 끊임없이 대화를 나눈다. 그는 변화의 임무를 맡고 있는 것이다. 만약에 그가 두려움을 뛰어넘을 수 있고 용기 있게 행동할 수 있다면, 그가 속해 있는 집단 전체가 혜택을 받을 것이고 집단 속의 개개인도 각자의 인생 속에서 더 용기를 갖게 될 것이다.

모든 영혼이 자신의 발전을 위해 맡겨진 임무를 제대로 수행하는 것은 아니다. 우리가 사는 세상에 영향을 주는 중요한 위치에 있는 사람들을 살펴볼 때, 우리는 그들이 인류의 발전을 위해 스스로 선택한 임무를 성공적으로 완수했는지 아닌지 알게 될 것이다. 중요한 위치에 있는 사람 중 일부는 집단 의식 안에 존재하는, 오감의 인간이 지닌 죽어 있는 의식을 자신과 결합시켰다. 그들은 분열된 한 체제를 대표하기로 결심했고, 결국 그 체제가 분열되는 것을 부추겼다.

이러한 영혼들은 더 이상 효력을 발휘하지 못하는 힘의 형태를 보여 준다. 그러나 그들은 그것을 이해하지 못한다. 그들은 자신들의 의식에 상징적이고 신앙적으로 동조하는 의식을 지닌 사람들에게 접근한다. 그리고는 두려움과 이기심의 변형된 형태를 택하려고 한다. 그것은 거대한 편집증적인 에너지를 보여 준다. 그들은 삶을 파괴시키는 똑같은 편집증적 욕망을 가진 인간들을 자기 주위로, 자신의 정부로, 자신의 군대로 끌어온다. 삶을 파괴하는 것이 마치 세상을 구하는 것인 양 착각한다. 사실은 그렇지 않은데도 말이다.

이러한 영혼들은 오래된 형태의 힘, 즉 외적인 힘에 대한 인식이 더 이상 지구상에서 용납되지 않는다는 것을 인정하지 않는다. 그들은 두려움과 의심의 길, 마음의 상처와 고통의 길을 선택했다. 그럼에도 불구하고 외적인 힘에서 진정한 힘으로의 진화는 지금도 전속력으로 진행되고 있다. 그들이 하는 결정은 단지 변화가 일어나는 방식에만 영향을 준다.

자신과 자신이 속한 집단을 위해서 관대함, 성장, 상호 의존성과 결합한 위대한 영혼과 그렇지 않은 영혼과의 차이는 분명하다. 관대함을 택한 영혼은 용기와 통찰력과 지혜를 가지고 있는 반면에 관대함이 없는 영혼은 집단적인 두려움의 영향을 받으며 끊임없이 약해진다. 선택에 선택을 거듭하고 부정적인 성향 위에 또 부정적인 성향이 쌓여서 히틀러 같은 인물이 탄생한 것이다. 하지만 히틀러의 영혼 역시 거대한 잠재력을 가지고 있다.

상호 작용을 하고 있는 집단 내 인간에게 사랑과 자비, 지혜를 가져다 주자는 의식적인 동의를 한 모든 영혼들은, 그들의 에너지를 통해 그 집단이 가진 두려움의 형태에 도전하려고 노력한다. 그러한 도전 양식은 예수가 자신의 일생에서 우리에게 보여 주고자 했던 것이다. 그는 자신의 일생에서 부정적인 인연을 가진 집단적인 무의식을 떨쳐 버렸다. 위대한 영혼들은 이와 같은 양식을 보여 준다. 그것은 영혼들이 의식의 힘을 통해서 부정적인 인연을 바꾸고 완전하게 되려는 양식이다.

한 영혼이 진정한 힘에 닿아 있고 그 힘을 의식적으로 다른 영혼들과 공유하려는 수준으로 가져가려고 할 때, 그 영혼은 진정한 힘의 원동력으로 들어간다. 그 원동력은 집단 에너지 시스템에 진정한 힘을 지닌 의식을 가져다주고 그 힘을 통해 그 집단의 의식을 바꾸고자 한다.

　그러므로 진정한 힘을 향한 당신의 진화는 당신에게만 영향을 주는 것이 아니다. 당신이 지닌 의식의 주파수가 높아질수록 당신이 가진 의식의 질은 진정한 힘을 가진 순수함, 겸손, 용서, 사랑을 반영하게 된다. 또한 그럴수록 당신 주위에 있는 점점 더 많은 사람들에게 영향을 준다. 당신을 유혹하는 힘이 커질수록 당신이 책임 있는 선택을 할 수 있는 능력도 커진다. 책임 있는 선택을 할 때마다 영혼의 빛은 더욱 밝아지고 당신의 힘은 증가하며 당신의 세계도 커져 간다.

우리는 모두 각자의 영혼을 가지고 있다

영혼
Souls

"삶의 진정한 목적은 영혼의 건강이다.
우리의 영혼이 건강하다면 육체 또한 건강하지만,
분노나 슬픔에 빠져 있다면 우리의 삶과 육체도 병에 걸린다."

개별영혼과 집단영혼

인간은 모두 각자의 영혼을 가지고 있다. 각자 자신의 영혼에 도달하기 위해 가는 여행, 그 과정은 동물계, 식물계, 광물계와는 다른 인간의 세계를 구별해 준다. 오직 인간의 세계만이 자신의 영혼을 체험한다. 그렇기 때문에 인간 세계가 갖는 창조의 힘은 위대한 것이라고 할 수 있다.

영혼에 이르기 위해서는 여러 단계의 깨달음을 거쳐야 한다. 동물들은 개별적인 영혼을 가지고 있지 않으며 다만 집단 영혼을 가지고 있다. 각각의 동물은 집단 영혼의 일부분이다. 말은 말 집단 영혼의 일부고, 고양이는 고양이 집단 영혼의 일부다. 하나의 집단 영혼은 개별적인 영혼과 다르다.

물소의 집단 영혼을 생각해 보자. '물소'라고 불리는 거대한 집단 에너지를 지닌 하나의 집단 영혼이 있다. 이것은 물소의 의식인 집단 에너지가 거대하게 팽창한 영역이다. 그것은 단순한 에너지 원동력의 단계에 있는 것이지, 개별적인 자아 단계에 있는 것이 아니다. 그 에너지는 끊임없이 움직인다. 그 에너지의 주파수가 올라갈 때 그 에너지는 다음 단계로 올라갈 수 있고 더 낮은 주파수의 에너지를 흡수할 수 있다. 그렇게 해서 영혼은 계속 유지된다. 이것은 집단 영혼이며 개별적인 영혼이 아니다. 전체 안에 개별적인 영혼 에너지 시스템이 있는 것이 아니다. 개별성이라는 것은 존재하지 않는 오직 하나의 에너지 시스템이다. 그리고 본능적인 행동이 집단 영혼의 방식이다.

집단 영혼과 동물과의 관계를 강에 비유해 생각해 보자. 하류에서 상류로 올라갈수록 강은 점점 좁아지다가 결국 한 지점에 이르게 된다. 넓은 하류는 집단 영혼, 즉 동물의 집단적인 본성이며 상류의 한 지점은 하나의 동물로 생각해 볼 수 있다. 본질적으로 '고양이'와 고양이의 집단 영혼, '돌고래'와 돌고래의 집단 영혼은 다르지 않다. 광물, 식물의 세계에 있는 영혼들의 본질도 마찬가지다.

동물의 영역 내에는 여러 수준의 지력과 지각력이 있다. 예를 들면, 돌고래, 말, 개는 같은 의식 수준에 있지 않다. 돌고래의 의식은 원숭이의 의식과 가까운 수준에 있다. 그다음으로 개의 의식과 가깝다. 하지만 말의 의식은 원숭이나 개의 의식보다 낮은 수준에 있다. 인간의 영혼은 동물계의 진화를 통해 동물의 영혼으로부터 나온 집단 에너지로 창조될 수도 있다.

어떻게 이런 일이 일어날까?

돌고래의 영혼은 각각의 개별적인 돌고래를 통해 진화한다. 각각의 돌고래가 가지고 있는 영혼의 진화는 돌고래 자체의 영혼을 발전시킨다. 집단의 영혼은 개별적인 돌고래가 성취한 것에 의해 발전된다. 똑같은 메커니즘이 인간의 세계에서도 작용한다. 인간이 각자 발전함으로써 우리가 집단 무의식이라고 부르는 인간 전체의 집단 영혼도 진화한다. 이런 식의 진화가 모든 종에서 일어나듯이 돌고래 종 안에서도 계속된다.

영혼의 의식 수준에 대해 임의적으로 100점을 만점이라고 하자. 또한 개가 지닌 영혼의 의식이 돌고래 영혼의 의식보다 20점 아래에 있다고 해보자. 만약 개의 집단 영혼이 아주 밝은 영혼의 빛을 발산한다면, 개의 의식은 개의 집단 영혼에서 해방되어 돌고래의 의식으로 들어갈 수 있다. 이처럼 인간의 영혼도 돌고래 영혼, 혹은 원숭이 영혼의 진보된 영혼 에너지에서 창조되어 인간의 영혼으로서 진화 과정을 시작하며 실제 그런 일이 일어나고 있다.

동물과는 달리 당신은 하나의 개별적인 영혼이다. 당신은 하나의 개별적인 에너지 시스템이자 큰 시스템에 속한 작은 시스템이다. 당신은 작은 시스템이지만 큰 시스템에 있는 힘을 그대로 가지고 있다. 인간의 영혼은 큰 시스템이 개별적인 형태로 조정된 것으로 여러 가지의 에너지들을 지니고 있다. 하지만 동물은 큰 시스템이 작은 시스템으로 조정된 것이 아니다. 예를 들면, 개는 개별적인 영혼이나 자아의 에너지를 가지고 있지 않다. 그것은 거대한 시스템이 단순히 동물의 형태로 나타난 것에 불과하다.

동물들은 인간들처럼 책임 있는 선택을 통해 진화하지 않는다. 동물들이 지닌 의식의 주파수는 그들의 집단 영혼이 완전한 진화에 이르렀을 때 밝아진다. 이것은 동물들이 애정 어린 행동을 할 수 없다는 뜻은 아니다. 동물이 인간을 위해 자기 목숨을 바치는 것을 어떻게 받아들여야 할까? 인간이 자신의 목숨을 희생하는 것처럼 동물도 자기의 생명을 희생한다고 표현할 수 있다. 왜냐하면 동물도 그 순간에 자기가 기꺼이 목숨을 버리려 한다는 것을 알고 있기 때문이다. 그렇게 함으로써 동물의 영혼은 인간의 영혼으로 승격되거나 전보다 한 단계 높은 동물의 영혼으로 승격된다.

집단 영혼의 본성은 실제로 그 영혼을 담고 있는 생물체를 통해서 나타난다. 예를 들면, 돌고래 영혼의 본성은 돌고래를 통해 나타난다. 인간도 마찬가지다. 인류라는 영혼의 본성은 인간의 본성을 통해서 나타난다.

오늘날 돌고래의 영혼이 지구를 떠나고 있다. 그 말은 돌고래가 멸종하고 있다는 뜻이다. 돌고래들이 스스로 바다를 버리고 뭍으로 올라옴으로써 병을 만들고 있다. 지구에서 계속 살기를 거부하는 것이다. 그들은 자신들이 태어날 때 부여받은 임무를 완수할 수 없다는 것을 깨달았다. 그들의 죽음은 자살이 아니다. 그들은 겁을 먹은 것이 아니기 때문이다. 그들은 지친 것이다.

돌고래의 영혼은 사랑과 생명과 창조력을 바다에 전달하기 위해 이 세상에 태어났다. 그들은 물의 세계와 인간의 세계 사이에 기쁨과 사랑과 지성의 다리를 만들기 위해 태어났다. 그런데 그들은 이런 목적을 이행할 수가 없게 되었다. 인간이 잔인한 방법으로 돌고래의 영혼에 접근했기 때문이다.

돌고래의 영혼은 얼마나 고통스러울까! 이것은 상당히 슬픈 일이다. 힘을 외적인 것으로 인식한 데서 비롯된 가치들과 행동들에 대하여 엄숙하게 반성해야 할 때다. 또한 돌고래의 영혼을 애도하고 위안해 주어야 할 때다.

돌고래의 영혼에 위안을 주고 싶다면 당신이 돌고래의 의식 속에 있다고 상상해 보라. 그리고 당신의 에너지가 깊고 따뜻하고 깨끗하고 잠잠한 물 속으로 내려가는 것을 상상하라. 자신이 바닷속 세계로 들어갔다고 느낄 때 돌고래들에게 당신의 생각을 전달하라.

당신이 그들을 애도하고 있고 그들도 인간처럼 영원불멸한 존재라는 것을 알고 있음을 전하라. 세상을 떠나는 그들을 언젠가 인간들이 반드시 이해하게 되리라는 것을 알려라. 당신이 "나는 이해한다."라고 말하는 것을 그들이 듣게 하라.

당신이 그렇게 할 때 그들의 슬픈 여행은 가치 있는 것이 된다.

영적인 영역의 영혼

각각의 영혼이 선택하는 곳이 언제나 지구는 아니다. 한 생물계에서 다른 생물계로, 또 다른 생물계로 발전하는 연쇄적인 진화 과정이 부분적으로 지구에서 일어나지만 이 지구상에 한 번도 존재하지 않았던 영혼도 있을 수 있다.

우리는 치유를 위해, 영혼 에너지의 균형을 위해, 또는 인연의 빚을 갚기 위해 현세로 들어온 영혼들에 대해 말할 때, 이 지구상에서 일어나는 생명의 진화에 대해서만 이야기한다. 다른 은하계나 눈에 보이지 않는 영적 차원의 생명에 대해서는 이야기하지 않았다. 하지만 모든 영혼들이 이 세상의 삶을 통해 언제나 일정한 방식으로 진화해야 하는 것은 아니다. 필요하다면 진화를 위한 다른 방식을 택할 수도 있다.

인간의 모습으로 살아가는 것이 더 이상 영혼의 학습에 도움이 되지 않을 때, 영혼은 영적인 영역에서 배우기를 택하게 된다. 영혼은 스스로 영적인 안내자가 되어 그 임무를 수행하는 방식으로 진화를 선택할 수도 있다.

인간들 각각의 영혼은 인간 전체의 영혼을 그대로 축소한 것이다. 다시 말해 인간 전체의 영혼을 초월할 만큼 영적인 개별 인간의 영혼은 존재하기 힘들다는 뜻이다. 만약 인간 전체의 영혼을 초월한 존재가 있다면 그것은 더 이상 인간의 특성에는 맞지 않을 만큼 진보된 수준의 빛으로 옮겨진 존재다.

우리의 영적인 스승들은 이런 높은 수준의 빛에서 온다. 그러므로 그들을 인간의 원동력으로 생각하는 것은 적절하지 않다. 오히려 인간과 관계없는 의식으로 그들을 생각하는 것이 더 적절하다. 그들은 인간의 말로는 해석될 수 없는 영역에서 왔다. 한 예로, 그들은 우리가 지닌 분열된 인격의 모습들을 가지고 있지 않다. 말하자면 그들에게는 어두운 면들이 없다. 천사도 영혼을 가지고 있다. 하지만 그것은 완전한 영혼이다.

천사와 우리 영혼의 차이, 그것은 이미 완전하고 조화로운 상태에 있는 존재와, 그렇게 되기 위해 성장하고 있는 존재 사이의 차이다. 영혼과 인격이 완전히 결합되지 않은 이원성은 어떤 단계들까지는 존재하지만, 그 이상의 단계에서는 존재하지 않는다. 이원성은 학습의 원동력이 되며 그 자체의 리듬과 긴장감을 지니고 있다. 하지만 학습과 발전을 초월한 다음 단계에서는 필요없는 것이다.

당신은 이원성 안에 존재하지만 당신의 영적 스승들은 그렇지 않다. 말하자면 영적인 스승들은 이런 이원성의 수준에 있지 않다. 물론 그들은 우리 수준에 눈 높이를 맞추는 스승들이다. 그들은 인간의 수준이 되지 않고도 인간의 수준에 맞춰 자유롭게 가르침을 줄 수 있는 존재들이다. 부모가 아이를 가르치기 위해 아이가 될 필요는 없는 것처럼 당신의 영적인 스승이 당신에게 조언을 준다고 해서 인간의 수준이 되지는 않는다. 그럴 필요가 없는 것이다. 우리가 영적인 스승과 대화하는 것은 아이가 부모와 함께 있는 것처럼 자연스러운 일이다. 그것은 자연스러운 진화의 원동력에 의한 것이다.

궁극적으로 우리는 이원성의 수준을 초월해 진화할 것이다. 이원성은 시간과 공간 안에서 이해할 수 있다. 당신이 육신을 떠나 영적인 세계로 되돌아갈 때, 당신은 이원성 안에 존재하지 않게 된다. 당신에게 있던 분노와 슬픔, 두려운 감정은 증발할 것이다. 육신을 떠날 때, 당신은 인간으로서의 수명을 마칠 당시의 그 주파수에 맞는 영적 세계에 합류하게 된다.

천사의 세계

진화된 인간의 영혼들은 어디로 가는 것일까? 진보된 상태로 존재하는 많은 생명체들이 있다. 영혼에게는 말 그대로 수백만 개의 선택이 있다. 수많은 은하계에 생명이 존재하는 것이다. 생명으로 충만해 있는 행성들이 수백만, 수십억, 아니 그 이상 많이 있다. 그중 적극적인 의식이 결여된 행성은 단 하나도 없다. 그중의 일부는 인간의 모습과 비슷할 수도 있고 일부는 전혀 다를 수도 있다.

어떤 용어에 대한 우리의 이해는 의식과 연결된다. 서구의 종교적인 용어 중에 '천사의 세계(Angelic kingdom)'라는 것이 있다. 이것은 수많은 주파수와 다양한 수준의 의식이 존재하는 영역이다. 그곳에 있는 많은 천사들은 인간을 안내하고 지구상에 있는 인간과 교류한다. 이 영역은 다른 힘들과 균형을 이루고 있다. 하지만 인간이 쓰는 용어로는 잘 이해되지 않는 세계다. 비록 우리가 쓰는 용어로는 '조화'나 '완벽'으로 표현되지만 이 영역에서도 진화는 계속된다. 한 천사는 하나의 의식의 세력으로 생각될 수 있다. 그 의식의 세력은 지구라고 불리는 행성에 맞는 가르침을 줄 수 있도록 발전되어 왔다. 천사 역시 다른 은하계와 그 은하계에 사는 생명체들의 진화에 참가하는 한 부분인 것이다.

천사의 고향, 즉 천사의 세계는 영적 생명체들이 사는 곳이다. 그들은 자기 영향권 내에 존재할 수도 있고, 그 위나 아래 영역에 존재할 수도 있다. 천사도 계속해서 진화한다. 그 영역에 있는 다른 일원들도 진화한다. 인간은 위대한 존재들의 이름을 따서 여러 종교를 만들었다. 우리가 주인으로 모시는 그 존재들의 의식도 진화한다. 진화는 그렇게 계속된다. 하지만 그곳에는 지구라는 학습의 장에서처럼 물질과 의식이 결합된 경험들이 아니라 완벽함이 존재한다.

인연의 법칙이 이러한 영적인 존재들에게도 적용될까?

모든 생명체가 자신의 에너지에 책임을 진다는 점에서 인연의 법칙은 보편적이다. 하지만 우리가 지금까지 인연을 이해했던 방식으로는 영적 차원의 인연을 이해할 수 없다. 천사는 우리에게 있는 장벽이라는 것이 없다. 우리가 볼 수 없는 것을 천사는 볼 수 있다. 천사는 인간에게 있는 장벽이 없기 때문에 인간처럼 인연을 만들지 않는다. 천사는 어떤 행동을 사전에 막을 수 있는 판단력과 지혜도 가지고 있다.

그러나 위대한 인연의 법칙은 천사에게도 작용하고 있다. 천사는 아직 의지를 가지고 있기 때문이다. 천사는 물론 인간이 살면서 부딪히게 되는 인간적인 한계를 훨씬 초월하는 능력으로 무장되어 있다. 또한 천사는 죽음을 두려워하지 않는다. 그들은 형체를 가지고 있지 않으며 영원불멸한 존재다.

천사는 의심이 없으며, 영혼의 빛을 볼 수 있고, 그 빛 속에서 살고 있다. 그래서 인간처럼 인연을 만들게 하는 요소는 천사의 개인적인 현실에 속하지 않는다. 천사가 의지를 가지고 있다 해도 그들의 환경이 자기의 의지에 따라 부정적인 방향으로 나아갈 수도 있는 그런 상황들은 아니다. 어떤 점에서 천사는 유혹이 필요 없는 정도로 진화됐다고 생각할 수 있다. 그래서 인연이 존재하지 않는다.

영혼의 인연과 진화

다른 수준의 영역들도 존재한다. 인간이 되지 못한 영혼들은 지구와 비슷한 환경의 물질과 가깝게 연관되어 있다. 이런 영혼들은 높은 수준의 자아로 돌아가는 길을 추구하지 않는다. 그들은 각자 지구와 가까운 곳에서 그저 영적인 상태로 머물러 있다.

당신의 인격과 개성, 영적인 자아의 일부가 그대로 보존되기를 바라며 진화의 길을 걷고 싶어 하지 않는다고 상상해 보자. 그렇다면 인격이 지닌 여러 모습들을 떨쳐 버리는 영혼의 진화 과정은 일어나지 않는다. 버려지지 않은 모습들은 당신의 몸 안에서 서로 충돌하여 소동과 혼잡을 일으킨다.

이런 일은 대개 한 영혼이 어떤 특정한 인간으로만 태어나기를 바라서는 안 되며 자신은 진화해야만 한다는 사실을 받아들일 수 없을 때 일어난다. 한 영혼이 한 인격만을 고집하는 경우도 있다. 그 인격이 일생 동안 성공적이었고 강했기 때문이다.

진화의 과정에서 일어나는 혼잡은 우리가 악령이나 유령, 혹은 뭔가에 홀리는 현상을 낳는다. 이러한 영혼들은 지구를 떠나려 하지 않고 지구의 기(氣, aura)가 미치는 곳에 머물기를 원한다. 그런 것들이 과연 악일까? 그들이 부정적인 것은 사실이지만 악 자체는 아니다. 그들이 부정적인 성향을 부추기는 것은 사실이다. 하지만 그것은 유혹의 법칙에 속한다. 그들 자신의 에너지는 심약함의 원동력과 같은 에너지 원동력에 이끌린 것이다. 이러한 영혼들은 자신의 영역 내에서 부정적인 인연을 만들어 낸다.

불교에서 그러하듯 인연을 초월해서는 진화를 이야기할 수 없다. 부처도 세상에서 만들어진 인연을 이야기한다. 우리는 늘 선택을 해야 하는 상황에 놓인다. 어떻게 배워야 할지, 어떤 길을 가야 할지 늘 선택해야 한다. 부처는 이승에 대해, 인간의 경험에 대해, 인간의 경험이 어떻게 해서 생기는지에 대해 말한다. 믿음과 의심, 선과 악의 사이에 놓였을 때, 여러 가지 선택과 이원성 사이에 서게 됐을 때, 어떤 것이 자유 의지로 하는 선택인지에 대해 말한다. 그리고 이승과 또 다른 생의 관계에 대해 '업보'로 설명한다.

하지만 그것은 한 영혼이 이원성의 세계에서 더 이상 배울 필요가 없을 때 육신을 버리는 인연의 형태가 아니다. 천사들은 의지를 가지고 있지만 우리가 생각하는 인연을 쌓지 않는다. 우리가 이해하는 인연의 법칙은 형체가 있는 물질과 영혼에 대한 인연의 법칙이지, 영혼 자체에 대한 인연의 법칙은 아니다.

우리가 영적인 세계라고 생각하는 많은 영역들이 모두 천사의 세계는 아니다. 예를 들면, 지구와 가깝게 연결되어 있지만 인간의 몸으로 태어나지 않은 존재들이 있는 영역 외에도, 인간이 지닌 본성의 세계들 중에는 악의 집합체들도 있다. 형체를 갖추지 않는 생명의 형태들이 사는 아주 많은 영역들이 있다. 천사의 영역 위에는 우리가 신이라고 생각하는 영혼의 영역도 있다. 인류 안에는 여러 단계의 영혼의 의식이 존재한다. 모든 인간들이 그들 영혼의 존재를 똑같이 깨닫지는 않는다. 그러면 모든 인간들이 가진 잠재력에도 차이가 있을까?

답은 그럴 수도 있고 그렇지 않을 수도 있다. 이 질문은 복잡한 것이라 쉽게 대답할 수 없다. 영혼들 중에는 같은 주파수대에 있는 영혼들도 있다. 예컨대 지구라는 학습의 장에 있는 영혼들이다. 또 의식에도 공통적인 가치가 있다. 하지만 의식의 범위에는 차이가 있다. 의식이 별로 발전하지 않은 사람들은 위대한 의식을 지닌 사람들과 비교할 때 똑같다고 할 수는 없다. 그렇다고 이러한 차이가 계속 유지되는 것은 아니다. 그것은 진화의 과정을 밟는 중에 잠시 한 단계에 머물러 있는 상태이기 때문이다.

"영혼은 시작도 끝도 없다."

"일부의 영혼들은 다른 영혼들보다 더 오래 전부터 존재했다."

이것은 둘 다 맞는 말이다.

"모든 영혼들은 신으로부터 직접 생겨났다."

"각각의 영혼이 형성되는 방법은 한 가지만 있는 것은 아니다."

이것 역시 둘 다 맞는 말이다. 당신이 전형적인 '시작'이라는 개념을 고수한다면 이러한 영혼에 대한 이해는 이치에 맞지 않는 것처럼 보일 것이다.

전체 의식을 물이라고 생각해 보자. 그러면 개개인의 의식은 물한 방울이라고 할 수 있다. 한 방울 한 방울이 전체를 형성하고 있는 것이다. 당신은 전체의 일부분이기 때문에 항상 존재해 왔다. 하지만 개별적인 에너지의 흐름이 형성되는 순간은 있다. 그 개별적인 에너지의 흐름이 바로 당신이다.

바다를 신이라고 비유해 보자. 신은 항상 존재해 왔다. 이제 바다에 손을 넣어 물을 가득 채운 컵을 잡아라. 그 순간에 컵 속의 물은 개별적인 것이 된다. 하지만 그 컵 속의 물은 항상 그 바다, 그 자리에 존재해 왔다. 그렇지 않은가? 각각의 영혼도 이와 같다. 당신은 어느 순간에 전체 에너지가 담긴 컵 속의 물이 되었다. 그 컵 속의 물은 영원불멸한 원래의 존재에 속해 있었던 것이다.

당신은 항상 존재해 있었다. 지금 당신의 모습을 하고 있는 것은 원래 신이기 때문이다. 신의 힘을 개별적인 의식이라는 작은 조각으로 축소시키면서 신은 개별적인 형태, 즉 물 한 방울이 되었다. 그것은 힘을 전폭적으로 줄인 것이다. 하지만 힘은 원래와 똑같이 그 한 방울의 물 속에 꽉 차 있다. 더 작은 형태 속에 든 에너지는 그 형태에 맞게 적절히 축소되었다. 그 작은 형태가 당신의 힘, 자아, 의식 안에서 성장할 때 점점 더 신과 같아진다. 그다음에 신의 경지에 이른다.

이것은 당신 인격의 진화 과정과 비슷한 과정이다. 당신의 인격은 당신의 영혼에 속해 있다. 당신의 인격은 더 높은 자아를 향해 발전해 가고 마침내 당신은 인간의 모습으로 태어난 영혼의 완전한 힘을 갖게 된다. 이것은 당신이 이승을 떠날 때 당신의 높은 수준의 자아가 당신 영혼의 완전한 세계로 들어가는 과정과 비슷하다. 그와 동시에 당신은 계속 개별적인 영혼으로 남는다. 당신은 개별적인 동시에 전체다.

우리에게는 다소 생소한 인식일 수도 있지만 진화의 개별적인 단위는 영혼이다. 한 인간으로서 우리는 영혼의 존재를 지금까지 알지 못했다. 종교적으로 생각할 때는 영혼이라는 것을 인정한다. 하지만 우리는 지금까지 일상 생활 속에서 영혼의 존재가 무엇을 뜻하는지, 인생을 만들어 가는 기쁨과 고통과 슬픔과 성취라는 면에서 영혼의 존재는 무엇을 뜻하는지 생각할 만큼 영혼의 존재에 대해 진지하게 받아들이지 않았다.

영혼의 건강

우리는 영혼의 욕구에 대해서도 관심을 두지 않았고, 우리의 건강을 위해서 영혼이 어떤 도움을 주었는지도 생각하지 않았다. 우리는 영혼에 대해 연구하지 않았다. 영혼의 진화와 건강을 위해 필요한 것을 얻을 수 있도록 영혼을 도와주지 않았다. 우리는 오감을 가지고 살아왔기 때문에 육체와 인격에만 초점을 두어 왔다. 우리는 영혼이 인간의 형태로 태어나면서 지니게 된 몸속의 기관들에 대해서는 광범위한 지식을 발전시켜 왔다. 인간은 아미노산, 신경전달 물질, 염색체, 효소에 대해서 밝혀 냈다. 그러나 이런 신체적 기능들이 어떻게 영혼에 도움을 주는지, 혹은 영혼에 의해 어떻게 영향을 받는지 알지 못한다.

지금까지 신체에 이상이 생겼을 때는 물질 차원에서 신체 환경을 통제함으로써 해결하려 해 왔다. 즉 우리의 치유 방법은 힘을 외적인 것으로 인식하는 데 바탕을 두고 있다. 이런 형태의 치유는 몸에 도움이 될 수 있다. 하지만 영혼은 치유할 수도 없고 치유되지도 않는다.

이런 식으로 훈련된 사람들은 죽은 물질을 연구함으로써 생명을 배우는 데 익숙해져 있다. 그들은 시체를 연구하면서 생명에 대해서 알려고 한다. 영혼이 없는 것을 연구하면서 어떻게 영혼을 볼 수 있겠는가? 그런 사고 방식으로는 저 광활한 은하계를 본다 해도 생명을 볼 수 없다. 그들은 눈으로 보고 확인하지 않고서는 은하계 전체에 생명이 있다는 것을 믿지 않기 때문이다.

그렇기 때문에 다른 은하계에 있는 여러 생명의 형태들은 감추어진 채로 있다. 존재하는 모든 것, 즉 생명만 있고 형체는 없는 모든 것에도 생명이 스며들어 있다는 기본적인 전제가 이른바 과학의 원칙이 될 때까지 그들은 계속 감추어진 채로 있을 것이다. 그러한 과학의 전제가 이루어지면 우리는 비로소 영혼의 물리학을 연구하게 될 것이다. 그런 다음에 우리는 죽은 물질이 아닌 생명이 있는 것으로 생명을 연구하게 되고, 실험실에서 인체와 동물을 해부함으로써 생명에 지식과 목적을 불어넣으려고 하지 않을 것이다. 언젠가는 이런 것이 가장 원시적인 형식으로 여겨질 날이 올 것이다. 왜냐하면 거기에는 의식이 없기 때문이다.

몸은 영혼의 악기다. 만약에 피아노 연주자가 아프다면 피아노의 상태와는 상관없이 연주가 나빠질 수 있다. 악기에서 나오는 음악은 악기뿐만 아니라 음악가에게 달려 있다. 연주자가 슬픔에 잠겨 있을 때나 기쁨에 들떠 있을 때, 악기는 연주자가 연주하는 대로 따라간다. 연주자가 슬프거나 비통해 한다면 아무리 조율이 잘 되고 광이 나는 악기라도 기쁨에 겨운 곡을 내보낼 수 없다.

영혼과 육체로 바꿔 생각해 보자. 영혼이 건강하다면 육체는 건

강한 음악을 내보낸다. 하지만 당신이 비통해하거나 분노, 슬픔에 사로잡혀 있다면 당신의 삶과 육체에도 문제가 생길 수 있다. 일부의 경우 고장난 악기는 수리될 수 있다. 하지만 악기가 완전히 파괴된 경우, 예를 들어 정신분열증 같은 것은 고치기 힘들다.

한 여자가 완고한 남편과 몇 년째 살고 있었다. 그녀는 숨막히는 결혼 생활로 고통받고 있었다. 그녀는 자신의 마음속 깊이 간직한 욕망도, 자신의 창의성도 표현할 길이 없었다.

어느 겨울날 아침, 가파른 언덕에 주차해 있던 남편의 지프차가 브레이크가 풀리면서 질주하다 그만 그녀를 치고 말았다. 그녀는 골반이 부서지는 부상을 입었다. 병원에서는 외과 수술과 화학 약품으로 골반을 치료하고 몸의 통증을 완화시켜 주었다. 하지만 그녀의 창의성(pelvic 여기서는 골반으로 표현됨. 그녀의 생식력, 즉 여성의 창조력에 대한 신체적 상징임)이나, 남편의 무지막지한 남성적 기질(macho masculinity 여기서는 브레이크 풀린 지프차로 표현됨)로 인해 생긴 상처들이 외과 수술로 치료될 수 있을까? 과연 화학 약품이 괴로워하는 영혼의 고통을 완화시킬 수 있을까?

어떤 사람에게 암이 진행되고 있는 사이에 다른 사람은 심장병을 키우고 있을 수도 있다. 질병이 음식, 운동, 생활 방식, 유전과 서로 상관 관계가 있다는 이유로 그것들만 신경 쓰고, 지치고 슬프고 망

가지는 삶의 문제를 덮어 둘 수는 없다. 수술이나 화학 요법이 능사는 아니다.

여러 가지 신체적인 기능 장애들이 아무 의미 없이 일어날 수 있을까? 건강이란 사람들에게 심장이나 소화, 머리, 또는 청각이나 시각에 관한 문제일 수도 있고, 삶을 융통성 있게 또는 자신 있게 살아가는 문제이거나 살면서 부딪히는 문제들에 잘 대처할 수 있는가에 대한 문제일 수 있다. 건강하게 살기 위해서는 이런 모든 것들이 직접적으로 진실하게 표현되어야만 한다.

이것은 몸을 돌보는 것이 적절치 못하다는 얘기는 아니다. 혹은 병이 났을 때 의사를 찾아가는 것이 잘못됐다는 뜻도 아니다. 말하자면 육체적인 문제는 영적인 문제가 저주파로 가장 뚜렷하게 투사된 것이기 때문에 영적인 문제로서 인식할 필요가 있다. 몸은 휴식이 필요하고 치료가 필요하다. 하지만 신체의 질병이나 건강 뒤에는 영혼의 에너지가 관련되어 있다.

인간에게 삶의 진정한 목적은 영혼의 건강이다.

모든 것은 영혼의 건강을 위해 존재하는 것이다.

제4장

진정한 힘에 대하여

"몸속에 있는 영혼이 되기보다는
영혼 속에 있는 몸이 되라.
당신의 영혼을 향해 손을 뻗어라.
더 멀리 뻗어라!"

한 사람을 진정으로 알려면
그 영혼을 알아야 한다

심리학
Psychology

"한 영혼을 치유하기 위해서는 그 영혼의 환생과 인연을 추적해야 하며
직관을 이용해 영혼과 대화할 수 있도록 도와주어야 한다.
바로 거기에 영혼의 심리학이 필요하다."

영혼을 연구하는 학문

심리학(Psychology)은 원래 '영혼에 대한 지식'이라는 뜻을 가진 영혼을 연구하는 학문이다. 하지만 심리학은 영혼을 한 번도 연구한 적이 없으며, 지금까지 인지와 지각 작용과 정서에 대해서만 연구한, 말하자면 인격을 연구하는 학문이었다.

심리학은 오감의 인식을 바탕으로 하고 있기에 영혼을 인정할 수가 없는 것이다. 따라서 인격의 가치와 행동 뒤에 있는 원동력을 이해하지 못한다. 의학이 인체의 건강이나 질병 뒤에 있는 영혼의 에너지를 깨닫지 못하기 때문에 영혼을 치료하지 못하는 것처럼, 심

리학은 인격과 인격의 경험 뒤에 있는 영혼의 힘을 깨닫지 못하기 때문에 병든 영혼을 치료하지 못한다.

정신과 신체를 발전시키고 훈련시키려면 당신에게 정신과 신체가 있다는 사실부터 깨달아야 한다. 마찬가지로 영혼을 직접 치료하려면 당신에게 영혼이 있다는 사실부터 깨달아야 한다. 당신에게 영혼이 있다면 그 영혼이란 단지 신화적인 의미로만 가슴을 채우는 공허한 존재가 아니다. 그 영혼은 실제로 존재하며 힘과 생명을 지닌 채 살아 움직이고 있다. 그렇다면 영혼의 목적은 무엇일까?

인간의 지성이 정신을 발전시키기 위해서는 정신의 존재를 깨닫는 것만으로는 부족하다. 지성은 정신이 어떻게 작용을 하고 무엇을 원하는지, 무엇이 정신을 강하게 하고 약하게 하는지 이해해야 한다. 그런 다음에 정신에 지식을 주입시켜야 한다. 영혼의 경우도 마찬가지다. 영혼이 존재한다는 것을 아는 것만으로는 충분하지 않고, 영혼의 진화도 도울 수 없다. 먼저 영혼의 기질을 이해해야 한다. 그래야만 영혼이 용납할 수 있는 것과 용납할 수 없는 것은 무엇인지, 무엇이 영혼의 건강에 도움을 주고 망치는지를 알 수 있다. 이런 것들을 꼭 알아야 한다.

하지만 아직은 영혼을 이해하기 위한 체계적인 연구 방법이 나오지 않고 있다. 우리의 행동과 활동들이 영혼에 어떤 영향을 미치는지 알 수가 없다. 인격적인 장애로 고통받는 사람을 봤을 때, 우리는 그 사람의 영혼에 무슨 문제가 있는 것이라고 생각하지 않는다. 그러나 인격은 인간의 형태로 축소된 영혼의 특정한 모습이다. 그러므로 인격 장애는 영혼을 이해하지 않고는 고칠 수 없다.

인격은 종종 걱정과 분노, 질투심이라는 감정에 휩싸인다. 이런 왜곡된 감정들이 나타나는 이유는, 그 인격의 인생에서 분명히 해야 할 일이 있기 때문이다. 그런 감정이 나타날 수밖에 없는 운명적인 상황을 생각하지 않고는 절대로 그런 감정들을 이해할 수 없다. 인생에서 겪는 일들이 자신의 영혼 에너지의 균형을 위해 꼭 필요한 사건들이라는 것을 진정으로 이해할 때, 괴롭더라도 좀 더 객관적인 시각으로 감정을 추스를 수 있는 여유가 생기게 된다.

고통을 그냥 고통으로만 받아들인다면 거기에는 단지 고통만 있을 뿐이다. 하지만 이 고통이 더 가치 있는 목적을 위한 것이라고 이해하면 인내할 수 있는 마음이 생긴다. 고통을 받아들이는 것은 의미가 있다. 그럴 만한 가치가 있기 때문에 고통을 감수할 수 있는 것이다. 고통을 감수하는데 영혼의 진화라는 목적보다 더 가치 있는 것은 없기 때문이다.

그것은 당신이 순교자가 되야 한다는 뜻은 아니다. 당신이 의식적으로 영혼의 진화를 위해 봉사할 때, 비로소 세상을 위해 최선을 다한 것이 된다는 뜻이다. 그리고 당신은 세상을 함께 살아가는 사람들의 행복과 영적인 성장에도 기여한 사람이 된다. 당신이 자신에게 통명스럽게 군다면 남들에게도 통명스러운 사람이 될 것이다. 당신 자신에게 성실하지 못하다면 남들에게도 똑같이 그렇게 할 것이다. 자신에게 자비로운 마음이 없다면 다른 사람에게도 자비로울 수 없다.

자신을 사랑할 수 없다면 다른 사람들도 사랑할 수 없으며, 다른 사람들이 사랑받는 것을 시기할 것이다. 자신을 친절하게 대할 수 없다면 다른 사람들의 불친절에 대해 화를 내기 쉽다. 또한 자신을 사랑할 수 없다면 남을 사랑하는 일이 당신에게 평온함보다는 고통을 주는 때가 훨씬 많을 것이다. 다른 말로 하면, 남을 사랑하는 것, 혹은 자신을 사랑하는 것은 당신 자신에게 약이 되는 동시에 남에게도 약이 되는 일이다.

희생적인 행동을 한 사람들은 남에게 줄 수 있는 것은 모두 주었다고 스스로 여길 수 있다. 그들은 그것이 일종의 사랑이라고 생각한다. 하지만 사실 자기 희생적인 사랑은 오염된 사랑이다. 그 사랑은 자신에 대한 슬픔으로 가득 찬 사랑이기 때문이다. 그렇게 되면 죄책감과 무력감이 그들의 가슴에서 나오는 에너지를 어둡게 만들고, 그들의 사랑은 다른 사람들에게 좋지 않은 느낌으로 전해진다. 다시 말해 욕구로 가득 찬 그들의 사랑은 딱 꼬집어 얘기할 수 없는 묵직한 시멘트 덩어리처럼 느껴지게 된다.

자신에게 친절을 베풀 수 있다면 당신은 자신을 사랑하는 법을 알고 있는 것이다. 그런 다음에야 당신 눈에 친절과 사랑이 절실히 필요한 사람들이 보이고, 사랑을 받을 때도 가식 없이 진정 좋은 느낌으로 받아들이게 된다. 이것이 영혼의 에너지이며 영혼을 통해 깨닫는 방법이다. 자비심이 느껴지지 않는다면, 죄책감이나 후회, 분노, 슬픔만이 느껴진다면, 그때가 바로 영혼을 치유할 때다. 이런 느낌들이 건강한 영혼과는 어떤 관계가 있으며 아픈 영혼과는 어떤 관계가 있을까?

과연 건강한 영혼이란 무엇일까?

그 답을 구하기 위해 '영혼의 심리학'이 필요하다. 영혼의 심리학은 진정으로 영혼을 연구하는 학문이고 인간의 영혼에 그 초점을 맞춘 학문이다. 인간의 진화와 물질에 깃들어 있는 영혼의 진화는 아주 특별한 진화다. 그것은 위험하지도 혼란스럽지도 않다.

물질과 영혼이 결합해서 거쳐야 할 성숙의 과정이 소홀히 취급될 때 영혼은 병에 걸린다. 심리학자들은 이러한 영혼의 병들을 심리학적 용어로 설명하려 한다. 심리학 용어를 사용하는 것은 상관없다. 하지만 심리학을 발전시켜 영혼의 언어까지 포함시켜보자. 그렇게 되면 결국에는 모든 것이 영혼의 언어 위주로 설명될 것이고, 모든 정신질환자들과 정신병은 결국 적절한 언어로 설명될 수 있다. 이를테면 '정신질환'은 '부서진 영혼'이라는 식으로 말이다.

영혼 심리학의 중점

그렇다면 영혼 심리학의 중점은 무엇일까?

영혼 심리학의 첫 번째 중점은, 영혼의 성장에 관여하는 환생과 인연이다. 한 인격이 가진 특성들, 즉 한 인격을 다른 인격과 구분하게 만드는 특성들은 그러한 특성들을 만들어 낸 인연을 이해하지 않고서는 평가할 수 없다. 그러한 특성들은 그 사람이 겪은 인생만으로는 이해할 수 없다. 한 사람이 가진 특성들은 그 사람이 전생에 겪었던 일들, 예컨대 수세기 전의 전생을 반영하고 있을 수도 있다. 따라서 문제는 분노, 질투, 고통, 슬픔 등이 인격에 어떤 영향을 미치는가 하는 것이 아니라 영혼에 어떤 영향을 미치는가 하는 것이다.

영혼이 겪은 수많은 생들은 각각의 인격 발전에 똑같이 중요한 것은 아니다. 하지만 당신의 인격이 겪고 있는 갈등과 직접 관련되어 있는 수많은 생의 사건들을 이해할 필요는 있다. 그것들을 다 알지 못한다면 당신의 영혼이 지금까지 여러 인격들의 삶을 통해 어떻게 치유되고 있고 어떤 목적을 향해 가고 있는지 이해할 수 없다.

당신의 영혼은 여러 생들을 겪었지만, 그중 몇 가지 예를 들어 다음과 같이 생각해 보자. 당신이 전생에 로마 시대의 장군이었으며, 그다음엔 인도의 거지였고, 중세 시대의 수녀였다가 멕시코인 어머니, 떠돌이 소년이었다고 하자. 그런 인격들이 빚은 인연의 형태가 지금 당신의 내부에서 활동하고 있다고 하자. 만약 그렇다면 전생에서 겪었던 사건들을 알지 못하고서는 지금 당신의 기질이나 관심 그리고 여러 가지 상황에서 왜 그런 식으로 대응했는지 당신은 이해할 수가 없다.

어쩌면 당신이 전생에 중세 시대의 수녀였을 때 천사를 볼 수 있는 능력을 키웠을지도 모른다. 얼마나 특별한 영적 경험인가! 영적인 스승은 그때와 같은 주파수의 빛을 받고 있는 당신에게 다가올 것이다. 당신의 영혼은 중세 시대의 수녀로서 일생 동안 일구어 낸 결실을 당신에게 주었다. 그것은 묵상, 자신과의 싸움, 고통, 용기와 같은 것이다. 로마 시대 장군의 영혼은 수천 년이 지난 지금도 살아 있다. 그 에너지는 고스란히 당신 몸속으로 들어왔고 그래서 당신은 현대적인 무기에 관심이 많을 수 있다.

당신이 싫어하는 종류의 사람들이 있는가? 어린아이였을 때 의약품에 흥미를 느낀 적 있는가? 좁은 공간에 있으면 두렵지 않은가? 당신에게 왜 이런 반응들이 일어나는지 당신이 살아온 경험에 비추어 생각해 볼 때는 이해가 되지 않는다.

심리학의 핵심인 치유력은 의식의 힘이다. 인격보다 더 힘이 강한 무의식의 세계를 찾아 용기 있게 맞서고 그곳에 의식의 빛을 비춤으로써 치유된다. 의식의 빛으로 밝혀져야 할 것이 그 존재조차도 인정되지 않는다면 치유될 수 없다. 즉, 다른 시대 다른 장소에서 살았던 전생의 경험들이 인정되지 않고는 치유가 불가능하다.

함께 살던 사람이나 배우자를 떠나 본 적이 있는가? 같이 살던 사람이나 배우자가 당신 곁을 떠난 적이 있는가? 당신과 그들의 영혼은 서로에게 대단한 애정을 가지고 있다. 그래서 전생에 함께 경험했던 상황을 이 세상에서 재현하는 데 동의했을 수도 있다. 그 상황은 아직도 두 사람에게 잠재적인 치유력을 가지고 있기 때문이다. 두 사람의 영혼은 전생에 어느 한쪽이 상대방에게 주었던 상처를 입장을 바꾸어 그대로 경험함으로써 둘이 지닌 에너지의 균형을 맞추기로 동의했을 수도 있다. 의미 없이 고통을 주는 것은 아니다.

부모는 현세에서 당신과 가장 가까운 영혼들이며 당신에게 가장 큰 영향을 주는 영혼들이다. 설사 태어나자마자 부모와 떨어져 살았다든지 그런 비슷한 일을 겪어서 부모에게서 영향을 안 받은 것처럼 보여도, 부모의 영혼은 당신에게 가장 큰 영향을 끼친다. 당신의 영혼과 부모의 영혼은 각자가 불균형한 에너지를 가지고 있고 그 에너지의 균형을 위해 어떤 교훈을 꼭 배워야 할 필요가 있다. 그 교훈을 배우기 위해서는 어떤 원동력이 있어야 한다. 그래서 당신과 부모의 영혼은 그 원동력을 작동시키기 위해 서로 인연을 맺기로 동의한 것이다. 당신은 얽히고 설킨 인연의 상호 작용과 당신의 영혼이 전생에 겪었던 일들을 알지 못하고서는 부모나 형제와 운명적으로 맺어진 관계들이 어떤 깊은 뜻이 있는지 이해할 수가 없다.

영혼 심리학의 두 번째 중점은, 직관을 연구하고 이해하는 것이다. 직관은 영적인 세계의 목소리다. 그것은 오감의 인격을 오감 시스템으로부터 해방시키고, 다양한 감각의 인격에게는 자신이 지닌 감각들의 기능을 발휘하게 만드는 커뮤니케이션 시스템이다. 즉 인격과 높은 수준의 자아 사이를 연결시켜 주며 인격의 안내자와 영혼의 스승 사이를 연결시켜 준다.

심리학은 직관을 흥미롭게 여기기는 하지만 그것을 인정하지 않는다. 직관을 통해 얻은 지식도 인정하지 않는다. 따라서 직관을 통한 지식은 지성에 의해 발전되지 못했다. 오감의 인격은 오직 오감에 의해서만 수집되고 입증된 지식을 처리하는 반면에, 다양한 감각의 인격은 직관을 통해 지식을 얻는다. 그리고 그렇게 얻은 지식을 발전시켜서 한 단계 한 단계 영혼과 결합시킨다.

우리가 진정한 힘을 얻기 위해서는 우리 자신의 영적인 차원과 영혼을 인정하고, 영혼이란 무엇이며, 영혼이 진정으로 원하는 게 무엇지를 알아 나가야 한다.

영혼 심리학의 세 번째 중점은, 영성(靈性, spirituality)이다. 영혼 심리학은 영적인 것을 연구하는 쪽으로 방향을 잡게 되고, 영혼이 위기를 겪을 때 그 고통은 진정한 고통으로 인정받게 된다. 다시 말해 영혼의 심리학은 인연, 환생, 직관, 영성의 역할 관계들을 추적하고 연구하는 것이다.

영적인 것은 영원불멸한 진화의 과정, 그 자체와 관계가 있다. 당신의 영성은 인격과 인격의 직관 시스템에 한정되지 않는다. 직관은 사활이 걸린 상황이나 창의성을 발휘하는 상황, 혹은 영감을 불러일으키는 상황에 있을 때 도움을 주기 위해 당신의 영혼이 당신의 존재와 접촉하는 방식이다. 반면에 영성은 당신의 영혼 전체를 둘러싸고 있다. 직관은 높은 수준의 자아를 통해 당신이 다른 영혼들이나 당신의 영적인 스승들과 안내자들에게 도움을 청하거나 도움을 받는 방식이다. 당신의 영성은 당신의 내부에 있는 영원불멸한 것과 관련이 있다. 반면에 당신이 육신을 떠날 때 육신을 위해 계발되었던 직관 시스템은 뒤에 남겨진다. 그 이유는, 더 이상 필요하지 않기 때문이다.

영혼의 심리학과 영혼의 치유

영혼 심리학은 영혼의 건강을 위해 무엇이 필요한지 체계적으로 연구하는 학문이다. 영혼 심리학에 의해 인간의 어떤 행동들이 조화와 완전함에 역행하는지, 어떤 행동들이 영혼의 에너지에 역행하는지 밝혀질 것이다. 영혼 심리학은 광범위하게 뻗어 있는 부정적인 요소들을 탐구한다. 그리고 부정적인 형태가 얼마나 많은지, 이런 것들이 영혼에 어떤 영향을 미치는지 연구한다.

한 사람의 내부에서 분열을 부추기는 것은 영혼을 부서지게 하거나 어떤 경우에는 영혼의 힘을 떨어뜨릴 수도 있다. 하지만 그것이 영혼의 불멸성을 훼손시키지는 못한다. 영혼은 인간의 몸으로 태어나고자 자신의 모든 부분을 인간에 맞게 축소시켰지만, 그 안에 전체적인 청사진을 그대로 간직하고 있기 때문이다. 말하자면 영혼의 전체적인 모습이 모두 담긴 유전자 양식이 존재하는데, 인격이 이 유전 양식에서 벗어나게 될 때 기능 장애가 생긴다는 뜻이다.

또한 영혼 심리학은 영혼을 분열시키는 상황들을 밝혀 낸다. 예를 들어 잔악함은 인간의 영혼을 갈가리 찢어 놓는다. 그러나 영혼은 잔악성을 만들어 내지 않는다. 고통과 부조리로 가득 찬 상황도 거짓도 용납하지 않는다.

지구상에서 벌어질 수 있는 상황들을 생각해 보라. 영혼은 용서를 모르는 매정함과 질투와 증오를 용납하지 않는다. 그런 것은 모두 영혼을 오염시키는 것들이며 독약과 같은 것들이다.

인격이 이런 행동들을 한다면 그것은 마치 독성 물질을 몸에 반복해서 투여하는 것과 같다. 이러한 행동들은 영혼을 뒤틀리게 하고 영혼을 더럽히며 영혼의 힘을 파괴한다. 이러한 영혼의 뒤틀림은 영혼 자신이 전체를 축소해서 만든 인격을 정화시키기 위해, 다른 영혼들에게 도움을 청하기 위해 병든 부분을 드러내는 과정에서 나타나는 현상이다.

영혼 심리학의 중점은 바로 이러한 원동력을 이해하는 데 있다. 이러한 원동력을 기반으로 영혼 심리학의 체계가 세워진다. 그래서 고통받는 인간을 심판하거나 거부감을 느끼지 않고도, 그 사람의 영혼이 병든 것으로 이해하게 된다. 이런 식의 이해를 바탕으로 영혼이 찢긴 사람들을 치료하자. 갈가리 찢긴 영혼의 모습에 뒷걸음치지 말자.

인격과 영혼은 끊임없이 서로 영향을 주고받지만, 자신의 영혼이 찢어졌다는 사실을 아는 게 쉬운 일은 아니다. 문제는 당신이 그 사실을 알고 있는지 모르고 있는지의 차이다. 당신이 그 사실을 모르고 있다면 그것은 영혼의 메시지가 직접 전해지지 않았기 때문이다. 즉 영혼이 당신에게 간접적으로 메시지를 보내고 있는 것이다.

당신은 영혼의 메시지를 알아차리지 못하고 수없이 의심하기 때문에 간접적으로 영혼과 교류한다. 만약 당신이 높은 수준의 자아로부터 안내를 받고 그 안내를 받아들인다면, 영혼의 메시지는 그 즉시 직접적으로 당신에게 전달된다. 그러나 더 위대한 지혜와 인도가 자신에게 있다는 것을 알지 못하거나 부정한다면, 결국 당신은 수많은 시행착오를 겪으면서 살아야 한다.

직접적인 영혼의 메시지를 알아차리지 못하는 인격은 위기를 통해서 깨달음을 얻는다. 인격이 영혼의 깨끗한 에너지와 함께 있지 못하고 떨어져 있다면 여러 가지 유혹이 다가온다. 그럴 때마다 인격은 항상 위기에 처하게 된다. 자신이 받게 되어 있는 힘과 안내를 스스로 차단하기 때문이다. 수준 높은 지혜의 도움을 받을 수 있다는 사실을 깨닫지 못하고 부정하는 인격은, 인간을 이끌어 주고 안내하는 어떤 형태의 메커니즘이나 직관력을 이용하지 못한다. 그래서 위기의 순간이 오는 것이다.

그렇다고 인간이 성숙해지기 위해서는 위기의 상황이 꼭 있어야 한다는 뜻은 아니다. 이런 선택을 거쳐 성장하는 형태는 인간 스스로 만들었다. 본래 인간 진화의 흐름은 이런 위기의 형태를 포함하고 있지 않다. 성장을 위해서 반드시 고통과 번민, 감정적이고 신체적인 폭력과 잔혹함을 경험해야만 하는 건 아니다. 신은 인간의 진화 과정 중 어느 순간이라도 완전해질 수 있도록 진화를 구성했다.

인간이 진화 과정에서 어떻게 행동하고 무엇을 배울 것인가 하는 문제는, 학습의 장인 지구에서 자신의 에너지를 어떻게 쓸지 스스로 선택하는 데 달려 있다. 그런데 이런 과정에서 의심이 생겼고, 인간 스스로 의심을 선택함으로써 의심을 통해 진화하게 되었다. 이런 학습 방법은 인류 스스로 선택했다. 그래서 인간들은 인연을 만들게 되었고 그렇게 만들어진 인연이 세대에서 세대로 이어졌다.

진화 도중에 인류는 두려움과 욕망을 알게 되었다. 그러면서 인간이 집단적으로, 또는 개인적으로 매력을 느껴 왔던 선택들이 인류에게 가장 익숙한 길로 형성되어 왔다. 그것은 인류가 걸어온 길의 특성을 극명하게 보여준다. 인간이 꼭 필요한 영적 에너지 시스템에 연결되기 위해서는 늘 어떤 경험을 통해야만 하는 일이 되어 버렸다. 즉, 인간의 영혼이 진정한 힘을 얻기 위해서는, 학습의 장이 세상에서 늘 지나가야 하는 단골길이 되어 버렸다. 또한 그 길에는 인간이 육체적으로 무력해지는 경험도 포함되어 있다.

말하자면 인격이 영혼의 잠재력을 깨닫기 위해서는 배우자나 아이를 잃어버리거나 사업이 망하는 경우와 같이 개인적으로 무력하게 되는 상황을 겪어야만 했다. 오감의 인격에게는 외적인 힘의 상실을 경험해야만 위기로 느껴졌기 때문이다.

영혼의 심리학은 진정한 힘의 문제를 직접 다룸으로써 이 상황을 분석한다. 지금이 영혼의 심리학을 발전시키기에 적절한 시기다. 지금 인류는 오감의 인격을 초월해서 진화하고 있고, 현실 속에서 외적인 힘만을 추구하던 예전의 진화 방식을 초월하고 있으며, 다양한 인격의 삶을 선택하려는 중이기 때문이다. 그것은 영적인 삶을 살면서 영적인 스승과 안내자의 도움을 받아 진정한 힘을 얻기 위해 첫발을 내딛는 일이다.

오감의 인격을 포함한 모든 인격은 긍정적인 존재도 부정적인 존재도 아니다. 인격은 영혼의 도구이며, 그 영혼의 일부분이 인간의 몸을 빌려 태어난 것일 뿐이다. 오감의 발달은 축하할 일이다. 오감 안에서 지성이 발전을 할 수 있었고, 인류는 보고 만질 수 있는 물질을 통해 연구하고 배워 왔으니 말이다.

외적인 힘의 추구는 인류가 느끼는 불안감에서 비롯됐다. 그 불안감은 오감의 인격이 지닌 한계 때문이 아니다. 인류가 지혜 대신에 두려움과 의심을 통한 학습을 선택했기에 생긴 결과다.

인류는 다시 한 번 어떤 방법으로 학습을 할 것인지, 즉 어떤 방법을 통해 진화할 것인지 선택할 수 있는 기회를 갖게 되었다. 이것은 인류 전체로서 그리고 개인으로서의 인간이 지금까지와는 다른 선택을 할 수 있는 기회. 이번이야말로 지혜를 통해서 사랑을 배울 수 있는 기회이며, 이 기회는 명확한 수직의 길이자 의식적인 성장과 삶의 길인 것이다.

영혼의 심리학은 지혜를 통해서 배우려는 선택을 지지할 것이다. 지금의 우리와 미래의 우리에게 더 이상 필요하지 않은 부정적인 성향, 즉 의심과 두려움의 방법들을 떨쳐 버리고자 하는 우리의 선택은 옳은 것이기 때문이다. 인격과 영혼 사이의 관계와 차이점 그리고 이러한 차이점들을 어떻게 인식할 것인가 하는 문제들도 명확해질 것이다. 영혼의 심리학은 초자연적인 에너지 원동력의 관점에서 인격들이 서로 어떤 영향을 주고받는지 밝혀 줄 것이며, 이런 원동력들이 치유를 위해서 어떻게 쓰일 수 있는지 보여 줄 것이다.

영혼의 치유를 위해 만들어진 환상

환상
Illusions

"현실은 환상이다. 환상은 두려워하거나
누군가를 미워하는 사람에게는 그를 제압할 힘을 갖지만,
사랑과 자비심을 가지고 영혼과 하나가 된 사람에게는
그 힘을 잃게 된다."

현실은 환상이다

각 개인들 사이에 일어나는 상호 작용은 끊임없는 학습 원동력(learning-dynamic)의 일부분이다. 당신이 다른 사람들과 교류할 때 생기는 환상(illusion)도 이 원동력의 일부분이다. 이런 환상은 영혼들의 병든 부분들이 치유되기 위해서 무엇을 이해해야 하고, 어떤 상황이 필요한지를 마치 영화처럼 보여 준다.

환상은 학습에 필요한 수단이며 인격에 속해 있다. 당신이 죽을 때, 즉 고향으로 돌아갈 때 환상은 뒤에 남겨진다. 사랑 속에서 영혼의 빛을 받고 사는 사람은 자신의 영혼의 눈을 통해서 사물을 볼 수

있고 환상도 볼 수 있다. 그러나 환상에 빠지지는 않는다. 이는 진정한 힘을 지닌 사람만이 할 수 있는 일이다.

환상은 각 영혼의 욕구에 부합되도록 만들어진 정교한 장치다. 일상의 모든 상황은 당사자들에게 필요하기 때문에 일어난다. 당신은 영혼의 목적, 즉 불완전하고 병든 부분을 치유해서 완전해지고자 하는 목적에 위반되는 상황은 단 한 번도 부딪히지 않을 것이며 일어날 수도 없다. 결국 환상은 영혼의 의지에 의해 만들어진다. 따라서 환상은 당신의 영혼을 치유하기 좋은 가장 적절한 순간에 활발하게 일어난다.

환상은 가변적이다. 이것은 어떤 환상이 그 환상을 만든 영혼과 독립적으로 움직인다는 뜻은 아니다. 가변적이라는 것은, 어떤 의지든 변화하거나 다른 것으로 대치될 수 있는 것처럼 환상에 대한 인식도 다 변할 수 있다는 뜻이다.

그러한 환상이 어떻게 생기는 것인지, 어떻게 작용하는지, 그 뒤에 있는 원동력이 무엇인지, 영혼의 진화에 어떤 역할을 하는지 이해하는 것도 영혼 심리학의 중점이 된다.

영혼의 심리학은 인간 스스로 환상에서 벗어날 수 있게 한다. 자신이 보는 것이 환상임을 깨닫게 하는 것이다. 한 예로 유럽에서 선페스트(bubonic plague: 벼룩에게 물린 상처로 균이 침입하여 림프샘에 이르러 마침내 출혈성 염증을 일으키는 병)가 극성을 부릴 당시에도 올바른 의학 지식을 가진 사람은 병에 걸리지 않고 살아남을 수 있었다. 이처럼 환상에 관련한 지식을 가지고 환상이 어떻게 작용하는지 아는 사람은, 환상 속에서도 살아남을 수 있고 환상에 영향을 받지 않을 수 있다.

선페스트는 쥐에 기생하는 벼룩에 의해 전염된다. 지금은 이 사실을 대부분 알고 있지만 그 당시만 해도 원인을 알지 못했다. 그래서 주변 환경을 깨끗이 유지하고 쥐가 살 수 없도록 주의하는 등 개인적으로 예방 조치를 취한 사람만이 살아남을 수 있었고, 또 이들은 다른 사람들까지 안전하게 도와 줄 수 있었다.

두려움이나 분노, 또는 질투를 느낄 때, 우리는 영혼의 어느 부분에 치료가 필요한지를 깨닫게 해 주는 환상 속에 있는 것이다. 그래서 환상은 실제로는 존재하지 않으며, 환상을 추구하더라도 힘은 생기지 않는다. 영혼들 사이에 존재하는 것은 사랑이다. 사랑만이 존재할 뿐이다.

이것을 이해한다면 우리 인격은 스스로가 환상 속에 있다는 사실을 깨달을 수 있고, 환상이 자신의 영혼을 치료한다는 것을 의식적으로 받아들일 수 있으며, 다른 영혼들의 치료도 도울 수 있다. 환상임을 깨닫는 데서 오는 힘과 지식으로 얻게 되는 힘은 동일하다.

환상은 당신을 제압할 힘을 가지고 있다. 환상의 힘은 당신이 강력한 영혼이라는 사실을 망각할 때 발휘된다. 그때 당신의 영혼은 학습을 위해 현실을 실제 경험하게 된다. 당신이 두려워하고 미워하고 슬퍼하고 분노로 괴로워하거나 격분해서 주먹을 휘두를 때 환상은 당신을 제압할 힘을 얻는다.

그러나 당신이 사랑을 할 때, 자비심을 가지고 다른 사람에게 마음을 열 때, 당신의 창의성이 방해받지 않고 발휘될 때, 환상은 당신을 이길 힘을 잃는다. 환상은 인격이 영혼과 완전히 결합할 때 힘을 잃게 되는 것이다.

환상은 초자연적인 에너지 원동력에 의해 지배되며, 인연의 법칙에 의해 처음으로 형성된다. 인격이 태어날 때부터 가지고 있던 무의식적인 의지들은 영혼의 인연에 의해 결정되고, 이러한 의지들은 그 인격의 환상을 형성한다.

그 환상은 학습의 장인 지구에서 현실로 나타난다. 그러한 의지들은 무의식적이든 의식적이든 다른 의지들에 의해 대체될 때까지 계속된다. 또한 인격의 반응으로 인해 영혼에 대한 인연을 추가로 더 만든다. 만약 인연이 인격의 일생 안에서 균형을 이루지 못한다면, 그 인연은 다른 인격의 형성에 영향을 미친다. 그리고 그 인격이 지닌 의지들은 다시 환상을 만들어 낸다. 그 환상이란, 이승에서 나타나는 현실이다.

한 인격이 현실이 환상임을 깨닫고 거기에 따라 자신의 의지를 정하고 난 후라도 영혼이 만든 인연의 빚은 여전히 해결되어야 한다. 인연은 인연인 채로 남아 있으며 에너지는 에너지인 채로 남아 있기 때문이다.

깨달음을 얻은 인격은 이것을 이해하고 있다. 그러므로 깨달음을 얻은 인격은 인생에서 만나고 겪게 되는 사건들에 대하여 분노, 두려움, 슬픔, 혹은 질투로 반응하지 않는다. 그런 것들은 모두 영혼으로 하여금 부정적인 인연을 추가하게 만든다는 것을 안다. 대신에 그들은 인생에서 겪게 되는 모든 일에 대해서 자비심과 신뢰로 반응한다. 그 자비심과 신뢰는 영혼이 필요로 할 때마다 우주가 제공한다. 이것은 같은 주파수의 의식을 지닌 다른 영혼들에게도 영향을 미친다.

인연과 인력의 법칙

각각의 인격은 같은 주파수의 의식을 끌어당긴다. 약한 의식을 지닌 인격들도 마찬가지다. 분노의 주파수는 분노의 주파수를 끌어당기고, 탐욕의 주파수는 탐욕의 주파수를 끌어당긴다. 바로 이것이 인력의 법칙이다. 사랑이 사랑을 끌어당기는 것처럼 부정적인 성향은 부정적인 성향을 끌어당긴다. 그러므로 화가 난 사람의 세계는 화난 사람들로, 탐욕스런 사람의 세계는 탐욕스런 사람들로 가득 찬다. 하지만 사랑을 하는 사람은 사랑하는 사람들의 세계에 산다.

인력의 법칙은 누에고치와 같은 막을 형성한다. 각 인격을 둘러싸고 있는 하나의 막 안에서 그 인격이 자신의 분노, 두려움, 혹은 질투를 떨쳐 버리려고 노력할 때, 완전한 모습으로 변신하는 과정은 강력할 뿐 아니라 속도도 빨라진다. 그리하여 깨달음을 얻게 되는 단계의 한가운데 서게 된다. 그때 인격은 분노나 두려움을 자기의 내부에서만 보는 것이 아니라 외부 어느 곳에서나 볼 수 있다. 인격이 의식적으로 자신이 가진 분노나 두려움을 떨쳐 버리고자 결심한 순간, 모든 상황과 만남에 보다 신중을 기하고 조심하게 된다. 그러한 현상은 완전해지려는 인격의 소망에 대한 우주의 자애로운 응답이다.

한 인격의 내부에 분노나 두려움이 생겨날 때, 그가 사는 세상은 점점 더 분노나 두려움을 반영하게 된다. 그것은 치료해야만 하고 결국 인격은 자기의 경험이나 인식 전부가 스스로 만든 것임을 깨닫게 된다. 그럴 만한 이유가 있기에 자신의 내부에서 분노나 두려움이 나온다는 것을 알게 되는 것이다. 또한 오직 자기의 힘을 통해서만 다른 경험이나 인식으로 바뀔 수 있음을 알게 된다.

분노의 주파수가 주위에 있는 인격들의 의식 속에서도 같은 주파수를 이끌어 내는 것처럼 사랑의 주파수도 역시 같은 반응을 불러일으킨다. 결과를 결정하는 의지가 바로 이것이다. 만약에 당신이 다른 사람들의 감정을 상하게 했다면, 그것이 다른 사람을 지지해 주거나 성장하게 하는 것이 아니라면, 그것이 그들에게 힘을 주는 것이 아니라 뺏는 것이라면, 당신은 같은 정도의 저항과 부딪히게 된다. 그 저항은 힘을 빼앗거나 제압하려고 하는 당신의 에너지와 맞선다. 사람들 사이의 헤어짐과 거리감은 이러한 부정적인 의지에 대한 결과다. 이런 초자연적인 틀 속에서 유혹과 책임감 있는 선택의 원동력이 작용하고 있다.

인간의 감정 체계는 대개 두 가지로 나눠질 수 있다. 바로 두려움과 사랑이다. 사랑은 영혼에 속하며 두려움은 인격에 속한다. 각 인격이 갖는 환상은 두려움 뒤에 오는 감정들에 의해 만들어지고 지속된다. 그런 감정들은 분노, 흥분, 복수심, 증오, 질투 혹은 시기, 외로움, 앙심, 슬픔, 절망, 비애, 후회, 탐욕 혹은 욕망, 교만, 소외감, 자기 연민, 무기력, 죄책감, 분개 그리고 열등감과 우월감 등이다. 이런 감정들은 거기에 상응하는 행동들로 이어진다.

예를 들면, 이기적인 행동(사람과 동물, 지구와 그 안에 있는 모든 생태계에 대한 이기적인 행동)이나 다른 사람을 이용하는 것(상업적으로, 성적으로, 감정적으로 이용하는 것), 거짓말하거나 속임수를 쓰고, 폭행 또는 잔악한 행동을 하거나, 지배하려 하거나, 성급한 행동 또는 위축된 행동, 심판이나 조롱을 하게 된다.

인격에게 의식이 없을 때 모든 두려운 감정이나 두려움 뒤에 오는 감정들은 부정적인 행동을 낳는다. 그런 부정적인 행동은 그 인격의 영혼에게 부정적인 인연을 만든다. 두려움 뒤에 오는 각각의 감정들은 두려움을 바탕으로 한 어떤 행동들을 초래한다. 예를 들어 질투의 감정을 갖게 되면 거짓말을 한다거나, 상대방을 조롱한다거나, 여러 가지 속임수를 쓴다거나, 혹은 폭력을 사용하게 될 수도 있다. 탐욕은 성급한 행동이나 이기적인 행동을 하게 되고, 다른 사람들을 심판하거나 이용하는 행동들로 이어질 수 있다.

만약에 자신의 일부분이 화를 내고 있다는 것을 알지 못한다면, 즉 자신이 분열된 인격이라는 것을 알지 못한다면 당신은 아무 생각 없이 무턱대고 화를 내게 된다. 당신은 주먹을 휘두르거나 움츠러들거나 조롱을 하거나, 어떤 식으로든지 화가 났다는 표현을 하게 될 것이다. 그렇게 표현된 당신의 분노는 개인의 에너지 영역에서 밖으로 쏟아져 나와 주위에 있는 사람들의 집단 에너지로 들어가게 된다. 그래서 부정적인 인연을 만들게 된다. 분노의 결과와 마주칠 때, 즉 인연과 인력의 법칙을 통해 분노의 결과가 당신에게 되돌아올 때, 현재의 인격이나 당신 영혼의 다른 인격들은 두려움 뒤에 오는 부정적인 감정들을 만들지 말아야 한다는 사실을 배우게 될 것이다.

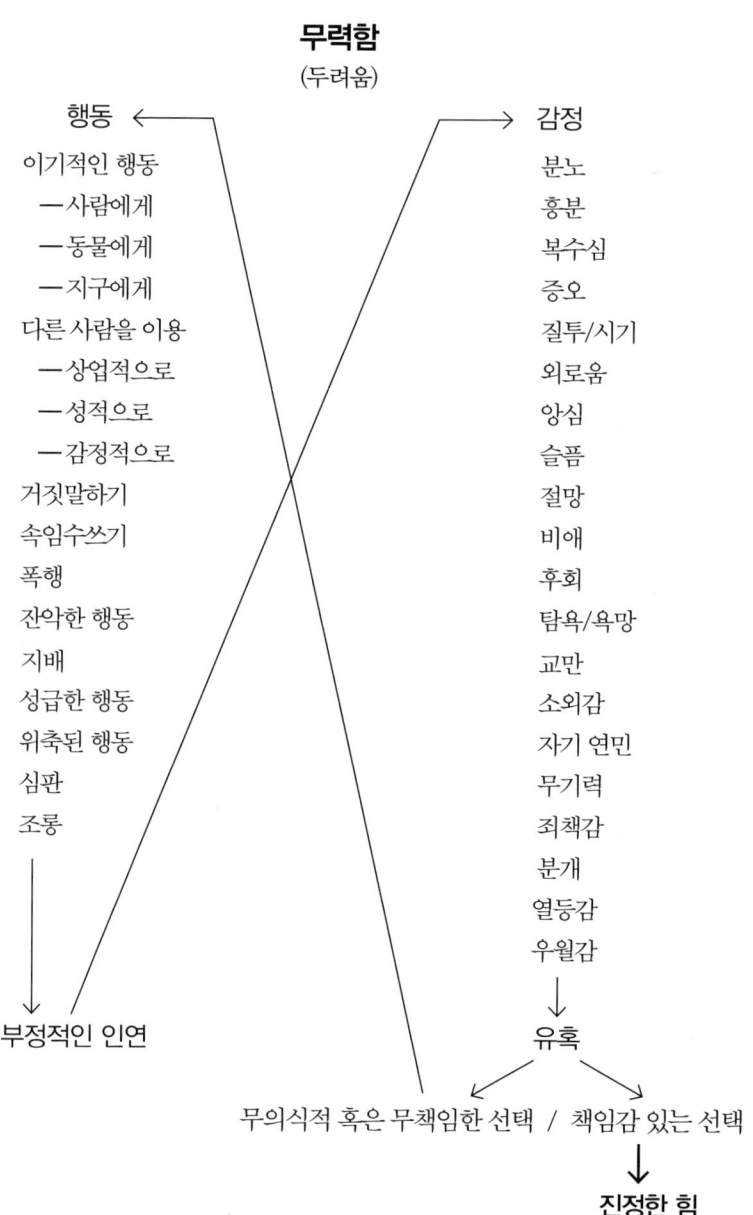

두려움 뒤에 있는 것은 무력함이다. 자기의 내부에 있는 무력한 공간을 채우기 위해 밖으로 눈을 돌렸을 때, 당신은 차츰 예전의 방식으로는 채울 수 없다는 것을 배우게 된다. 결국 이번 생에서든지 아니면 수천 번의 생을 거치게 되든지, 결국에는 진정한 힘으로 향하는 방법을 택하게 된다. 이것이 무의식적인 학습 방법이다. 인격의 무의식적인 부분으로 만들어진 경험을 통해 배우는 것이며, 그런 경험들에 대해 무의식적으로 대응함으로써 만들어지는 또 다른 경험을 통해 배우는 것이다.

환상은 치유를 위한 학습의 원동력

한 인격이 자신의 분열된 상태를 알고 있다면, 가령 화를 내면서 복수심을 불태우고 있는 자신과 자애롭고 이해심 많은 자신을 동시에 깨달을 수 있다면, 그 인격은 유혹의 원동력으로부터 혜택을 받은 것이다. 그때 자신의 몸속에 흐르는 분노가 지닌 에너지의 주파수와 동일한 주파수의 결과를 미리 알 수 있다. 실제로 경험하기 전에 미리 그 결과를 예측할 수 있고, 분노를 느낀 그 순간에 그것을 그대로 표출할 만한 가치가 있는지 판단할 수 있다.

깨달음을 얻은 인격은 몸속에 흐르는 분노를 그대로 표출하면 자신과 주위 사람들에게 어떤 영향을 주게 되는지 미리 알 수 있으며,

반면에 이해심과 자비심을 표출하면 어떤 영향을 주게 될지도 알 수 있다.

무의식적인 인격은 분노가 치미는 순간에도 자기의 마음속 한 부분에서는 자비심과 이해심으로 대응하기를 원한다는 것을 알지 못한다. 하지만 무의식적인 인격도 분노하는 순간 명확하게 느낄 수 있다면, 자비심과 이해심으로 가득 찬 자신의 한 부분을 보게 된다.

분노를 표현한 뒤에 오는 고독과 소외감으로 고통받는 일부분은 무엇이고, 따뜻함과 동료애를 갈망하는 일부분은 또 무엇인가? 분노나 두려움, 질투의 관계에서는 느낄 수 없는 깊이와 품격을 지닌 관계들을 갈망하는 자기의 일부분은 대체 무엇이란 말인가?

한 인격이 유혹을 당했을 때 사랑과 순수함과 이해심과 자비심 쪽으로 마음을 돌린다면 그 인격은 힘을 얻게 된다. 반대로 분노나 분개, 혹은 복수에 대한 충동은 그 힘을 잃게 된다. 이런 과정을 통해 차츰 책임감 있는 선택을 할 때마다 인격은 진정으로 강한 사람이 된다. 반면에 인격이 무의식 상태로 남기를 원한다면, 즉 자기의 행동에 대한 책임을 회피하기로 결심했다면, 인격은 부정적인 에너지로 인해 부정적인 말과 행동을 하게 될 것이다.

이것은 환상이라는 측면으로 보았을 때 어떤 의미가 있을까?

부정적인 행동은 다른 사람들과 자기 자신의 내면에 부정적인 감정을 낳게 한다. 그래서 책임 있는 선택을 통해서 힘을 얻을 수 있는 기회를 더 많이 갖게 되거나, 아니면 부정적인 인연을 만들 수 있는 기회를 더 많이 갖게 된다. 부정적인 인연이란 부정적인 행동을 결심한 인격이 다른 인격들로부터 똑같이 부정적인 행동을 경험하게 된다는 것을 뜻한다. 또한 그런 식의 학습을 계속할 것인지 그만둘 것인지 결정할 기회를 갖게 된다는 것을 의미한다.

이것이 환상이다. 당신 그리고 당신과 연관된 많은 사람들이 지구라는 학습 공간 안에서 자비심과 지혜를 가지고 치유를 위한 학습 원동력에 참여하기로 동의한 것이 바로 환상이다. 영적인 세상에는 공간도 없고 시간도 없고 분노나 질투, 두려움도 존재하지 않는다. 그것은 또한 당신이 이승을 떠날 때 사라진다. 그렇기에 그것을 환상이라고 부른다.

자, 이제 당신은 이러한 학습 과정에서 만나 얽히게 되는 영혼들을 어떻게 판단할 것인가? 어떤 단계를 옳다고 하고, 가치 있다고 할 것이며, 어떤 단계에 있는 사람을 성공했다고 하고, 성공하지 못했다고 할 것인가? 영혼은 학습을 하는 과정 중에 계속해서 자기 점검을 한다. 그래서 자신에게 이런 질문을 한다. '나의 분노는 어디에서 오는 것일까?' 그런 다음 당신의 분노가 여러 가지 원동력으로부터 온다는 사실을 깨닫게 된다. 그중의 어떤 것은 몇 백년, 아니 그보다 더 오래 전에 활동했던 것이고, 어떤 것은 이제 끝나고 있는 중이며, 어떤 것은 당신의 영혼을 치유하기 위해, 인연의 에너지 균형을 이루기 위해 당신이 떨쳐 버리고자 하는 에너지의 흐름이라는 것을 깨닫는다.

그것을 깨닫게 되면 당신을 화나게 했던 일들에 대해 판사처럼 심판할 수 없다. 오히려 당신은 아직 진행하지 못한 과정이 남아 있음을 확실히 알아야만 하고, 그 과정 또한 인연이 될 수 있는 요인임을 알아야 한다.

당신은 그저 영혼 스스로의 의지로 치유 과정에 참여하기로 했다는 사실만 판단할 수 있다. 당신이 그러하듯이, 또 우주의 나머지 부분들이 그러하듯이 영혼은 지금 진화를 하고 있는 중이라는 것만 판단할 수 있다. 이것이 '심판하지 않는 정의'다. 영혼의 진화 과정을 심판하지 않으며, 영혼은 오직 사랑에 이르는 과정 중에 있음을 애정을 가지고 받아들여야 한다.

옳은 것이냐 잘못된 것이냐, 실패냐 성공이냐에 대한 판단은 우주적인 것이 아니다. '성공'이 무엇인지 어떻게 알 수 있단 말인가? 당신이라는 존재, 당신의 말과 행동에 대한 원인과 결과를 완전히 알 수 있는가? 원인과 결과를 모르는데 어떻게 성공과 실패라는 것을 안다고 할 수 있는가?

우리가 실패라고 부르는 것은 단지 현재 진행 중인 원인과 결과의 과정일 뿐이다. 우리가 실패나 성공이라고 생각하는 원동력은 실제로 존재하지 않는다고 생각하는 것이 현명하다. 그것은 실제로 존재하는 것이 아니라 판단을 통해서만 존재하기 때문이다.

어떻게 환상 속에만 존재하는 것을 가지고 가치가 있는 것인지 하찮은 것인지 말할 수 있겠는가? 가치가 없다는 것은 아직 완전한 상태에 이르지 않은 것을 가지고 하는 판단이다. 하지만 당신의 주변을 둘러 보라. 인간에 의해 완성된 완전함을 본 적이 있는가? 당신이 완전하고 가치 있다고 생각하는 것은 완성된 것이 아니라 완성의 과정에 있다. 완전하고 가치가 있다는 것은 항상 과정을 말한다. 그 과정을 통해서 당신은 주어진 임무를 완수해 나가는 것이다.

진정한 욕구와 인위적인 욕구

그렇다면 환상 안에서 추구해야 할 것과 추구하지 말아야 할 것을 어떻게 알 수 있을까?

자신에게 인간으로서 가지고 있는 본질적인 욕구와 다른 이유 때문에 만들어진 인위적인 욕구의 차이점을 물어 보라. 무엇이 진정으로 필요한 것인가? 다른 사람들을 통제하거나 속임수를 쓰기 위해, 혹은 관심을 얻기 위해 필요한 것은 아닌가 마음속으로 구별해 보자.

마음 깊은 곳에 들어 있는 욕구들의 정체를 확실하게 밝혀 보자.

당신의 욕구가 인간으로서 당연히 가져야 할 정당한 욕구인지, 아니면 다른 이유가 있는지 구별할 줄 알아야 한다. 그 이유가 외적인 힘을 얻기 위해서, 명예를 위해서, 또는 남보다 돋보이고 싶어서인지 아닌지를 밝힐 수 있을 만큼 스스로에 대해서 충분히 알아야 한다. 이런 것들을 구별하는 법을 배워라. 그런 다음, 어떤 것을 추구하면서 살 것인지 선택하라.

예를 들면, 주변의 소음이 신경에 거슬릴 때, 그것은 당신이 인간으로서 본질적으로 가지는 진정한 욕구에서 비롯된 것인가? 혹시 살면서 인위적으로 만들어진 욕구는 아닐까? 마트 직원이 당신을 친절하게 대해 주길 바라는 것은 당신에게 꼭 필요한 욕구인가, 아니면 다른 이유 때문에 생긴 욕구인가?

당신은 진정한 욕구를 구별하는 법을 배워야 한다. 당신이 바라는 것이 한 인간으로, 한 영혼으로 정말 필요한 것인지, 아니면 단순히 외적인 힘을 추구하기 위해 필요로 하는 것인지를 알아야 한다. 그 욕구가 영혼의 발전에 필요한지 아닌지를 구분할 수 있어야 하는 것이다. 일단 당신의 가짜 자아와 스스로를 분리시키기 시작할 때 맑은 감각을 갖게 된다. 그러고 나서야 인위적인 욕구가 생겼을 때 어떻게 대응해야 하는지, 스스로를 어떻게 책임져야 하는지 확실하게 선택할 수 있게 될 것이다.

진정한 욕구는 영혼에 속한다. 예를 들어보자. 당신은 사랑하고 사랑 받을 필요가 있다. 또한 당신의 창의성이 가족을 부양하는 데 쓰이든지, 나라를 이끄는 데 쓰이든지 간에 당신은 창의성을 발휘해야 할 필요가 있다. 당신은 자신의 영혼을 성장시켜야 하고, 당신의 인격을 영혼과 결합시키기 위해 의식적으로 노력해야 한다. 자신의 영적인 스승의 초자연적인 지혜와 상담해야 하고, 영적인 안내자의 안내를 받아야 한다. 진정한 욕구를 만족시키기 위해서는 이런 것들이 필요하다.

인위적인 욕구는 인격에 속한다. 그것은 당신이 생활하고 있는 지구라는 공간을 마음대로 이용하기 위해 인위적인 환경을 채택한 당신의 욕구다. 어떤 욕구로 인해 부정적인 인연이 생긴다면 그것은 인위적인 욕구다. 당신이 이런 욕구들을 떨쳐 버리지 못하고 만족하고자 노력할 때, 즉 그런 욕구들을 사용하기로 마음먹었을 때 당신은 부정적인 인연을 얻게 된다.

인위적인 욕구는 장애물이다. 사실 어떤 나라나 어떤 개인도 지금 소유하고 있는 것만큼 많은 것이 필요하지는 않다. 인위적인 욕구는 인위적인 장벽이다. 그것이 생기는 이유는 외적인 힘을 축적하려 하기 때문이다. 분명하게 들여다보면 그런 것을 어디에서나 찾을 수 있다. 결혼 생활에서나 국제 관계에서나 모든 분쟁에서 얼마든지 찾을 수 있다.

당신이 인위적인 욕구들로 인해 나쁜 영향을 받게 되면 영혼의 완전한 모습과 만나는 것은 불가능해진다. 자신의 인위적인 욕구들을 보았을 때 그리고 그것들이 아주 중요한 것이라고 여겨질 때, 그것들이 정말로 그렇게 중요한 것인지 생각해 보라. 인위적인 욕구들이 어떻게 당신의 에너지를 빼앗는지 아는가? 당신이 가장 중요하게 생각하는 것이 자신의 불완전한 자아로부터 나오는 한 높은 자아와 직접 접촉할 수 없다.

당신에게 진정으로 필요한 것은 언제나 우주에 의해 충족된다. 우주는 당신에게 진정으로 필요한 것을 제공해 준다. 당신은 항상 사랑하고 사랑 받을 수 있는 기회를 가지고 있다. 그런데도 일생 동안 몇 번의 기회를 허비하고 있는 것이다.

진정한 욕구에 대응하는 법을 배움으로써, 당신의 인위적인 욕구를 불필요한 것으로 여김으로써 다른 사람들에게 더 마음을 열게 되고 그들을 더 이해하며 사랑할 수 있게 된다.

사람의 인생에서 교환은 자연스러운 일이다. 진짜 욕구와 가짜 욕구, 두 가지 욕구를 가진 인간들 사이의 교류에는 그 흐름을 방해하는 이물질이 생기게 마련이다. 당신의 진정한 욕구가 무엇인지 이해할 때 인간 사이의 진정한 교류를 배울 수 있다. 또한 자신의 욕구가 진정한 것이 아니며 당신의 진정한 발전을 돕지 못하는 것일 경우에는 남에게 양보하는 법도 배우고 베풀 줄도 알게 되며 초연해지는 법도 알게 된다.

당신이 명확하게 꿰뚫어 볼 수 있다면, 힘을 잃지 않을까 두려워할 때 진정한 욕구 대신에 인위적인 욕구를 만든다는 것을 깨닫게 된다. 진정으로 필요한 것을 구하라. 그래야만 당신의 본래 모습에 어울리지 않고 당신을 어둡게 하는 가짜 인간상에 따르지 않아도 된다.

먼저 당신이 가진 욕구가 무엇인지 살펴보자. 그 욕구들이 진짜일 때는 언제이고 가짜일 때는 언제인지 살펴보자. 그 욕구들이 가짜일 때는 부정적인 감정을 갖게 된다. 그런 감정으로부터 한 발짝 떨어져라. 그래야 그런 감정에 의해 더 이상 맹목적으로 끌려 다니지 않는다. 그런 감정에서 멀리 떨어져라. 그러면 당신은 자기 자신을 이기고 바른 길을 갈 수가 있다. 부정적인 생각들을 하거나 감정적으로 위축되거나 당신의 내부에서 일어나는 어떤 반응들로 인해 자신을 상처 내지 않고도 목적을 향해 갈 수 있다.

당신은 자신이 처해 있는 현실이 환상이라는 것을 깨달아야 한다. 그런 깨달음은 진정한 힘의 일부분이다.

사랑과 자비는 영혼의 에너지

힘
Power

"사랑을 의심하거나 두려워하는 사람은
영혼의 에너지인 힘을 잃게 된다. 하지만 겸손할 줄 알고, 용서할 줄 알며,
생각이 맑아서 지혜의 눈으로 볼 줄 알며, 사랑으로 사는 사람은
진정으로 강한 힘을 지닌 사람이다."

두려워할 때마다 상실되는 힘

힘의 본질은 무엇일까? 진정으로 강한 인간이 된다는 것은 무엇을 의미하는 것일까?

힘은 자기의 뜻대로 다른 사람을 휘두를 수 있는 능력이 아니다. 그런 힘에는 내적인 안정성이 없으며, 시간적인 한계성을 가지고 있다. 시간이 지나면 힘도 변한다. 다른 사람이 감히 대적할 수 없는 강한 신체를 가지고 있다 해도 역시 변하게 된다. 그렇게 되면 어떻게 할 것인가? 다른 사람들에게 영향력을 발휘할 수 있는 아름다운 외모를 가지고 있는가? 그것도 변한다. 변한 다음에는 어떻게 할

것인가? 당신은 다른 사람들을 맘대로 조종할 만큼 머리가 좋은가? 너무 지쳐서 머리를 쓸 수 없게 되거나 그럴 기회를 놓치게 되면 어떻게 할 것인가?

당신은 집을 떠나 있을 때 왠지 두렵고 편치 않았던 경험이 있을 것이다. 그렇다면 당신은 힘이 없는 것이다. 두려움 속에는 힘이 없다. 두려움에서 나온 행동이나 생각들도 힘이 없다. 설사 당신을 지켜 줄 군대가 있다 하더라도 마찬가지다. 강력하던 로마의 군대도 오래 전에 사라지고 말았다. 예컨대 로마 황제가 사형시켰던 한 사람이 있다고 하자. 만약에 그의 영혼이 지녔던 힘이 지금까지 계속 남아서 인류의 발전을 도모한다면 과연 누가 힘을 가지고 있는 것인가?

어떤 이는 당장 자신 있게 내세울 수 있는 것만 강하다고 생각한다. 그래서 은행에 예금해 놓은 많은 돈과 커다란 집이 있다는 것을 든든하게 생각할 것이다. 아니면 매력적인 배우자가 있어서 당당하다거나, 다른 사람들에게 자기의 생각을 믿게 할 수 있는 능력을 자랑스러워할 수도 있다. 이런 것들은 인격이 자기의 부족한 부분을 만족시키기 위해 보여 주는 것들이다.

그러나 당신은 영혼이 지닌 완벽함과 아름다움과 자애로움이 재산이라고 생각한다면, 또는 너그러움과 겸손함이 가장 내세울 만한 점이라고 생각한다면 어떨까? 이런 것들은 인격이 자신의 영혼과 결합했을 때 보여 주는 것들이다. 그렇다면 당신은 진정으로 강한 인격이라 할 수 있다.

힘은 영혼의 의지로 형성된 에너지이고 사랑과 자비라는 의지에 의해 형성된 빛이다. 그것은 지구상에서 영혼이 맡은 임무를 완수하기 위해 인격의 발전을 도모하는 데 초점과 방향을 맞춘 에너지다. 그 힘은 환상을 인격의 이미지가 아니라 영혼의 이미지로 만들어 간다.

이것은 무엇을 의미하는 것일까?

영혼들은 서로 끊임없이 에너지를 교환한다. 이러한 교환은 인격이 분열될 때 산만해진다. 에너지, 즉 힘은 흩어진 채 분열된 인격의 여러 부분들을 통해 그 인격을 떠난다. 만약에 당신이 직장을 잃지 않을까 두려워하거나 어떤 사람과의 관계에 대해서 심적 부담감을 가지고 있다면, 힘은 당신의 의식적인 통제를 받지 못하고 빠져나가게 된다. 힘을 갖지 못한 인격의 에너지 원동력은 이런 식으로 작용하고 있다.

두려움을 느끼거나 신뢰하지 못하는 당신에게서 에너지가 떠날 때 남는 것은 불안과 고통이다. 뿐만 아니라 힘을 잃어버린 특정한 에너지의 중심부와 연결된 당신 몸은 고통과 불편함을 느끼게 된다. 세상을 잘 헤쳐 나갈 수 있을까 두려워할 때, 예를 들어 집세를 낼 만한 능력이 있을까, 육체적으로나 감정적으로 다치지 않고 꿋

꿋하게 살아 갈 만한 능력이 있을까 두려워할 때, 힘을 외적인 것으로 볼 때, 자신의 행복과 안전을 보장받을 만큼 그 힘이 충분치 않다고 느낄 때, 당신은 불안을 느끼며 신체적으로는 명치 부분에 통증을 느끼게 된다. 불안감이 당신을 덮칠 때, 명치 부분에 있는 에너지의 중심을 통과하는 많은 힘이 당신의 몸에서 빠져나가는 것이다. 그러므로 힘이 지나가는 몸의 여러 부위가 영향을 받는다. 위의 한가운데를 통과하면서 상실되는 힘은 소화불량을 일으키고, 만성적이거나 증세가 심할 때는 위궤양을 일으키게 된다.

사랑할 수 있거나 사랑 받을 수 있는 자기의 능력을 두려워할 때, 말하자면 사랑을 표현하거나 다른 사람으로부터 사랑받는 것을 두려워할 때 가슴 부위, 즉 심장 근처에 실제로 불편함이나 통증을 느낀다. 두려움과 불신 속에서 마음이 아플 때, 그것은 심장의 에너지 중심부를 통과하는 힘이 떠나는 것이다.

혹시 배우자나 아이와 같이 매우 소중한 사람을 잃어본 적 있는가? 그렇다면 당신이 겪은 일을 잘 살펴 보라. 자신이 느끼는 것이 무엇인지 판단해보라. 당신은 자신의 몸이 고통스러워하는 것을 발견하게 될 것이고, 가슴 부위에 통증을 느낄 것이다. 이것은 바로 힘이 심장 에너지의 중심부를 떠나기 때문이다. 그때 우리는 마음이 아프게 되고 심장의 한가운데를 통과하는 힘을 잃게 된다. 심장발작 같은 문제가 일어나는 것도, 심장 한가운데를 통과하는 힘이 만성적으로 상실되거나 심하게 상실될 경우가 있다.

마음의 걱정이나 신체의 기능 장애, 혹은 질병들은 모두 몸 안에 있는 여러 가지 에너지 중심부들 중 하나를 통과하는 힘이 외적인 상황이나 대상 때문에 상실되는 것이라고 할 수 있다. 예컨대 화를 낼 때나 다른 사람들에게서 위협을 느낄 때 힘을 잃는다. 또한 분노나 쓰라린 경험 때문에 실망을 느껴서, 혹은 상종할 가치가 없다고 생각해서, 혹은 우월감 때문에 다른 사람들과 거리를 두고 지낼 때 힘을 잃게 된다. 그리고 어떤 것을 간절히 원할 때, 어떤 사람을 간절히 그리워할 때, 슬플 때, 다른 사람들을 시기할 때도 힘을 잃는다.

이 모든 것들 뒤에는 두려움이 있다. 그것은 자기의 약점에 대한 두려움이다. 원하는 사람이 없거나 원하는 상황이 아니면 견딜 수 없을 거라는 두려움, 원하는 것을 갖지 못하면 불리할 것이라는 두려움이다. 당신은 두려움을 느낄 때마다 힘을 잃는다. 힘의 상실이란 바로 이런 것이다.

뿐만 아니라 두려움을 깨닫기를 거부할 때, 자기의 감정에 대해 무감각해질 때 계속해서 힘을 잃게 된다. 진정한 힘의 길은 항상 당신의 감정과 마음으로 통하고, 마음의 길은 자비심이나 감정으로 통한다. 따라서 감정을 억누르거나 마음의 느낌을 무시하는 것은 좋지 않다. 만약 스스로가 뭘 느끼는지 모른다면 분열된 인격의 본질을 알 수 없다. 자신의 발전에 도움이 되지 않는 인격의 여러 면들과 인격의 에너지들에 대항할 수도 없다.

자신의 힘을 그대로 유지한다는 것은 당신이 정지된 에너지 시스템이 된다는 뜻은 아니다. 오히려 안정된 에너지 시스템이 되는 것이다. 그럴 때 당신은 의식을 가지고 행동할 수 있고 의지적인 행동도 할 수 있다. 당신은 영혼의 빛을 내는 사람과 그렇게 되기를 원하는 사람을 마치 자석처럼 끌어들인다. 문제는 에너지가 어떤 형태로 당신에게서 발산되느냐 하는 점이다. 당신이 힘과 신뢰의 형태가 아닌 다른 어떤 형태로 에너지를 발산한다면, 그 에너지는 스스로에게 오직 고통과 불안감으로 되돌아온다. 진정한 힘을 지닌 인간은 사랑과 신뢰의 형태 외에는 에너지를 발산하지 않는다.

진정한 힘의 토대 '겸손'

그렇다면 진정한 힘을 지닌 인간의 특성은 무엇일까?

첫 번째 특성은 겸손함이다. 이것은 자신보다 수준 낮은 사람에게 맞추기 위해서 스스로를 낮추는 비굴함이 아니다. 그것은 각각의 영혼이 지닌 아름다움을 볼 줄 아는 포용력이다. 즉 각각의 인격 속에서, 그 인격의 행동 속에서, 인간의 모습으로 세상을 살아가는 영혼의 존재를 볼 줄 아는 사람이 지닌 포용력을 뜻한다. 겸손함은 모든 형태의 삶을 소중히 여기고 그 가치를 인정하며 존중할 줄 아는 무해한 마음이다. 당신은 지구에 대해 염려하는 마음이 있는가? 지구에 해를 끼치지 않는 사람은 겸손한 사람이다.

그러면 무해함이란 무엇인가?

그것은 어떤 창조물에게도 해를 끼칠 필요가 없는 강인함을 뜻한다. 자신이 능력 있고 강한 사람이라서 남에게 해를 끼치면서까지 힘을 과시하려는 생각이 전혀 없는 사람이라면 당신은 무해한 사람이다. 진실로 겸손하지 않으면 진정한 힘을 가질 수 없다. 자기가 처해 있는 상황을 존중하는 마음, 가까이 있는 사람들을 존중하는 마음이 없다면 힘은 당신을 떠나갈 것이다.

겸손한 영혼에게는 세상과 사람들이 결코 낯설지 않다. 그에게 사람들은 같은 세상을 살아가는 동료들이다. 겸손한 영혼은 필요 이상의 것을 요구하지 않는다. 그가 필요로 하는 것은 우주가 채워 주기 때문이다. 겸손한 영혼은 진정한 욕구가 채워지는 것으로 만족한다. 또한 인위적으로 만들어진 욕구 때문에 힘들어하지 않는다.

겸손한 영혼은 자유롭게 사랑하고 자기 본연의 모습대로 살아갈 뿐 어떤 인위적인 기준에 맞춰 살지 않는다. 외적인 힘에 현혹되지 않으며 외적인 힘 때문에 경쟁하지도 않는다. 이것은 그가 잘 할 수 있는 일에 대해 자부심을 갖지 않는다는 뜻은 아니다. 다만 가능한 한 최선의 것을 이루어 내기 위해 노력하며, 좋은 상황이 아닐 때는 다른 사람으로부터 격려를 받고 싶어 하기도 한다는 뜻이다.

'경쟁을 한다'는 의미는 원래 둘 이상의 사람이 함께 무언가를 추구한다는 것이며, 어떤 것을 얻기 위해, 어떤 것을 목표로, 어떤 것을 손에 넣으려 애쓴다는 뜻이다. 당신이 명예를 원하거나, 다른 사람들에게 주목받기를 원하거나, 동메달이 아닌 금메달을 목표로 한다면 그러한 경쟁을 유발하는 것은 인격이다. 다시 말해 다른 사람들을 누르고 힘을 얻으려 하는 것이다.

당신은 다른 사람들보다 자신이 우월하다는 것을 확인하려 애쓰고 있다. 노력의 대가를 바라고 외적인 힘을 얻으려 분투하는 것이다. 자신의 가치를 스스로에게서 인정받기보다는 세상을 향해 평가해 달라고 요구하며, 자신의 가치 평가를 다른 사람들의 손에 넘긴 것이다. 그렇다면 세상에서 주는 모든 금메달을 땄다고 하더라도 당신에게는 힘이 없다.

만약에 당신이 쌓아 두는 것 대신 나눠주는 기쁨을 추구하고 있다면, 다른 영혼들과 함께 목적과 기쁨과 의식을 가지고 자기가 가진 모든 것을 발휘하기 위해 노력하고 있다면, 그러한 경쟁은 바로 당신의 영혼이 하는 표현이다. 완성의 순간까지 시종일관 최선을 다할 때, 시한부 생명을 지닌 인격과 육체 대신에 영원히 죽지 않고 존재하는 영혼의 가치를 인정할 때, 당신이 가진 것을 남에게 주면서도 자신이 약해질까 두려워하지 않을 때, 당신이 받거나 혹은 받지 못하는 것의 크기, 색깔, 모양이 중요하게 여겨지지 않을 때, 당신은 겸손한 영혼의 힘을 깨닫게 될 것이다.

진정한 힘의 토대 '용서'

둘째로, 진정한 힘을 지닌 사람은 용서하는 사람이다. 용서는 도덕적인 문제의 차원이 아니라 에너지의 원동력을 의미한다. 대부분의 사람들은 누군가를 용서할 때 그 사람이 누구한테 용서받았는지를 잊지 않기를 바란다. 그것은 용서가 아니다. 그것은 다른 사람들을 누르고 외적인 힘을 얻으려는 수단일 뿐이다.

용서는 자신에게 짐이 될 경험을 만들지 않는다는 의미다. 만약에 당신이 용서하지 않겠다고 결심한다면, 용서하지 않았던 그 일이 항상 자신을 따라다닌다. 용서하지 않겠다는 결심은 어둡고 섬뜩해 보이는 색안경을 쓰고 다니겠다는 것과 같다. 그 색안경은 모든 사물을 왜곡된 모습으로 보이게 한다. 그런 왜곡된 렌즈를 통해 삶을 보도록 매일매일 강요하는 사람은 다름 아닌 바로 당신이다. 왜냐하면 그것을 선택한 사람은 바로 자신이기 때문이다. 당신은 다른 모든 사람들이 자신과 같은 방식으로 세상을 보기를 바란다. 하지만 그럴 수 있는 사람은 오로지 자신뿐이다. 그것은 자신만이 가진 오염된 사랑의 렌즈를 통해 세상을 보고 있는 것과 같다.

또한 용서는 자신이 겪은 것을 다른 사람 탓으로 돌리지 않는다는 의미다. 만약에 당신이 경험한 것을 자기 탓으로 돌리지 않는다면 당신은 다른 사람에게 그 책임을 돌릴 것이다. 또한 자신이 경험한 것에 대해 스스로 만족하지 않는다면, 당신은 상대방을 조정해서 자신의 경험을 바꾸려고 할 것이다. 예를 들면, 불평하는 것은 자기가 저지른 일을 다른 사람이 책임져 주길 바라고, 자기가 원하는 쪽으로 사태를 바꾸어 주기를 바라는 원동력이다.

불평하는 것은 일종의 속임수다. 책임지는 대신에 불평을 한다면 그것은 부정적인 것이 된다. 하지만 당신은 그 상황을 초월하여 다음 단계로 얼마든지 옮겨갈 수 있다. 다음 단계는 속임수 없이 그대로 인식하고 책임을 지는 단계다. 중요한 것은 책임을 진다는 사실이 아니라 책임 뒤에 있는 원동력이다. 책임을 지기 전에 자신에게 물어 보라. '책임을 지려는 나의 의지는 무엇인가? 나는 특별한 대가를 바라는가?' 이처럼 말이나 행동을 하기 전에 당신의 태도부터 꿰뚫어 보라. 당신이 겪은 일에 대해 책임감을 가지고, 동료애를 발휘하여 책임을 함께 나누고자 했을 때 그 행동은 용서와 같다.

반면에 당신이 다른 사람에게 책임을 묻는다면 그때는 힘을 잃는다. 당신은 다른 사람이 무엇을 할 것인지 알지 못한다. 그러므로 다른 사람에게 의존하여 행복을 위해 필요한 것들을 얻으려 할 때, 당신은 그것을 얻지 못할 것이라는 두려움 속에서 언제까지나 살아야 한다. 살면서 겪는 일들이 다른 사람 탓이라고 인식한다면, 용서라는 것도 한 사람이 다른 사람을 위해 하는 것이라고 생각한다. 하지만 그것은 다른 사람이 아닌 바로 당신 자신의 문제다. 힘에 부치는 일을 선택해 놓고 다른 사람을 탓하거나 용서할 수는 없는 일이다.

당신이 진정으로 용서할 때, 다른 사람에 대해 비난하는 마음을 버릴 뿐 아니라 자신을 비난하는 심판도 멈출 수 있다. 그러므로 현생을 사는 동안 당신이 내린 결정으로부터 비롯된 부정적인 경험들에도 미련을 갖지 않는다.

미련을 갖는 것은 후회하는 것이다. 후회는 부정적인 것에 매달려서 또 부정적인 것을 낳게 한다. 후회할 때 당신은 힘을 상실한다. 어떤 사람은 웃을 수 있는데 어떤 사람은 자기가 당한 일로 슬퍼하고 있다면 누가 더 깨달음을 얻은 사람일까? 누가 더 해를 끼치지 않는 사람일까? 웃을 수 없는 사람은 마음에 돌을 얹은 사람이지만, 웃는 마음은 순진무구한 마음이며 누구에게도 해를 끼치지 않는 사람이다.

이것은 당신의 부정적인 경험에서는 배울 것이 없다는 뜻은 아니다. 결정을 내려야 하는 순간마다 책임 있는 선택을 염두에 두라는 뜻이다. 만약 모든 일에 최대한의 능력을 발휘한다면 당신은 영혼에게 도움을 청할 일이 전혀 없게 될지도 모른다.

진정한 힘의 토대 '맑은 사고'

셋째로, 진정한 힘을 부여받은 사람은 인식과 사고가 맑고 깨끗하다. 사고가 맑다는 것은 지혜의 눈으로 본다는 뜻이다. 그것은 환상을 깨닫고 이해하며, 환상을 물러가게 한다. 사고가 맑아지면 인격의 활동을 초월하여 영원히 존재하는 영혼의 힘을 볼 수 있다. 그리고 지금 막 모습을 드러내려고 하는 것, 즉 인격의 건강과 완전함, 영혼의 진화 등이 실제로 나타나고 있다는 것을 이해할 수 있다.

맑은 사고를 지닌 인간은 영적인 원동력이 시간과 물질의 세계에서 실제로 나타날 때 그것을 제대로 볼 수 있다. 그는 인연의 법칙과 인력의 법칙, 그 법칙들과 자신의 경험의 관계를 이해하고 있으며 매 순간 책임 있는 선택의 중요성을 깨닫고 거기에 따라 선택한다.

사고가 맑다는 것은 실생활에서 영혼이 활동하는 것을 볼 수 있음을 의미한다. 두려움과 의심 대신에 지혜를 통해 배움으로써 사고가 맑아지고, 맑아짐으로써 다른 사람들을 심판하는 대신에 자애로운 마음으로 대할 수 있다.

어떤 사람이 분노와 탐욕의 흐름 속에 몸을 맡길 때, 그 사람에게 부정적인 인연이 생기는 게 보이지 않는가? 당신도 혹시 그런 적 없는가? 스스로가 약하다고 느껴 본 적은 없는가? 다른 사람들에게 주먹질을 해 본 적은 없는가? 맑은 사고는 다른 사람들과 공감대를 형성하게 하고 마음의 에너지를 흐르게 한다.

또한 맑은 사고는 고통을 감수하게 한다. 사고가 맑아지면 고통의 원인이 되는 인격의 원동력이 보이고, 고통의 원동력과 그 원동력을 경험하는 것이 영혼의 진화와 어떤 관계가 있는지 깨달을 수 있다. 맑은 사고는 모든 것들이 완전해지고 완벽해지기 위해 만들어졌다는 사실을 깨닫게 해 준다. 인간의 모든 면들이 궁극적으로는 아름다운 학습에 활용된다는 것도 깨닫게 해 준다.

진정한 힘을 지닌 인격은 모든 상황과 모든 경험이 영혼의 진화와 인격의 성숙을 위해 완벽하게 마련된 것임을 안다. 맑은 사고는 모든 곳에서 가장 섬세한 부분까지도 알아차릴 수 있게 한다. 그래서 당신이 있는 곳이 사람들 눈에 어떤 곳으로 보이든지 간에 당신에게는 결국 신의 손바닥임을 알게 된다.

맑은 사고는 두려움을 날려 버린다. 인식이 맑아진 당신은 수직의 길을 선택하게 되고 더 높은 곳을 향해 나아간다. 당신은 중독 뒤에 있는 원동력도 이해할 수 있게 된다. 그래서 당신을 중독시킨 것들로부터 힘을 빼앗아 당신에게 힘을 줄 수 있는 선택을 한다. 맑은 사고는 단순히 알코올 중독, 마약 중독처럼 이유를 모르는 힘들로부터 대항하게 해 줄 뿐만 아니라 원인과 결과로서만 이해하던 원동력과도 대항할 수 있게 해 준다. 또한 당신이 의식적으로 선택할 수 있는 능력을 주고 당신이 왜 그것을 선택했는지도 알 수 있게 해 준다.

맑은 사고는 당신에게 오감을 초월해 물질의 세계를 볼 수 있게 해 준다. 이 세상을 함께 살아가는 영혼들의 의지에 의해 창조된 학습 환경임을 알게 되는 것이다. 공동의 현실에서 활동하고 있는 인간 각자의 개인적인 현실도 의지의 결과로 형성되었다는 것도 깨닫게 된다. 가령 국가들 간의 관계가 어느 정도까지가 인격의 에너지에 의해 형성되었고, 또 어느 정도까지가 영혼의 에너지에 의해 형성되었는지 알 수 있게 된다. 그리고 나면 현실 차원에서뿐 아니라 그 밖의 대부분의 차원에서 영혼의 에너지가 결여되어 있는 게 보일 것이다.

사고가 맑아짐으로써 인간이 사는 환경 안에서의 결정은 어떤 식으로든 다른 사람들의 진화와 연결되어 있음을 깨닫게 된다. 당신의 선택을 통해 공동 에너지의 원동력, 즉 자신이 남자로서 여자로서 혹은 아내로서 이런저런 집단의 진화에 참여하고 있다는 것도 알게 된다. 당신 스스로 당신의 영혼의 진화에 기여하게 되는 것이다. 그것은 당신의 결정에 의한 것이며 그런 결정들은 다른 사람들과 함께 살아가는 현실에서 실현되고 있음을 알게 될 것이다.

진정한 힘의 토대 '사랑'

넷째로, 진정한 힘을 지닌 사람은 사랑 속에서 산다. 사랑은 영혼의 에너지이고, 인격을 치료한다. 사랑으로 치료될 수 없는 것은 아무것도 없다. 진정으로 존재하는 것은 사랑뿐이다.

사랑은 수동적인 것이 아니다. 그것은 적극적인 힘이며 영혼의 힘이다. 분쟁이 있는 곳에 평화를 가져다주는 것 이상의 힘을 지니고 있으며, 이 세상에서 다른 방식으로 존재하는 법을 가르쳐 준다. 그것은 조화를 가져다주고 다른 사람들의 행복에 적극적인 관심을 보이게 만들며 그들을 보살피게 한다. 사랑은 인격이 갖는 부정적인 관심들을 씻어 낸다. 그리고 빛을 가져온다.

사랑과 힘에 있어서의 질적인 전환과 지구 안에 전체적으로 일어나는 경험들의 질적인 전환은 서로 관계가 있다. 자신의 내면에서 전환하고자 애쓰는 힘의 형태는 지구 전체에 걸쳐 전환될 필요가 있다. 폭력적인 환상에 빠지거나 온갖 폭력 행위들을 함으로써 폭력에 끌리는 사람들은 셀 수 없이 많다. 그런 사람들 대부분은 본질적으로 자신에게 힘이 없으며 자신들은 희생되고 있다는 생각에 사로잡혀 있다. 그래서 짧은 기간이나마 자신이 아닌 다른 인간, 즉 힘이 있는 인간으로 살고 싶어 한다. 하지만 진정한 힘은 그런 데서 발견되지 않는다.

자신의 의식이 진화해야만 진정한 힘을 얻을 수 있다. 부정적인 감정들과 거리를 두기로 결심하고 계속 노력함으로써 힘을 얻게 된다. 비폭력적인 방법을 사용해 자신을 치료함으로써 힘을 얻게 된다. 폭력을 치료하기 위해서는 사랑이 있어야 하는 것이다.

사랑은 영혼의 에너지다. 그러므로 사랑을 주고받은 경험들, 사랑으로 충만한 삶의 경험들이 인격을 완전하게 한다. 인격은 사랑을 얻기 위해 영원토록 노력해야 한다. 무의식적으로 사랑을 갈망하는 것은 분노와 두려움을 낳는다. 이런 일은 인격이 무엇을 위해 살아야 하는지를 명확하게 보지 못하기 때문에 생긴다. 그리고 중독 때문에 보지 못하는 경우도 있다.

당신은 문란한 성관계에 집착하면서도 사랑을 갈구할 수 있다. 그러나 사랑의 대상이 여자든지 남자든지 간절히 원한다고 생각하는 것은 환상이다. 사랑을 얻고 싶어 하지만 사실 진정한 사랑을 받아들이지 않고 있다. 사랑이라는 문제를 다루려고 하지도 않는다. 그래서 당신 안에 분노가 생기게 된다. 당신 안에 탈출을 갈망하는 감정과 에너지가 있지만 밖으로 나갈 수 있는 문이 없기 때문이다. 성관계를 가지면서도 인간적인 관계를 나누지 못하고 어떤 진실한 감정도 없는, 마치 사방이 막힌 길처럼 계속 나타난다. 그것은 잔악함과 절망으로 나타나며 마음의 병으로 인해 결국에는 질병과 정신이상까지도 초래한다. 감정의 양식이 완전히 잘못 사용되고 있기 때문이다.

사랑을 원하는 마음은 영혼의 에너지를 원하는 마음이다. 사랑을 지님으로써 다른 사람들에게 진정한 관심을 갖게 된다. 다른 사람의 행복을 줄 수도, 빼앗을 수도 있는 그런 상황에서도 결코 그 사람을 이용하지 않게 되는 것이다.

자신의 지식과 견해를 다른 사람에게 강요하려고 할 때 당신은 사랑을 갈망하고 있는 것이다. 그것은 인격의 욕구를 통해 만든 사랑의 길이며 외적인 힘을 찾고 있다는 증거다. 거기에는 오직 공허함만 있을 뿐이다. 다른 사람을 지배하고자 할 때 아무도 지배하지 못하고 자기의 힘만 잃게 될 뿐이다. 힘이 없다고 느껴질수록 외적인 것을 통제할 힘을 더 강하게 원한다. 그러나 사랑을 지닌 인격은 남을 통제하려 하지 않고 남을 성장시키며, 남을 지배하려 하지 않고 남에게 힘을 준다. 사랑은 몸 전체에 흐르고 있는 영혼의 풍요로움이며 충만함이다.

겸손한 마음, 용서하는 마음, 맑은 사고 그리고 사랑은 자유의 원동력이다. 그것들이 진정한 힘의 토대인 것이다.

당신의 인생을 우주의 섭리에 맡겨라

신뢰
Trust

"현실에 얽매이지 말고,
당신의 인생을 우주의 섭리에 완전히 맡기고 신뢰하라.
겸손함, 용서하는 마음, 맑은 생각 그리고 사랑이
당신 안에 뿌리를 내리고 꽃을 피울 것이다."

우주와의 신성한 약속

각각의 영혼은 자신만의 고유한 재능을 가지고 지구에 왔다. 한 영혼은 단지 치유나 에너지의 균형을 위해, 혹은 인연의 빚을 갚기 위해 인간으로 태어난 것만은 아니다. 자신만이 지닌 특별한 재능을 자신만의 방식으로 발휘하기 위해서이기도 하다. 또한 각 영혼은 지구 학교에 필요한 생명의 힘을 특정한 인간의 모습으로 나타나게 만든다. 그러므로 각각 목적과 의지를 갖추고 있다.

영혼은 인간의 모습으로 태어나기 전에 지구에서 해야 할 어떤 임무를 수행하기로 동의했다. 영혼은 특정한 목표를 달성하기 위해 우주와의 신성한 약속을 지키려 하는 중이다. 영혼은 자신이 할 수 있는 최대의 능력을 발휘해 약속을 지키려고 한다. 그래서 한 영혼이 목표를 달성하는 데 성공했을 때, 즉 자신이 하기로 동의한 일을 완수했을 때, 영혼의 껍질인 인격의 일생은 풍요로워지고 특별해진다. 그리고 인간의 몸으로 태어난 다른 영혼들이나 태어나지 못한 영혼들은 그러한 인격의 일생을 인정해 주고 소중히 여겨 준다.

인격들도 각자 특별한 임무가 있다. 그것은 가족을 부양해야 하는 임무일 수도 있고, 글을 써서 생각을 전달하는 임무일 수도 있고, 한 공동체의 의식을 전환해야 하는 임무일 수도 있다. 또한 국가적인 차원에서 사랑의 힘을 일깨워 줘야 하는 것일 수도 있고, 전 세계적인 차원에서 의식의 진화에 직접 기여하는 것일 수도 있다. 당신의 영혼이 동의한 임무가 무엇이든지, 우주와 어떤 계약을 했든지, 생에서 겪게 되는 모든 일은 계약에 대한 기억을 일깨워 주는 데 도움을 줄 것이고, 당신이 그 임무를 완성하도록 준비하는 데 도움을 줄 것이다.

힘을 받지 못한 인격은 영혼의 임무를 완수할 수 없다. 그러한 인격은 내면적인 허전함으로 괴로워하면서, 결국 외적인 힘으로 그 허전함을 메우려 한다. 하지만 결코 만족을 얻지 못한다. 뭔가 허전하고 부족하고 잘못된 느낌은 인격의 욕구가 만족되었다고 해서 없어지는 것이 아니기 때문이다.

두려움으로 인한 욕구 만족은 진정한 목적을 이룬 게 아니다. 아무리 인격의 목표를 성공적으로 달성하게 되었더라도 그러한 목표들로는 충분하지 못하다. 결국 인격은 영혼의 에너지에 목말라하게 된다. 그러다가 영혼이 선택한 길을 걷기 시작할 때, 비로소 인격은 갈증을 해소하게 되는 것이다.

진정한 힘을 얻는 것과 영혼이 자신의 임무를 완수하는 것은 서로 분리될 수 없는 원동력이다. 진정한 힘을 얻는 것은 영혼의 임무를 완수하기 위해 필요하다. 당신이 진정한 힘을 향해 움직일 때, 비로소 당신의 영혼이 우주와의 약속을 지키기 위해 움직인다. 당신이 그 약속을 완벽히 이행하기 위해 움직일 때, 즉 영혼의 에너지를 향해 의식적으로 나아갈 때 자신에게 힘을 부여하는 것이 된다. 그때 당신과 당신의 영혼은 지구에서 함께 발전할 수 있다. 어느 한쪽이 성장하고 발전하면 다른 쪽도 성장하고 발전하게 된다.

한 영혼이 인간의 모습으로 태어날 때 우주와 맺은 계약에 대한 기억은 희미해진다. 그 계약을 이행해 줄 경험들을 기다리면서 잠재적인 상태에 있는 것이다. 그 경험들이란 꼭 인격이 선택하는 경험들은 아니다. 그럼에도 불구하고 그 경험들은 꼭 필요하다. 그것은 힘을 깨달아 가기 위해, 인격의 인식 내에서 영혼의 임무를 일깨우기 위해, 그 임무를 이행하기 위한 준비를 위해서 꼭 필요하다.

영혼의 임무를 기억한다는 것은 어떤 것일까?

지금 하고 있는 일에 완전히 빠져 있을 때 하는 활동과 행동들은, 만족감을 주고 목적 의식을 갖게 한다. 자신과 타인을 위해 봉사할 때, 지치지 않고 인생과 일에 대해 달콤한 만족을 찾으려 할 때, 당신은 본연의 일을 하고 있는 것이다. 한 인격과 그 영혼이 함께할 때 활기 찬 사람이 된다. 그때는 부정적인 느낌이나 일 때문에 부담을 느끼지 않으며 두려움을 모른다. 또한 하는 일마다 목적 의식이 있고 의미가 있다. 그런 인격은 자신이 하는 일에 활기를 주고 타인에게도 즐거움을 준다. 바로 임무가 완수되어 가고 있는 것이다.

당신의 부모와 당신이 친밀하게 지내려고 선택한 사람들, 지구상에 있는 수십억의 영혼들 중에서 자기 인생의 일부분을 공유하는 사람들은, 모두 당신의 내면에서 당신이 누구이며 무엇을 하기 위해 이 세상에 태어났는지 일깨워 줄 수 있다. 당신이 겪는 고통이나 외로움, 실망감이나 가슴 아픈 경험, 중독이나 인생의 함정처럼 보이는 것들은 모두 깨달음으로 통하는 문이다. 이런 것들은 영혼의 균형이나 성장을 돕기 위한 것들로서 환상을 초월해서 볼 수 있는 기회를 제공한다.

고통과 부정적인 경험 안에는 인식에 도전할 수 있는 기회, 두려움에 도전할 수 있는 기회, 지혜를 통한 학습을 선택할 수 있는 기회가 있다. 두려움은 쉽게 사라지지 않는다. 하지만 당신이 용기를 가지고 대할 때 흩어져 버린다. 두려움이 더 이상 위협이 되지 않을 때 두려움은 떠날 수밖에 없다. 또한 지혜를 통해 배우겠다고 결심했을 때, 의식적인 진화를 하겠다고 결심했을 때, 두려움은 믿음으로 쫓아버릴 수 있도록 표면에 떠오른다. 그때는 두려움이 나타나더라도 쫓아낼 수 있다.

당신의 영적인 안내자와 스승들은 당신에게 끊임없이 영혼의 빛을 제공한다. 그들은 매 순간 당신이 최대한 성장하고 발전할 수 있도록 격려한다. 하지만 그들은 당신 자신의 경험들로부터 배우거나, 성장하거나, 영향받는 것을 좌지우지하지는 못한다. 당신이 의식적으로, 또는 직접 그들과 대화를 할 수 있다 하더라도 그렇다. 당신의 경험들을 통해 당신이 오른쪽이나 왼쪽으로 선택해서 움직일 때, 당신은 스승에게 여러 가지 질문을 할 수 있다. 만약 당신이 왼쪽으로 움직이면 당신의 질문은 당신이 오른쪽으로 움직일 때와는 완전히 달라질 것이다. 그리고 그 질문으로 인해서 당신이 여는 현실도 완전히 달라질 것이다.

영혼에게는 최선의 길이 단 하나만 있는 것은 아니다. 최선의 길은 많이 있다. 한 가지를 선택함으로써 당신은 그 선택 안에서 여러 가지 길을 만들어 낸다. 그 여러 길 중의 하나가 최선의 길이다. 당신의 영혼에게 최선의 길은 당신이 깨달음으로 선택한 길, 즉 수직의 길이다. 당신이 일단 그런 선택을 하면 여러 형태로 실행이 된다.

영적인 도움을 믿으라

그렇다면 영적인 안내는 어떤 방법으로 당신에게 도움을 줄까?

영적인 안내는 당신과 동반자적 관계를 유지하면서, 당신이 진정한 힘과 책임 있는 선택을 완전히 받아들일 수 있도록 도전하게 한다. 당신의 뜻과는 상관없이 마음대로 조정하겠다는 뜻이 아니다. 당신이 가진 힘을 전부 보여 주고 어떻게 그 힘을 사용하는지 안내하겠다는 뜻이다.

최선의 결정을 위해 인격의 능력에만 전적으로 의존한다면, 당신을 위한 길은 막혀 버리고 만다. 당신을 위한 안내 통로를 다 없애 버린다면 우주가 당신을 위해 예비하고 있는 것이 무엇인지 어떻게 알겠는가?

만약 당신이 돈을 모으기 위한 목적으로만 창의성을 사용하려 한다면, 현실을 그런 방향으로 만들 생각만 머릿속에 가득 차게 된다. 그렇다면 우주를 믿고 의지할 때처럼 당신을 도와 줄 수 없다. 우주는 당신의 선택을 가로막거나 완전히 바꿀 수는 없기 때문이다.

만약에 영혼이, 당신이 하고 있는 일이 경제적인 영역보다는 사회적인 영역에서 가치를 인정받는 편이 더 좋겠다고 한다면 어떻게 하겠는가? 만약에 영혼이, 발전시키고자 하는 당신의 기업체가 당신으로서는 깨닫지도 못하고 있는 어떤 목적을 위한 수단이 되어야 한다고 여긴다면 어떻게 할 것인가? 그렇다면 당신은 교착 상태에 빠질 것이다. 왜냐하면 당신은 원래 가야만 하는 길을 갈 수 없는 상태이기 때문이다. 당신이 열려고 애쓰던 문이 열렸는데, 그 앞이 막혀 있다면 어떻게 할 것인가?

대가를 생각하지 말라. 인격에 속한 것들에 얽매이지 말라. 신뢰하라. 창조하라. 본연의 당신답게 행동하라. 나머지는 당신의 영적인 스승들과 우주에 달려 있다.

운전대에서 손을 떼라. 그리고는 우주를 향해 이렇게 말하라. "하늘의 뜻이 이루어지리라." 당신의 의지 안에서 그 의미를 알 수 있어야 한다. '우주의 뜻이 이루어지리라' 생각하며 살고, 그것이 뜻하는 게 무엇인지 생각하라. 당신의 인생을 우주의 섭리에 완전히 맡겨라. 진정한 힘을 얻기 위한 마지막 단계는 높은 지혜를 향해 당신 자신을 자유롭게 풀어 버리는 것이다.

인류가 영적인 안내자들과 스승들의 영역이 있다는 것을 알기 훨씬 전부터 인간 각자는 그들에 의해 안내를 받아 왔다. 우리에게 보이지는 않지만 이러한 안내는 완벽하게 균형을 이루면서 나타났다. 지금까지 우리는 보이지 않는 손에 의해 안내되어 왔다. 우리가 다양한 감각을 갖추고 그 사실을 더 잘 알게 되면 영적인 스승들과 친구가 되고 개인적으로 친밀한 사이가 된다. 그때나 그 이전이나 당신이 경험하는 것은 항상 적절한 것이며, 당신이 항상 자신의 발전과 안내라는 가장 훌륭한 지혜를 향해 나아가는 데는 변함이 없다.

당신에게는 든든한 후원자가 있다는 것을 기억하라. 혼자가 아니라는 사실을 기억하라. 영적인 스승들과 안내자들과 함께 살라. 무엇을 할 수 있을지, 무엇을 묻고 말해야 하는지 어려워하지 말라. 그들을 그저 한 식구처럼 여기면서 살아가라. 의지하는 것을 두려워하지 말라.

당신이 영적인 스승에게 의지하든지, 신에게 의지하든지, 어떤 식으로든 우주에 의지하는 것이 뭐가 문제란 말인가? 자신을 위해서, 당신을 돕기 위해 존재하는 우주와 영적인 스승들과 안내자들을 위해 할 수 있는 일을 하라. 그들이 현실에서 당신을 대신해서 일하는 법은 없다. 하지만 그들에게 의지할 수 있음을 즐거워하라. 영적인 안내자들과 스승들이 당신에게 다가올 수 있도록 허락하라.

당신이 안내와 지지를 구할 때마다 그들의 도움이 쏟아져 내린다는 것을 생각하라. 그들의 도움을 받아들일 수 있도록 마음을 편하게 하기 위해서 당신은 잠시 뭔가를 하는 것이 필요할지도 모른다. 산책을 하거나 여행을 떠나야 할지도 모른다. 안내를 듣거나 느낄 수 있게 되기 위해서는 마음을 편하게 가져야 하고, 그렇게 되기 위해서 필요한 일은 무엇이든지 할 필요가 있다. 하지만 무엇보다 중요한 것은 당신이 도움을 원하는 순간 도움이 쏟아져 내린다는 것을 항상 염두에 두는 일이다.

인생을 잘 짜여진 원동력(dynamic)이라고 생각하라. 그렇게 생각할 수 있도록 노력하라. 그리고 우주를 신뢰하라. 당신이 최선의 목표를 향해 갈 수 있도록 환경이 돕는다는 것을 믿어라. 그 목표에 도달하는 시기는 중요하지 않다. 도달할 수 있을까 의심할 필요도 없다. 반드시 도달할 것이기 때문이다. 고민하지 말고 그냥 우주를 향해 이렇게 말하라. "내가 있어야 할 자리에 있게 하소서." 모든 생각을 훌훌 털어 버리고 우주가 당신에게 도움을 주리라는 것을 믿어라. 당신의 높은 자아가 자신의 임무를 완수하게 하라.

우주를 향해 기도하라. 사람들은 상처와 고통 때문에 자기의 힘으로는 용서가 안 되는 상황에 처하게 될 때가 너무나 많다. 그런 상황에서 은총을 내려 달라고, 용서할 수 있는 지혜와 깨달음의 힘을 달라고 기도하라.

기도하지 않고는 진정한 힘으로 향하는 임무를 완성할 수 없다. 단순히 원하거나 의지하거나 명상하는 것만으로는 충분치 않다. 기도해야 한다. 영적으로 말을 걸고 도움을 구해야 한다. 그리고 믿어야 한다. 이것이 파트너십이다.

기도를 통해 신의 지성과 동반자 관계를 맺어야 한다. 물질과 에너지의 환경 속에서 당신을 완전하게 해 주는 가장 효과적인 원동력들을 창조하도록 도와주는 신의 지성과 대화를 나눠라. 그 지성이 당신의 말에 귀 기울여 준다는 것을 이해하면 당신의 관심사를 함께 나누는 관계가 되는 것이다.

이제부터는 혼자 창조해야 한다는 생각을 하지 않아도 된다. 당신을 안내해 주는 강력한 힘을 통해 효과적인 방법으로 자신을 치유할 수 있고 충만감을 느낄 수가 있다.

당신의 의지와 명상 안에서 이렇게 기도하라. "저는 안내와 도움을 청합니다." 그러면 응답이 올 것이다. 반드시 응답이 온다. 책임 있게 에너지를 선택하고 현실에 나타나게 할 것인가에 대한 책임은 물론 자신에게 있다. 그렇지만 기도에 의존하는 것은 자신에게 힘을 주고 신의 은총을 받도록 도와 줄 것이다. 기도는 신의 영혼과 친밀해질 수 있는 대화의 통로이기 때문이다.

기도는 힘을 갖게 한다. 당신이 기도를 할 때 모든 에너지의 비밀을 알게 되는 것은 아니지만, 자신의 원래 모습에 이끌리게 되고 신의 은총을 받게 된다. 신의 은총은 오염되지 않은 의식의 빛이자 신성함이다. 기도는 은총을 부르고 은총은 당신을 고요하게 한다. 그것은 돌고 돈다. 신의 은총은 영혼을 안정시키는 약이다. 은총을 받으면 당신이 지금 경험하고 있는 것이 꼭 필요한 것이라는 깨달음이 온다. 그런 깨달음을 통해 안정감을 얻게 될 것이다.

마음을 편하게 갖고 지금 이 순간에 몰두하라. 지금 이 순간에 필요한 일을 해라. 우리가 미래라고 부르는 것에 대해 걱정할 필요는 없다. 그것은 당신이 하는 선택의 결과를 고려하지 말라는 뜻이 아니다. 선택의 결과를 염두에 두는 것은 책임감 있는 선택을 위해 꼭 필요하다. 단지 인생에서 일어날 일들에 대해 염려함으로써 당신의 힘을 빼앗기지 말라는 뜻이다. 당신은 지금 이 순간 임무를 수행하고 있다. 그런 일들은 한계나 끝이 없는 것들이다. 지금 이 순간에 당신의 힘을 간직하라. 이 세상에서 살아가고 있는 지금 이 순간만 생각하며 힘을 간직하라. 내일 일어날 일들에 대해 어떻게 대처할 것인가 고민하지 말라.

세상에서 맺은 모든 인연들을 다 활용하라. 그렇다고 공포나 두려움에서 그렇게 할 필요는 없다. 목적을 이루기 위해 필요한 일들을 하면 된다. 적당한 타이밍과 확실한 동기를 알고 믿음을 가진 다음에 선택하라. 적당한 타이밍을 아는 데 직관을 이용하라. 내면의 소리에 귀를 기울여라. 자기의 감정을 살펴라. 그런 다음 행동에 나서라. 마음을 열고 자유를 경험하라. 결과에 얽매이지 않는 자유를 배워라. 강한 마음으로부터 나온 자유를 배워라.

우주에 대한 신뢰와 축복

우주는 인간이 사는 세상처럼 움직이지 않는다. 우주는 인간 세상과 다르다. 우주가 당신의 생각처럼 움직일 거라는 생각은 하지 말라. 지구상에 존재하는 모든 것은 가치가 있다. 가치 없는 삶은 탄생활 수가 없다. 따라서 어떤 행동도 가치 없이 그냥 나오지는 않는다. 미처 알아차리지 못할 수도 있다. 하지만 당신이 알아차리지 못했다는 것은 중요하지 않다. 때가 무르익어 모든 조각들이 한 곳에 모이게 되면 확실하게 알게 되리라는 믿음 속에 살아라.

신뢰는 당신 안에 있는 부정적인 성향을 치유하기 위하여 밖으로 불러 낼 것이다. 신뢰는 당신을 보호하면서 당신이 지닌 감정들의 원천을 추적하게 한다. 그리고 완전해지기를 원하지 않고 두려움 속에 있는 당신 내부의 모습들에 의식의 빛을 비추어 준다. 진정한 힘을 얻기 위해서는 당신이 느끼는 모든 감정들을 항상 의식해야 한다. 당신의 부정적인 성향을 드러내어 치유하는 것은 끝없는 과정처럼 보일지 모른다. 하지만 그렇지 않다. 당신이 가진 약한 모습들과 두려움을 다른 인간들도 똑같이 지니고 있다. 절망하지 말라. 당신의 자비로움이 눈을 뜨고 있다.

당신의 의지를 마음으로 느껴라. 정신이 말하는 것을 느끼지 말고 마음이 말하는 것을 느껴라. 정신 속에 있는 거짓된 신을 섬기지 말고 마음을 섬겨라. 그것이 진정한 신이다. 지성 속에서 신을 발견할 수는 없다. 신의 영혼은 마음속에 있다.

다른 사람들을 향해 스스로 마음을 열어라. 자신이 그들에 대해 어떤 감정을 가지고 있는지 솔직하게 체험하라. 그리고 그 느낌에 귀 기울여라. 다른 사람들과 교감을 나눔으로써 성장을 위한 토대가 마련된다. 당신이 자신이나 다른 사람들의 내면에서 발견하게 될 것을 두려워하는 마음으로 귀 기울인다면, 우주가 마음의 힘, 즉 자비심의 힘을 발견할 수 있도록 제공하는 기회를 늦추는 것이 된다. 사람들과의 관계에서 두려움을 떨쳐 낼 때 당신은 성장한다.

자비심은 상호적이다. 몸은 마음의 에너지에 의해 위안을 받고 활기를 얻지만 분노, 격분, 두려움 그리고 폭력과 같은 저주파 에너지에 의해서는 조화와 활기를 잃는다. 당신이 다른 사람들을 거칠게 다루고 당신 속에 있는 따뜻한 마음으로부터 멀어질 때 다른 사람들과 똑같이 고통받는 사람은 바로 자신이다. 당신이 다른 사람들에게서 자비심을 느낄 때 자신에게도 자비롭게 대하게 된다. 당신의 의식이 발전할수록, 당신의 느낌에 대해 더욱 잘 알게 될수록, 자비심을 가졌을 경우와 자비심이 결여됐을 경우 어떤 결과가 나타나는지 잘 알게 된다. 또한 자비심 없이 느끼고 행동할 때 몸에 어떤 해를 끼치는지도 깨닫게 된다.

두려움에 도전하라. 자신을 성장시키고 전환시킴으로써, 현재의 상황에 신경을 많이 쓰지 않게 되고 다른 사람에게 관심을 갖기 시작한다. 당신이 소유하고 있는 것 대신에 소유하지 않는 것만 보게 될 때, 다른 사람의 목장에 있는 풀이 다른 사람의 것이라는 이유 때문에 당신 목장의 풀보다 더 푸르러 보일 때, 그런 감정에 정면으로 대항하라. 두려움이 나타날 때마다 두려움에 정면으로 맞서야 한다.

두려움이 생길 때 당신은 지금 이 순간 속에 존재하는 것이 아니라, 즉 현재의 원동력 속에 있는 것이 아니라 미래로 에너지가 새어 나가게 하는 것이라는 사실을 깨닫고 맞서야 한다.

부정적인 느낌이 올 때마다 그 느낌에 제동을 걸어라. 당신의 원래 모습을 깨달아라. 부정적인 감정을 의식적으로 물리쳐라. 당신이 느끼는 것이 무엇인지 그 감정의 뿌리에는 무엇이 있는지 스스로에게 물어 보라. 그 순간에 즉시 그 감정의 뿌리를 찾아라. 그 뿌리를 뽑으려고 노력하는 동시에 긍정적인 면을 보며 더 큰 진리를 떠올려라. 더 큰 진리란 영적으로 심오한 어떤 것이 활동하고 있다는 것, 인생에는 우연이란 존재하지 않는다는 것, 당신은 우주와의 약속을 이행하는 중이라는 것이다.

당신이 사용하고 있는 낱말들과 살면서 하는 행동들을 항상 상기하라. 당신이 누구이며 가진 힘을 어떻게 사용할 것인지 항상 염두에 두어라. 당신이 어떤 말을 할 때, 당신이 동반자 관계를 맺을 때 그리고 당신 인생의 힘을 형성할 때 항상 확실하게 할 것이 있다. 그것은 바로 당신이라는 존재는 스스로에 대해서 얘기하는 가운데 있으며, 말 뒤에 있는 힘을 형성하고 조정하는 것도 바로 당신이라는 사실이다. 당신이 자신의 의지를 알지 못하거나 자신이 해야 할 일을 하지 않고 있다는 의심이 든다면 정말로 어떤 상황인지 자신에게 물어 보라. 그리고 당신의 동기를 하나하나 확인해 보라. 그렇게 함으로써 당신은 자동적으로 안내를 받게 되고 혼자만의 생각 속에 빠지지 않게 된다.

우주에 대한 신뢰는 당신을 베푸는 사람으로 만든다. 베푸는 사람은 마음이 부자인 사람이다. 당신이 베풀 때 당신도 다른 사람에게서 받게 된다. 하지만 뭔가를 베풀면서도 어떤 심판을 하고 한계를 정하며 인색한 마음을 가졌다면, 결국 인생에서 당신이 만들고 있는 것은 심판과 한계, 인색함이다. 남에게 하는 말은 그대로 자신에게 되돌아온다. 그것이 인연의 법칙이다. 당신이 다른 사람을 어떻게 사랑하고 어떻게 도움을 주었든지 그것은 그대로 자신에게 되돌아온다. 당신이 다른 사람에게 두려움을 주고, 그들을 의심하며, 사람들을 당신의 손이 미치는 곳에 두고 싶어 한다면 당신 역시 부정적인 영향을 받게 된다.

신뢰는 행복을 안겨 준다. 우주는 매 순간 당신의 영혼에 필요한 것을 제공해 준다는 것과, 영적인 스승과 안내자가 보내는 도움과 안내가 항상 당신을 기다리고 있다는 것을 믿을 때, 당신은 다른 사람들과의 교감을 즐길 수 있으며, 속임수와 자기 보호라는 낮은 주파수의 에너지를 멀리할 수 있게 된다. 깨달음이란 행복한 상태다. 그것은 고통이 없으며 완전히 균형이 잡히고 사랑의 조화를 이룬 상태다. 깨달음이란 이런 것이며 그 이상의 의미를 가진다. 그것은 혼란이 아닌 깨끗함, 즉 투명하여 모든 것이 보이는 상태를 의미하는 수직적인 길이다.

　신뢰는 웃음을 준다. 성장하는 도중에 간혹 심각해지고 압도되는 느낌을 받는 경우도 있겠지만 대부분은 마음 편하게 웃을 수 있고 즐길 수 있다. 영적인 동반자들은 객관적인 관점으로 본다. 그리고 그들의 경험이 의미하는 것을 객관적인 관점으로 볼 수 있도록 서로 돕는다. 그들은 우주의 풍요로움과 아름다움과 쾌활함에 기쁜 웃음을 터뜨리고 함께 즐거워한다. 그들은 인격의 욕구, 그 자체가 좌절을 준다는 것을 알고 있으며 영혼을 통해 더 소중한 것을 배운다는 것을 안다.

　당신이 매일 하는 모든 일들은 적절하고 완벽한 것을 창조해 낸다. 이런 과정에 의식을 적용하라. 그것이 신뢰다. 매 순간 마주치는 것과 당신이 하는 일이 당신의 영혼에 적절하고 완벽한 것이지만, 인생에서 어떤 경험을 할지는 자기의 선택에 의해서 결정된다. 분개하면서 어쩔 줄 몰라 하거나, 분노로 힘을 소진하거나, 슬픔에 싸여 있다면, 낮은 주파수의 에너지 흐름을 선택한 것은 그 어느 누구도 아닌 바로 당신이다. 당신은 부정적인 성향에 머무르기로 결심했을 수도 있고 마음속에 살기로 결심했을 수도 있다. 어떤 선택을 했든지, 당신이 하는 각각의 선택들은 궁극적으로 완벽하게 당신 영혼의 진화에 도움을 준다.

　분노와 슬픔과 질투를 선택한다면, 고통과 정신적인 상처와 상실감을 겪고 나서야 사랑을 배우게 된다. 그렇다고 해서 진화를 하지 않는 건 아니다. 그런 일은 있을 수 없다. 진화는 멈출 수 없는 일이다. 당신은 진정한 힘을 찾는 노력을 포기할 수 없다. 당신은 진정한 힘을 의식적으로 추구할 것인지 무의식적으로 추구할 것인지 둘 중에 하나만을 선택할 수 있다. 살면서 어려움을 겪을 때마다 원한다면 당신의 영혼이 지닌 완전한 힘을 이용할 수 있다. 이것이 진정한 힘에 이르는 의식적인 길이다. 당신이 결국 지구 학교를 초월해 진화할 수 있다면, 즉 인격과 육체의 욕구를 초월해 진화할 수 있다면, 두려움과 분노와 불안함이 존재하는 것처럼 보이는 환상을 초월해 진화할 수 있다면 왜 당신은 굳이 수직적인 길을 택해야 하는 것일까?

이것은 스스로가 결정해야 할 문제다. 당신이 지금 걷고 있는 길은 우주가 이미 알고 있는 길이다. 고통과 고민과 폭력은 당신이 선택한 길을 따라 늘어서 있는 이정표와 같다. 만약에 당신이 질투를 통한 배움의 길을 선택했다면, 너무나 소중한 존재를 잃게 되거나 그것 때문에 걱정하는 경험을 하게 된다. 이런 경험은 질투를 통해 배우는 과정의 한 부분이다. 그것은 20킬로미터가 남았다는 것을 알려 주는 이정표와 30킬로미터를 알리는 이정표 사이에 있는 어떤 길과 같다. 만약에 당신이 분노를 통한 배움의 길을 선택한다면 거절과 폭력을 경험하게 될 것이다. 하지만 사랑의 길을 선택한다면 다른 사람들에게서 사랑받는 경험을 하게 된다. 우주의 관점에서 볼 때 당신은 새로운 길을 개척한 것이 아니다.

외적인 힘을 추구해 앞이 가로막힌 길에 들어설지, 아니면 자신의 내면에 있는 진정한 힘을 추구하여 인류와 함께 진화의 길을 걷겠다고 결심했는지에 따라 당신 영혼의 진화와 인류 영혼의 진화에 기여할 경험들이 결정된다. 이것은 사실이다. 그런데도 왜 무의식적인 배움을 선택하는가? 당신이 무의식적인 학습 방법을 택한다면 당신이 찾고 있는 안정감과 만족감과 성취감을 느낄 수 없다.

인류로서 그리고 개인으로서 기여하고 싶어 하고 경험하고 싶어 하는 것은, 우주를 오감으로 느끼는 것에서 다양한 감각으로 느끼는 것으로 발전적인 전환을 하게 만든다. 이것은 무엇을 뜻하는 것일까? 현실을 오감으로 탐구하는 것에서 전환하여 영적인 안내자들과 스승들의 안내와 도움을 받아 책임 있는 선택을 통해 발전한다는 것은 무슨 뜻일까? 우주가 낯선 것이고 죽어 있는 것이며 오감으로는 감지할 수 없는 것에 불과하다는 생각을 할 때 당신의 마음은 편안한가? 우주는 살아 있고 자비로운 것이라는 생각에 대해 당신의 마음은 어떻게 반응하는가? 또한 우주와 위대한 힘과 빛을 지닌 다른 영혼들과 함께 현실을 만들어 가는 과정을 통해 배운다는 생각에 대해 당신의 마음은 어떻게 반응하는가?

인격의 에너지 위에 세워진 세상의 미래를 상상해 보고, 영혼의 에너지 위에 세워진 세상의 미래를 상상해 보라. 당신은 어떤 것을 선택하겠는가?

　당신이 느끼는 것을 스스로 잘 살펴보고 깨달아야 한다. 매 순간 가장 긍정적인 행동을 선택하라. 당신이 의식적으로 부정적인 에너지를 내보내고 마음이 말하는 것에 따라 의지들을 정했을 때, 두려움에 대항하여 없애고 병든 부분을 치료하기로 결심했을 때, 비로소 당신은 자신의 인격을 영혼과 결합시키는 것이며, 완전하고 힘 있고 내면적으로 안정된 빛의 존재가 되기 위해 나아가게 된다. 겸손함, 용서, 맑은 사고 그리고 사랑은 영혼의 선물이며, 이런 것들은 당신 안에 뿌리를 내리고 꽃을 피울 것이다. 우주의 가장 위대한 선물, 즉 열린 마음을 지닌 인간이 될 것이다.

　몸속에 있는 영혼이 되기보다는 영혼 속에 있는 몸이 되라. 당신의 영혼을 향해 손을 뻗어라. 더 멀리 뻗어라. 창조와 진정한 힘이 에너지와 물질 사이에 있는 모래시계의 접점에 놓여 있다. 거기에 영혼의 자리가 있다. 영혼이 있는 자리에 도달한다는 것은 무엇을 뜻하는 것일까?

　영적으로 성장한다는 것은 참으로 신나는 일이 아닌가!

● 에필로그 ●

『영혼의 자리(The Seat of the Soul)』는 처음 출간되었을 때부터 미국 전역에서 베스트셀러가 되었고, 세계적으로는 20개국 언어로 번역 출간되고 수 천만 부가 판매 되고 있다. 그리고 지금까지도 점점 더 많은 사람들이 이 책을 구입하고 있다. 그 이유가 뭘까?

이 세상에 새로운 종류의 인간들이 태어났기 때문이다.

『영혼의 자리』는 바로 새로운 인류의 탄생에 관한 책이다. 이 인류는 조화와 협력, 공유와 경건한 삶을 갈망하며, 높은 수준의 논리와 정의, 즉 마음에서 우러나오는 논리와 정의를 이용할 줄 안다.

지금 새 인류가 탄생했다는 사실을 깨닫는 사람들이 빠르게 늘고 있다. 새 인류는 우리 모두의 내부에서 탄생하고 있기 때문이다.

이 책에는 새로운 인류를 설명하는 데 필요한 용어들, 인격과 영혼이 결합해서 얻게 되는 진정한 힘에 관련한 표현들이 나온다. 그리고 오감을 넘어 겪게 될 경험은 어떤 것인지도 가르쳐 주고 있다.

지금 우리는 지구상에서 가장 흥분된 순간을 맞이하고 있다. 『영혼의 자리』가 그 이유에 대해서 설명해 줄 것이다.

마치 아기가 처음 눈을 뜨고 팔과 다리를 뻗듯 우리는 자신에게 새로운 능력과 가치가 있음을 알게 되면서 전에 없던 완전히 새로운 잠재력을 깨달아 가고 있다. 나는 9년 동안 이 새로운 잠재력에 대해 연구해 왔다. 그것을 당신과 함께 나눌 수 있기를 바란다.

『영혼의 자리』에 대한 사람들의 관심이 너무 커지면서 나는 겸허한 마음을 갖게 되었다. 사람들이 서로 존중하고, 생명이 있는 이 지구를 사랑하고, 영적인 성장을 최우선으로 생각하는 세상을 나는 꿈꾸고 있다. 나는 그러한 세상을 만들기 위해서 필요한 것들을 발전시키려고 매일 노력한다. 그것은 의식과 자비심 그리고 의지다. 이 책이 독자들에게 받은 엄청난 성원은 나와 같은 영혼들이 많다는 것을 보여 주는 증거라고 나는 믿는다.

『영혼의 자리』가 더 많은 사랑을 받을수록 감사하는 마음으로 나 자신을 들여다본다. 그 안에서 내가 보는 것은 여행자들 중의 여행자요, 실험가들 중의 실험가요, 영혼들 중에 영혼인 나 자신이다.

"이 책에 대해 좀 더 알고 싶으신 분은
http://seatofthesoul.com을
방문해 보시기 바랍니다."

영혼의 자리

1판 1쇄 펴낸 날 2019년 12월 19일
1판 2쇄 펴낸 날 2020년 2월 3일

지은이 | 게리 주커브
옮긴이 | 이화정

펴낸이 | 이종근
펴낸곳 | 나라원
등 록 | 1988. 4. 25 (제300-1988-64호)
주 소 | 서울 종로구 종로53길 27 나라원빌딩 (우. 03105)
전 화 | 02-744-8411
팩 스 | 02-745-4399
이메일 | narawon@narawon.co.kr
홈페이지 | http://www.narawon.co.kr

ISBN   978-89-7034-277-1 (03100)

• 책값은 뒤표지에 있습니다. 잘못된 책은 구입하신 곳에서 바꿔 드립니다.
• 이 책의 일부 또는 전부를 이용하려면 저작권자와 나라원의 동의를 받아야 합니다.